高等职业教育精品教材·财务会计类

财务会计实务

主　编　陈俊忠　王　玉　王　伟
副主编　丁　利　李　婷　秦　刚
　　　　朱　萍　亓民洁
参　编　李华夏

北京理工大学出版社
BEIJING INSTITUTE OF TECHNOLOGY PRESS

版权专有　侵权必究

图书在版编目（CIP）数据

财务会计实务 / 陈俊忠，王玉，王伟主编. —北京：北京理工大学出版社，2020.7（2020.8 重印）

ISBN 978 - 7 - 5682 - 8674 - 9

Ⅰ. ①财⋯　Ⅱ. ①陈⋯ ②王⋯ ③王⋯　Ⅲ. ①财务会计 - 会计实务　Ⅳ. ①F234.4

中国版本图书馆 CIP 数据核字（2020）第 117471 号

出版发行 /	北京理工大学出版社有限责任公司
社　　址 /	北京市海淀区中关村南大街 5 号
邮　　编 /	100081
电　　话 /	（010）68914775（总编室）
	（010）82562903（教材售后服务热线）
	（010）68948351（其他图书服务热线）
网　　址 /	http：//www.bitpress.com.cn
经　　销 /	全国各地新华书店
印　　刷 /	涿州市新华印刷有限公司
开　　本 /	787 毫米 × 1092 毫米　1/16
印　　张 /	17.25
字　　数 /	408 千字
版　　次 /	2020 年 7 月第 1 版　2020 年 8 月第 2 次印刷
定　　价 /	49.80 元

责任编辑 / 孟祥雪
文案编辑 / 孟祥雪
责任校对 / 周瑞红
责任印制 / 施胜娟

图书出现印装质量问题，请拨打售后服务热线，本社负责调换

前　言

高等院校会计专业培养理想信念坚定，德、智、体、美、劳全面发展，具有一定的科学文化水平，良好的人文素养、职业道德和创新意识，精益求精的工匠精神，较强的就业能力和可持续发展能力，掌握本专业知识和技能，面向各类中小微型企业、非营利组织的会计专业人员，其能够从事会计核算、会计监督等工作。

财务会计实务是高等院校财经类专业的重要核心课程。财务会计是现代企业会计的一个重要分支，它依据《中华人民共和国会计法》《企业会计准则》及相关制度等法律法规，按照规定的程序，采用一系列专门的方法，对企业经济活动进行核算和监督，并向企业外部利益关系人定期提供各种会计信息的对外报告会计。

为了适应教育部高等院校财务会计课程的基本要求，培养学生的综合素质和实际操作能力，我们编写了《财务会计实务》。本教材以最新的会计和税收等方面的法律法规为依据，满足以学生为中心、能力为导向的教学需要。在内容设计方面，与企业、行业专家一起，按照会计工作过程的逻辑顺序，分析学生的就业领域与就业岗位，认真分析企业岗位设置和岗位职业能力、岗位工作任务，归纳典型工作任务，按照岗位典型工作任务设计教学内容；打破传统的学科性课程内容体系，构建以工作过程为导向，以典型工作任务为载体，以项目、任务等为表现形式，以完成工作任务为课程目标的教学内容体系。

本教材以会计岗位主要经济业务的会计处理为基本目标，紧紧围绕工作任务完成的需要来选择和组织内容；以红星机械有限公司2019年度的经济业务核算为目标，在这一个目标下，安排了13个项目。在项目下安排具体教学内容，每个任务都融入会计职业判断与业务操作所需的相关知识与技能，包括任务导入、知识准备、任务实施和典型任务举例等。

本书由莱芜职业技术学院陈俊忠担任第一主编，莱芜职业技术学院王玉担任第二主编，山东商务职业学院王伟担任第三主编。山东劳动职业技术学院丁利，山东城市建设职业学院李婷，莱芜职业技术学院秦刚、朱萍和亓民洁担任副主编。济南技师学院李华夏任参编。具体分工为：项目一、四、五由陈俊忠编写，项目二、七由王玉编写，项目三、六由王伟编写，项目八、十二由丁利编写。项目九由李婷编写，项目十、十一、十三由秦刚，朱萍，亓民洁编写，李华夏参与了资料收集工作。陈俊忠对全书进行总纂、修改和定稿。

编写成员进行了多次讨论，参考了大量相关的政策、法规、文件以及有关的教材和图书。本教材力求选材合理、内容丰富，结构严谨、叙述深入浅出。由于本教材涉及面广，内容较多，成书时间仓促，错漏之处在所难免，恳请专家批评指正。

编　者

目 录

项目一　货币资金业务核算 ……………………………………………………………… (1)
　　任务1　库存现金业务核算 ……………………………………………………………… (2)
　　任务2　银行存款业务核算 ……………………………………………………………… (6)
　　任务3　其他货币资金业务核算 ………………………………………………………… (18)

项目二　往来结算业务核算 ……………………………………………………………… (22)
　　任务1　应收票据与应付票据业务核算 ………………………………………………… (22)
　　任务2　应收账款与应付账款业务核算 ………………………………………………… (29)
　　任务3　预收账款与预付账款业务核算 ………………………………………………… (33)
　　任务4　其他应收款与其他应付款业务核算 …………………………………………… (35)
　　任务5　应收款项减值业务核算 ………………………………………………………… (37)

项目三　存货业务核算 …………………………………………………………………… (41)
　　任务1　原材料业务核算 ………………………………………………………………… (45)
　　任务2　周转材料业务核算 ……………………………………………………………… (57)
　　任务3　库存商品业务核算 ……………………………………………………………… (62)
　　任务4　委托加工物资业务核算 ………………………………………………………… (67)
　　任务5　存货期末计价与清查业务核算 ………………………………………………… (70)

项目四　固定资产业务核算 ……………………………………………………………… (75)
　　任务1　固定资产取得业务核算 ………………………………………………………… (78)
　　任务2　固定资产折旧业务核算 ………………………………………………………… (84)
　　任务3　固定资产后续支出业务核算 …………………………………………………… (89)
　　任务4　固定资产的减值与清查业务核算 ……………………………………………… (92)
　　任务5　固定资产处置业务核算 ………………………………………………………… (96)

项目五　无形资产业务核算 ……………………………………………………………… (99)
　　任务1　无形资产取得业务核算 ………………………………………………………… (102)
　　任务2　无形资产摊销、减值、处置业务核算 ………………………………………… (106)

项目六　投资性房地产业务核算 (112)
  任务1　采用成本模式计量的投资性房地产业务核算 (115)
  任务2　采用公允价值模式计量的投资性房地产业务核算 (120)

项目七　金融资产业务核算 (126)
  任务1　金融资产认知 (126)
  任务2　债权投资业务核算 (129)
  任务3　其他债权投资和其他权益工具投资业务核算 (133)
  任务4　交易性金融资产业务核算 (138)

项目八　长期股权投资业务核算 (143)
  任务1　长期股权投资认知 (143)
  任务2　成本法下长期股权投资业务核算 (146)
  任务3　权益法下长期股权投资业务核算 (149)

项目九　借款业务核算 (155)
  任务1　短期借款业务核算 (155)
  任务2　长期借款业务核算 (157)
  任务3　应付债券业务核算 (160)

项目十　职工薪酬和应交税费业务核算 (164)
  任务1　应付职工薪酬业务核算 (164)
  任务2　应交税费业务核算 (178)

项目十一　所有者权益业务核算 (189)
  任务1　实收资本（或股本）业务核算 (190)
  任务2　资本公积业务核算 (195)
  任务3　留存收益业务核算 (198)

项目十二　财务成果业务核算 (204)
  任务1　收入业务核算 (204)
  任务2　费用业务核算 (220)
  任务3　利润形成业务核算 (224)

项目十三　财务报表编制 (232)
  任务1　资产负债表编制 (232)
  任务2　利润表编制 (243)
  任务3　现金流量表编制 (249)
  任务4　所有者权益变动表编制及财务报表附注 (263)

项目一

货币资金业务核算

学习目标

知识目标

1. 熟悉现金管理制度。
2. 熟悉银行转账结算方式及其有关的规定。
3. 熟悉其他货币资金的范围。
4. 掌握库存现金、银行存款、其他货币资金有关业务的账务处理方法。
5. 掌握货币资金清查的方法及会计处理。

能力目标

1. 能正确填制与审核支票、银行进账单等业务单据。
2. 能根据库存现金、银行存款、其他货币资金业务准确填制记账凭证。
3. 能正确编制银行存款余额调节表。
4. 会登记库存现金日记账、银行存款日记账、其他货币资金明细账。

货币资金是指在企业生产经营过程中以货币形态存在的那部分资产,是指可以立即投入流通,用以购买商品或劳务,或用以偿还债务的交换媒介物。

在流动资产中,货币资金的流动性最强,并且是唯一能够直接转化为其他资产形态的流动性资产,也是唯一能够代表企业现实购买力水平的资产。为了确保生产经营活动的正常进行,企业必须拥有一定数量的货币资金,以便购买材料、交纳税金、发放工资、支付利息及股利或进行投资等。企业所拥有的货币资金量是分析、判断企业偿债能力与支付能力的重要指标。

根据存放地点和用途的不同,货币资金分为库存现金、银行存款和其他货币资金。

任务1　库存现金业务核算

微课：库存现金的管理与核算

微课：库存现金的清查

【任务导入】

任务1.1.1　红星机械有限公司2019年5月份发生以下经济业务：

（1）2019年5月5日，企业签发现金支票，从银行提取现金5 000元备用。

（2）2019年5月10日，业务员李立因出差预借差旅费3 000元。

（3）2019年5月12日，总务部门报销办公费用600元（总务部门实行定额备用金制度）。

任务1.1.2　红星机械有限公司2019年6月份发生以下经济业务：

（1）2019年6月20日企业进行现金清查，发现长款300元，原因待查。

（2）2019年6月30日经反复核查，仍无法查明长款300元的具体原因，经单位领导批准，将其转为企业的营业外收入。

任务1.1.3　红星机械有限公司2019年7月发生以下经济业务：

（1）2019年7月20日，现金清查中发现有现金短款400元，原因待查。

（2）2019年7月31日，经核查，上述现金短款中200元系出纳人员责任造成，应由出纳赔偿，其余200元原因无法查明，经批准转为管理费用。

要求：红星机械有限公司对以上经济业务进行账务处理。

【知识准备】

库存现金是指存放于企业财务部门，由出纳人员经管的货币。库存现金是企业流动性最强的一种货币性资产，企业应当严格遵守国家和企业有关现金的管理制度，正确进行现金收支的核算，监督现金使用的合法性与合理性。现金有狭义的概念和广义的概念之分。狭义的现金是指企业的库存现金；广义的现金是指除了库存现金外，还包括银行存款和其他符合现金定义的票据。本节中的现金指狭义的现金。

一、现金的管理

国务院颁布的《现金管理暂行条例》规定了现金管理的内容，主要包括以下四个方面：

（一）现金的使用范围

企业可以使用现金支付的款项主要包括：职工工资、津贴；个人劳动报酬；根据国家规定颁发给个人的科学技术、文化艺术、体育比赛等的奖金；各种劳保、福利费用以及国家规定的对个人的其他支出；向个人收购农副产品和其他物资的价款；出差人员必须随身携带的差旅费；结算起点（现行规定为 1 000 元）以下的零星支出；中国人民银行确定需要支付现金的其他支出。凡是不属于现金结算范围的，应通过银行进行转账结算。

（二）库存现金限额

现金的限额是指为了保证企业日常零星开支的需要，允许企业留存的现金的最高数额。企业的库存现金限额由其开户银行根据实际需要核定，一般按 3～5 天日常零星开支所需确定。边远地区和交通不便地区的企业，库存现金限额可以多于 5 天，但不能超过 15 天的日常零星开支量。企业必须严格按规定的限额来控制现金结余量，超过限额的部分，应于当日终了前存入银行。需要增加或者减少库存现金限额的，应当向开户银行提出申请，由开户银行核定。

（三）现金日常收支管理

现金日常收支管理的内容主要有：

（1）现金收入应当于当日送存开户银行，如当日送存银行确有困难，由开户银行确定送存时间。

（2）企业支付现金，可以从本单位库存现金限额中支付或从开户银行中提取，但不得从本单位的现金收入中直接支付（即坐支）。因特殊情况需要坐支现金的，应当事先报经开户银行审查批准，由开户银行核定坐支范围和限额。企业应定期向开户银行报送坐支金额和使用情况。

（3）企业从银行提取现金时，应当在取款凭证上写明具体用途，并由财会部门负责人签字盖章后，交开户银行审核后方可支取。

（4）因采购地点不固定、交通不便、生产或者市场急需、抢险救灾以及其他情况必须使用现金的，企业应当提出申请，由本单位财会部门负责人签字盖章，经开户银行审核批准后，方可支付现金。

（四）库存现金的内部控制

1. 建立库存现金的岗位责任制

企业要建立岗位责任制，明确企业的出纳人员与会计人员的职责分工，避免出现弊端和财务漏洞。一般来说，企业的出纳人员只负责有关现金收付及现金日记账的登记工作，不得兼任稽核、会计档案保管和收入、支出费用及债权债务账目的登记工作，不得由一人办理库存现金的全过程；会计人员只负责记账，不得兼管现金。

文本：出纳人员职责及日常业务

2. 实行岗位轮换

企业办理库存现金的业务，应配备合格的会计人员并定期进行岗位轮换。

3. 执行授权批准制度

企业应当建立严格的库存现金业务的授权批准制度，明确审批人员对库存现金业务的授权批准方式、权限、程序、责任和相关控制措施，规定经办人员办理库存现金业务的职责和要求，未经授权批准的部门和人员一律不得办理库存现金业务。

4. 加强有关印章的管理

企业要加强银行预留印鉴的管理，财务专用章有专人负责保管，个人印章必须由本人或授权人保管,严禁一人保管支付款项所需的全部印章。

5. 加强与库存现金有关的票据的管理

企业应加强与库存现金有关的票据管理,明确各种与库存现金有关的票据的购买、保管、领用、背书转让、注销等环节的职责权限和程序,并设账簿进行记录,防止空白票据的遗失和被盗。

6. 实施内部稽核,加强监督检查

设置内部稽核单位和人员,对库存现金进行定期盘点核对工作,以保证账款、账账相符,对发现的问题应当及时采取措施。

二、现金业务核算

为了详细反映现金收支及结存的具体情况,企业除了设置"库存现金"账户对现金进行总分类核算以外,还必须设置库存现金日记账进行序时记录。现金日记账一般采用三栏式订本账格式,由出纳人员根据审核以后的收付款凭证逐日逐笔序时登记,每日营业终了计算当日现金收入、现金支出及现金结存额,并与现金实存额核对相符。月末,现金日记账余额应与现金总账余额核对一致。

(一) 库存现金收付的业务处理

企业的现金收入主要包括:从银行提取现金;收取不足转账起点的小额销货款;职工交回的多余出差借款等。企业收到现金时,应根据审核无误的会计凭证,借记"库存现金"账户,贷记有关账户。

企业的现金支出包括现金开支范围以内的各项支出。企业实际支付现金时,应根据审核无误的会计凭证,借记有关账户,贷记"库存现金"账户。

(二) 备用金业务处理

备用金是指为了满足企业内部各部门和职工生产经营活动的需要,而暂付给有关部门和人员使用的备用现金。备用金的使用方法是"先借后用、凭据报销"。

企业可单独设置"备用金"账户进行备用金的核算,不设备用金账户的,可在"其他应收款"账户中核算。备用金按管理方式不同可分为定额备用金和非定额备用金两种。

1. 定额备用金

定额备用金是指根据使用部门和人员工作的实际需要,先核定其备用金定额并依此拨付备用金,使用后再拨付现金,补足其定额的制度。实行定额备用金制度的企业,一般应事先由会计部门根据实际需要拨付一笔金额固定的备用金。备用金的使用,应由专人进行管理。管理人员应将备用金使用的凭证收据及各种报销凭证妥善保管,以便定期或在备用金快用完时,凭有关凭证向会计部门报销,补足备用金定额。备用金的额度一般应满足较短时间(1~2周)内各项符合现金使用范围的零星开支。

根据核定的备用金定额拨付款项时,借记"其他应收款——×××"账户,贷记"库存现金"账户;有关部门凭证报销时,借记"管理费用"账户,贷记"库存现金"账户。

2. 非定额备用金

非定额备用金是指企业内部单位或个人不按固定定额持有的备用金。其特点是"按需预付,凭据报销,多退少补,一次结清"。

向有关部门或个人预付款项时,借记"其他应收款——××"账户,贷记"库存现金"账户;凭有关单证报销时,借记"管理费用"账户,贷记"其他应收款——××"账户,贷记或借记"库存现金"账户。

(三)库存现金清查的业务处理

为了确保账实相符,应对现金进行清查。现金清查包括两部分内容:一是出纳人员每日营业终了进行账款核对;二是清查小组进行定期或不定期的盘点和核对。现金清查的方法采用账实核对法。

对现金实存额进行盘点,必须以现金管理的有关规定为依据,不得以白条抵库,不得超限额保管现金。对现金进行账实核对,如发现账实不符,则应立即查明原因,及时更正,对发生的长款或短款,应查找原因,并按规定进行处理,不得以今日长款弥补他日短款。现金清查和核对后,应及时编制"现金盘点报告表",列明现金账存额、现金实存额、差异额及其原因,对无法确定原因的差异,应及时报告有关负责人。

现金清查中发现的长款或短款,应根据"现金盘点报告表"进行处理,以确保账实相符,并对长、短款做出处理。现金长款、短款一般通过"待处理财产损溢——待处理流动资产损溢"账户进行核算,待查明原因后,再根据不同原因及处理结果,将其转入有关账户。

"待处理财产损溢"账户,属于资产类账户,核算企业在清查财产过程中查明的各种财产物资盘盈、盘亏和毁损的价值。借方登记尚待处理的财产物资的盘亏、毁损金额及报经批准后处理的财产物资的盘盈金额;贷方登记尚待处理的财产物资的盘盈金额及报经批准后处理的财产物资的盘亏、毁损金额。期末,处理后该账户无余额。该账户可按盘盈、盘亏的资产种类和项目进行明细核算。

属于现金短缺,应按短缺的金额,借记"待处理财产损溢——待处理流动资产损溢"账户,贷记"库存现金"账户;属于现金溢余,应按溢余的金额,借记"库存现金"账户,贷记"待处理财产损溢——待处理流动资产损溢"账户。查明原因后做以下处理:

(1)如为现金短缺,属于应由责任人员赔偿的部分,则可通过"其他应收款——××个人"账户核算(如已收到应由责任人员赔偿的现金,则可直接通过"库存现金"等账户核算);属于应由保险公司赔偿的部分,则可通过"其他应收款——应收保险赔款"账户核算;属于无法查明原因的现金短缺,根据企业内部管理权限,经批准后计入管理费用(现金短缺)。

(2)如为现金溢余,属于应支付有关人员或单位的,则应从"待处理财产损溢——待处理流动资产损溢"账户转入"其他应付款——应付现金溢余(××个人或单位)"等账户;属于无法查明原因的现金溢余,则根据企业内部管理权限,经批准后转入"营业外收入——现金溢余"。

【任务实施】

任务1.1.1 红星机械有限公司根据审核无误的原始凭证填制记账凭证。

(1)根据支票存根,编制以下会计分录:

借:库存现金　　　　　　　　　　　　　　　　　　　5 000
　　贷:银行存款　　　　　　　　　　　　　　　　　　　　5 000

（2）根据现金借款单，编制以下会计分录。

借：其他应收款——李立　　　　　　　　　　　　　　　3 000
　　贷：库存现金　　　　　　　　　　　　　　　　　　　　　　　3 000

（3）根据发票和现金支付凭证，编制以下会计分录。

借：管理费用　　　　　　　　　　　　　　　　　　　　　600
　　贷：库存现金　　　　　　　　　　　　　　　　　　　　　　　600

任务1.1.2　红星机械有限公司根据审核无误的原始凭证填制记账凭证。

（1）根据现金盘点报告单，编制以下会计分录：

借：库存现金　　　　　　　　　　　　　　　　　　　　　300
　　贷：待处理财产损溢——待处理流动资产损溢　　　　　　　　　300

（2）根据现金盘盈审批单，编制以下会计分录。

借：待处理财产损溢——待处理流动资产损溢　　　　　　　300
　　贷：营业外收入　　　　　　　　　　　　　　　　　　　　　　300

任务1.1.3　红星机械有限公司根据审核无误的原始凭证填制记账凭证。

（1）根据现金盘点报告单，编制以下会计分录：

借：待处理财产损溢——待处理流动资产损溢　　　　　　　400
　　贷：库存现金　　　　　　　　　　　　　　　　　　　　　　　400

（2）根据现金盘亏审批单，编制以下会计分录。

借：其他应收款——应收现金短缺款　　　　　　　　　　　200
　　管理费用——现金短缺　　　　　　　　　　　　　　　　200
　　贷：待处理财产损溢——待处理流动资产损溢　　　　　　　　　400

任务2　银行存款业务核算

微课：银行存款的核算

微课：银行存款的清查

【任务导入】

任务1.2.1　红星机械有限公司为增值税一般纳税人，2019年6月发生有关银行存款收付业务如下：

（1）2019年6月12日，企业销售产品，开出的增值税专用发票上注明价款为2 000元、增值税税额为260元，共计2 260元，收到支票存入银行。

（2）2019年6月15日，企业预收振兴公司汇来的销货款4 000元存入银行。

（3）2019年6月20日，收到转账支票，金额为5 450元，该款项为收回上月销售产品的货款，款项存入银行。

（4）2019年6月20日，企业购进原材料，取得增值税专用发票上注明的原材料价款为8 000元,增值税税额为1 040元,货款共计9 040元,以转账支票付讫。

(5) 2019年6月25日,开出转账支票支付销售产品的运费,取得的增值税专用发票上注明的运费为7 000元、增值税税额为630元。

(6) 2019年6月25日,开出现金支票并从银行提取现金4 700元,备发工资。

要求:对以上红星机械有限公司经济业务进行账务处理。

任务1.2.2 红星机械有限公司2019年6月30日"银行存款日记账"账面余额为226 600元,"银行对账单"余额为269 700元。经核对存在未达账项如下:

(1) 6月29日,企业销售产品,收到转账支票一张,金额为23 000元,银行尚未入账。

(2) 6月29日,企业开出转账支票一张,支付购买材料款58 500元,持票单位尚未向银行办理手续。

(3) 6月30日,银行代收到销货款24 600元,企业尚未收到收款通知。

(4) 6月30日,银行代付出电费17 000元,企业尚未收到付款通知。

要求:根据以上资料编制"银行存款余额调节表"。

【知识准备】

一、银行存款管理

银行存款是企业存入银行或其他金融机构的款项。银行存款的管理主要包括银行存款开户管理及银行存款结算管理两个方面。

(一) 银行存款开户管理

按照《银行结算办法》的规定,企业应在银行或其他金融机构开立账户,以办理存款、取款和转账结算等。银行结算账户是指银行为存款人开立的办理资金收付结算的活期存款账户。企业开立账户,必须遵守有关银行账户管理的各项规定。企业开立账户,依其不同的用途可以分为基本存款户、一般存款户、临时存款户和专用存款户。

基本存款户是企业办理日常结算及现金支取的账户,基本存款账户是存款人的主办账户,一个单位只能开立一个基本存款账户。存款人日常经营活动的资金收付及其工资、奖金和现金的支取,应通过基本存款账户办理。

一般存款户是企业因借款和其他结算,为享受不同银行的特色服务或分散在一家银行开立账户出现的资金风险的需要,在基本存款账户开户银行以外的银行营业机构开立账户,一般存款户没有数量限制,通过该账户可以办理转账结算和现金缴存,该账户不得支取现金。

临时存款户是因企业的临时业务活动需要而开立的暂时性账户,用于办理临时机构以及临时经营活动发生的资金收付。

专用存款户是根据企业的特定需要开立的具有特定用途的账户,该账户主要用于办理各项专用资金的收付。

(二) 银行存款结算管理

"结算"是指企业与国家、其他单位或个人之间由经济往来而引起的货币收付行为。结算按其支付方式的不同分为现金结算和转账结算。现金结算是指收付款双方直接用现金进行货币收付的结算业务；转账结算是指收付款双方通知银行，以转账划拨方式进行货币收付的结算业务，也称非现金结算。

现金开支范围以外的各项款项收付，都必须通过银行办理转账结算。企业办理转账结算，账户内必须有足够的资金保证支付，必须以合法、有效的票据和结算凭证为依据；企业必须遵守"恪守信用，履约付款，谁的钱进谁的账，由谁支配；银行不予垫款"的结算原则。企业应根据业务特点，采用恰当的结算方式办理各种结算业务。

支付结算的基本要求：

(1) 必须使用按中国人民银行统一规定印制的票据凭证和结算凭证。

(2) 按照《人民币银行结算账户管理办法》的规定，开立使用账户。

(3) 票据和结算凭证上的签章和其他记载事项应当真实，不得伪造、变造（欺诈）。

(4) 签章，如果是单位，则签章主要包括"财务专用章"，或"公章"加其法定代表人或授权代理人签名或盖章；如果是个人，则签章主要是本人签名或盖章。

二、转账结算方式

不同国家和地区以及不同的经济业务，采用的转账结算方式是有差别的。在我国，用于国内转账结算的方式主要有支票、银行汇票、银行本票、商业汇票、汇兑、委托收款和异地托收承付等。各种结算方式均有相应的适用条件和结算程序。企业应按照《支付结算办法》及《中华人民共和国票据法》（以下简称《票据法》）的有关规定办理各项结算业务。转账结算分为票据结算和非票据结算。

票据是指由出票人签发的、约定自己或者委托付款人在见票时或指定的日期向收款人或持票人无条件支付一定金额的有价证券。《票据法》中规定的"票据"包括银行汇票、银行本票、支票和商业汇票。票据行为是指票据当事人以发生票据债务为目的、以在票据上签名或盖章为权利义务成立要件的法律行为。票据行为包括出票、背书、承兑和保证。

出票是指出票人签发票据并将其交付给收款人的票据行为。出票人指依法定方式签发票据并将票据交付给收款人的人。收款人指票据正面记载的到期后有权收取票据所载金额的人。出票人必须与付款人具有真实的委托付款关系，并且具有支付票据金额的可靠资金来源才能出票。

背书是指在票据背面或者粘贴单上记载有关事项并签章的行为。背书人是指在转让票据时，在票据背面或粘贴单上签字或盖章，并将该票据交付给受让人的票据收款人或持有人。被背书人是指被记名受让票据或接受票据转让的人。背书后，被背书人成为票据新的持有人。

承兑是指汇票付款人承诺在汇票到期日支付汇票金额并签章的行为，仅适用于商业汇票。承兑人是指接受汇票出票人的付款委托，同意承担支付票款义务的人，是汇票主债务人。

保证是指票据债务人以外的人，为担保特定债务人履行票据债务而在票据上记载有关事项并签章的行为。保证人是指为票据债务提供担保的人，由票据债务人以外的第三人担当。

(一)支票结算方式

支票是出票人签发的,委托办理支票业务的银行在见票时无条件支付确定的金额给收款人或者持票人的票据。

1. 支票的种类

《票据法》按照支付票款方式,将支票分为现金支票、转账支票和普通支票三种。支票上印有"现金"字样的为现金支票,现金支票只能用于支付现金。支票上印有"转账"字样的为转账支票,转账支票只能用于转账。支票上未印有"现金"或"转账"字样的为普通支票,普通支票既可以用于支取现金,也可以用于转账。在普通支票左上角划两条平行线的,为划线支票,划线支票只能用于转账,不得支取现金。

2. 支票结算的有关规定

(1)支票结算方式一般适用于单位和个人在同一票据交换区域的各种款项结算。

(2)支票一律记名,金额起点为100元。

(3)支票的提示付款期限为自出票日起10天内(到期日遇节假日顺延),中国人民银行另有规定的除外。

(4)转账支票可以根据需要在票据交换区域内背书转让。

支票结算的具体流程如图1-1所示。

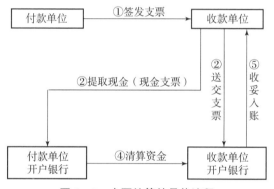

图1-1 支票结算的具体流程

3. 支票结算的账务处理

通过支票结算时,收付款双方通过"银行存款"账户核算。采用支票结算方式时,收款单位应在收到支票当日填制进账单,连同支票送交银行,根据银行盖章退回的进账单回执和有关的原始凭证编制收款凭证。付款单位应根据付款支票存根和有关的原始凭证编制付款凭证。

(二)银行汇票结算方式

银行汇票结算方式是利用银行汇票办理转账结算的方式。银行汇票是指出票银行签发的,由其在见票时按照实际结算金额无条件支付给收款人或者持票人的票据。

银行汇票由汇款人(付款人)将款项交存当地出票银行,由出票银行签发给汇款人据以办理转账结算或支取现金。银行汇票一式四联,第一联为卡片,由签发行结清汇票时作汇出汇款付出传票;第二联为银行汇票,与第三联解讫通知一并由汇款人自带,在兑付行兑付汇票后此联作联行往来账付出传票；第三联是解讫通知，在兑付行兑付后随报单寄签发行，由签发行作余额收入传票，是银行之间往来的记账凭证；第四联是多余款通知，在签发行结清后交汇款人。

1. 银行汇票的特点

适用范围广泛，单位和个人支付各种款项都可以使用；票随人到，使用灵活和兑现性强等。

2. 银行汇票结算的有关规定

（1）单位和个人的各种款项结算，均可使用银行汇票。

（2）银行汇票一律记名。所谓记名，是指在汇票中指定某一特定人为收款人。

（3）银行汇票的汇票金额起点为 500 元，500 元以下款项银行不予办理银行汇票结算。

（4）银行汇票的提示付款期为自出票日起一个月（到期日遇节假日顺延）。

（5）银行汇票的收款人也可以将银行汇票背书转让给他人。

（6）持票人向银行提示付款时，必须同时提交银行汇票和解讫通知，缺少任何一联银行不予受理。银行汇票可以用于转账，填明"现金"字样的银行汇票也可以用于支取现金。

3. 银行汇票的结算程序

（1）应按规定填写"银行汇票申请书"并交出票银行，该申请书应填明收款人名称、汇票金额、申请人名称、申请日期等事项并签章。

（2）出票银行受理银行汇票申请书，收妥款项后向申请人签发银行汇票，并用压数机压印出票金额，将银行汇票和解讫通知一并交申请人。

（3）申请人持银行汇票向收款单位办理结算。申请人将银行汇票和解讫通知一并交给汇票上记明的收款人。

（4）收款人开户银行审核无误后，办理转账。收款人受理申请人交付的银行汇票时，应在出票金额以内，根据实际需要的款项办理结算，并将实际结算的金额和多余的金额准确、清晰地填入银行汇票和解讫通知的有关栏内，到银行办理款项入账手续。

（5）收款人开户银行与付款人开户银行之间清算资金，有多余款的，由申请人开户银行主动收入申请人账户中。

银行汇票结算的具体流程如图 1-2 所示。

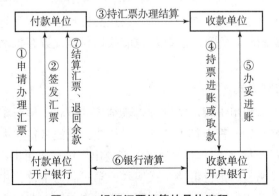

图 1-2　银行汇票结算的具体流程

4. 银行汇票结算的账务处理

付款单位收到的银行汇票和解讫通知后根据银行退回的"银行汇票申请书"的存根联,作为付款凭证,借记"其他货币资金——银行汇票"账户,贷记"银行存款"账户;企业持银行汇票购货、收到发票账单时借记"原材料""应交税费——应交增值税(进项税额)"等账户,贷记"其他货币资金——银行汇票"账户。

(三)银行本票结算方式

银行本票结算方式是利用银行本票办理转账结算的方式。银行本票是申请人将款项交存银行,由银行签发的,给申请人据以办理转账结算或支取现金的票据。银行本票按其金额是否固定可分为不定额和定额两种。不定额银行本票是指凭证上金额是空白的,签发时根据实际需要填写金额,并用压数机压印金额的银行本票;定额本票是指凭证上预先印有固定面额的银行本票。

1. 银行本票的特点

无论单位和个人,凡需要在同一票据交换区域支付各种款项的,都可以使用;由银行签发,保证兑付,信誉高,支付功能强。银行本票按其金额记载方式不同,分为定额本票和不定额本票两种。

2. 银行本票结算的有关规定

(1)银行本票可以用于转账,注明"现金"字样的银行本票可以用于支取现金。

(2)银行本票的金额起点:不定额本票的金额起点为100元,定额银行本票面额为1 000元、5 000元、10 000元、50 000元。

(3)银行本票一律记名。

(4)申请人或收款人为单位的,银行不得为其签发现金银行本票。

(5)银行本票的提示付款期限自出票日起最长不得超过两个月。可以在票据交换区域内将银行本票背书转让。

3. 银行本票的结算程序

(1)申请人使用银行本票应向银行提交"银行本票申请书"。

(2)出票银行受理银行本票申请书,收妥款项并签发银行本票。

(3)申请人取得银行本票后,应将银行本票交付给本票上记明的收款人,向填明的收款单位办理结算。

(4)收款企业在将收到的银行本票向开户银行提示付款时,应填写进账单,连同银行本票一并交开户银行办理转账。

银行本票结算的具体流程如图1-3所示。

4. 银行本票结算的账务处理

付款企业填写"银行本票申请书",将款项交存银行时,借记"其他货币资金——银行本票"账户,贷记"银行存款"账户;企业持银行本票购货收到发票账单时,借记"原材料""应交税费——应交增值税(进项税额)"等账户,贷记"其他货币资金——银行本票"账户;采购完毕收回剩余款项时,根据银行的收账通知,借记"银行存款"账户,贷记"其他货币资金——银行本票"账户。企业收到银行本票,填制进账单到开户银

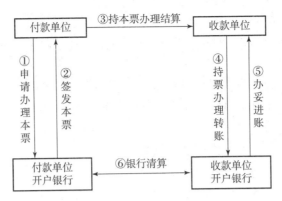

图1-3 银行本票结算的具体流程

行办理款项入账手续时,根据进账单及销货发票等,借记"银行存款"账户,贷记"主营业务收入""应交税费——应交增值税(销项税额)"等账户。

(四)商业汇票结算方式

商业汇票是出票人签发的,委托付款人在指定日期无条件支付确定的金额给收款人或者持票人的票据。

1. 商业汇票结算的有关规定

(1)在银行开立存款账户的法人以及其他组织之间,须具有真实的交易关系或债权债务关系,才能使用商业汇票。

(2)出票人是交易中的收款人或付款人。

(3)商业汇票须经承兑人承兑,只有经过承兑的商业汇票才具有法律效力,承兑人具有到期无条件付款的责任。承兑是指汇票的付款人愿意负担起票面金额的支付义务的行为。通俗地讲,就是他承认到期将无条件地支付票面金额的行为。

(4)商业汇票的付款期限由交易双方商定,但最长不得超过6个月。定日付款的汇票付款期限自出票日起计算,并在汇票上记载具体到期日;出票后定期付款的汇票付款期限自出票日起按月计算,并在汇票上记载;见票后定期付款的汇票付款期限自承兑或拒绝承兑日起按月计算,并在汇票上记载。

(5)提示付款期限自汇票到期日起10日内,没有结算起点的限制。

(6)商业汇票可以背书转让。

2. 商业汇票的种类

商业汇票按承兑人的不同分为商业承兑汇票和银行承兑汇票。

(1)商业承兑汇票。

商业承兑汇票是指由收款人签发、付款人承兑,或由付款人签发并承兑的票据。商业承兑汇票的承兑人是付款人,也是交易中的购货单位。商业承兑汇票的付款人,收到开户银行的付款通知,应在当日通知银行付款。银行在办理划款时,付款人存款账户不足支付的,银行应填制付款人未付票款通知书,连同商业承兑汇票邮寄持票人开户银行转交持票人,银行不负责付款,由购销双方自行处理。商业承兑汇票结算的具体流程如图1-4所示。

项目一 / 货币资金业务核算

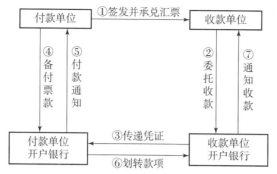

图 1-4 商业承兑汇票结算的具体流程

（2）银行承兑汇票。

银行承兑汇票是指由在承兑银行开立存款账户的存款人（承兑申请人）签发，并由承兑申请人向开户银行申请，经银行审查同意承兑的票据。银行承兑汇票的出票人是购货企业，承兑人是购货企业的开户银行。企业申请使用银行承兑汇票时，应向其承兑银行按票面金额的万分之五交纳手续费。

银行承兑汇票的出票人应于汇票到期前将票款足额交存银行。承兑银行应在汇票到期日或到期日后的见票当日支付票款。银行承兑汇票的出票人于汇票到期前未能足额交存票款的，承兑银行凭票向持票人无条件付款，对出票人尚未支付的汇票金额按照每天万分之五计收利息。银行承兑汇票结算的具体流程如图 1-5 所示。

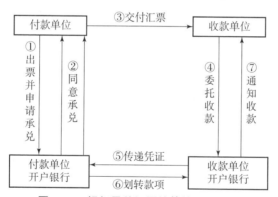

图 1-5 银行承兑汇票结算的具体流程

3. 商业汇票的账务处理

（1）付款单位的账务处理。付款单位按照合同的规定，向供货方购货，获得承兑汇票时，需要在"应付票据备查簿"上登记，将经过承兑后的商业汇票第二联、第三联寄交收款单位，以便收款单位到期收款或背书转让。付款单位寄交汇票后，根据商业汇票第二联、第三联复印件编制记账凭证，借记有关账户，贷记"应付票据"账户。如果采用银行承兑汇票，则付款单位按规定向银行支付承兑手续费后，应根据原始凭证借记"财务费用"账户，贷记"银行存款"账户。

（2）收款单位的账务处理。

收款单位财务部门收到付款单位的商业汇票时，登记"应付票据备查簿"，同时编制记账凭证，借记"应收票据"，贷记有关账户。

(五) 汇兑结算方式

汇兑是汇款人委托银行将其款项汇往异地收款单位的结算方式。汇兑根据划转款项的不同方法及传递方式的不同分为信汇和电汇两种。信汇是指汇款人向银行提出申请，同时交存一定金额及手续费，汇出行将信汇委托书以邮寄方式寄给汇入行，授权汇入行向收款人解付一定金额的一种汇兑结算方式。电汇是指汇款人将一定金额及手续费交存汇款银行，汇款银行通过电报或电传传给汇入行，指示汇入行向收款人支付一定金额的一种汇款方式。这两种方式，信汇费用较低，速度较慢，电汇具有速度快的优点。汇兑结算方式便于汇款人向异地的收款人主动付款，其手续简便，划款迅速，应用广泛，单位和个人各种款项的结算均可使用汇兑结算方式。

采用汇兑结算方式时，付款单位汇出款项时，应填写银行印发的汇款凭证，根据经银行办理汇款的汇款回执填写，并编制付款凭证。收汇银行将汇款收进单位存款账户后，向收款单位发出收款通知，收款单位根据收到的银行收账通知编制收款凭证。通过汇兑结算时，收付款双方都通过"银行存款"账户核算。汇兑结算的具体流程如图1-6所示。

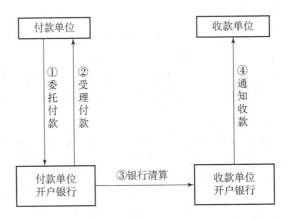

图1-6 汇兑结算的具体流程

(六) 委托收款结算方式

委托收款是收款人向银行提供收款依据，委托银行向付款人收取款项的结算方式。无论单位还是个人都可凭已承兑商业汇票、债券、存单等付款人债务证明，采用该结算方式办理款项的结算。委托收款便于收款人主动收款，在同城、异地均可以办理，且不受金额限制。委托收款按结算款项的划回方式的不同，分为邮寄和电报两种，由收款人选用。委托付款付款期为3天。

委托收款结算方式是一种建立在商业信用基础上的结算方式，即收款人先发货或提供劳务，然后通过银行收款，银行不参与监督，结算中发生的争议由双方自行协商解决。因此，收款单位在选用此种结算方式时应当了解付款方的资信状况，以免发货后或提供劳务后不能及时收回款项。

付款单位付出款项后，根据银行转来的付款通知及其他有关凭证，借记有关账户，贷记"银行存款"账户。收款单位向银行办妥委托收款手续后，根据委托收款凭证回单及其他有关的原始凭证，借记"应收账款"账户，贷记有关账户。收到款项后，根据银行转来的收账通知，借记"银行存款"账户，贷记"应收账款"账户。委托收款结算的具体流程如图1-7所示。

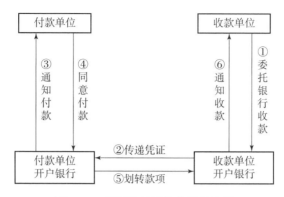

图1-7 委托收款结算的具体流程

（七）托收承付结算方式

托收承付是根据购销合同由收款人发货后委托银行向异地付款人收取款项，由付款人按照购销合同规定核对结算单证或验货后向银行承付款项的结算方式。

1. 托收承付的适用范围

（1）使用该结算方式的单位必须是国有企业、供销合作社，以及经营管理较好并经开户银行审查同意的城乡集体所有制工业企业。

（2）办理结算的款项必须是商品交易以及因商品交易而产生的劳务供应的款项。代销、寄销、赊销商品的款项，不得办理托收承付结算。

2. 托收承付结算的有关规定

（1）收付双方使用托收承付结算必须签有符合《中华人民共和国合同法》（以下简称《合同法》）的购销合同，并在合同上载明使用异地托收承付结算方式。

（2）收款人办理托收，必须具有商品确已发运的证件。

（3）收付双方办理托收承付结算，必须重合同、守信用。

（4）异地托收承付结算每笔的金额起点为10 000元，新华书店系统每笔金额起点为1 000元。异地托收承付结算款项的划回方法，分邮寄和电报两种，由收款人选用。

3. 托收承付结算程序

托收承付结算方式包括托收和承付两个阶段。

（1）托收。收款人按照签订的购销合同发货后，委托银行办理托收。托收时，收款人应将托收凭证并付发运证件或其他符合托收承付结算的有关证明和交易单证送交银行。收款人如需取回发运凭证，则银行应在托收凭证上加盖"已验发运证件"戳记。

收款人开户银行收到托收凭证及其附件后，应当按照托收的范围、条件和托收凭证记载的要求认真进行审查，查验收款人签订的购销合同。凡不符合要求或违反购销合同发货的不能办理。审查时间最长不得超过次日。

（2）承付。付款人开户银行收到托收凭证及其附件后，应当及时通知付款人，通知的方法可以根据具体情况与付款人签订协议，采取付款人来行自取、派人送达、对距离较远的付款人邮寄等方式。付款人应在承付期内审查核对，并安排资金，承付货款，分为验单付款和验货付款两种，由收付双方协商选用，并在合同中明确规定。

托收承付结算流程如图 1-8 所示。

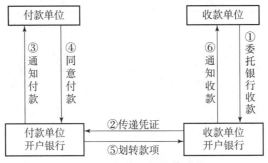

图 1-8　托收承付结算流程

4. 托收承付结算的账务处理

收款单位向银行办妥手续后，根据托收凭证回单及其他有关原始凭证，借记"应收账款"账户，贷记有关账户；收到款项时，根据银行转来的收账通知，借记"银行存款"账户，贷记"应收账款"账户；付款单位承付货款后，根据银行转来的付款通知及有关原始凭证，借记有关账户，贷记"银行存款"账户。

三、业务核算

为了详细反映银行存款的收付及结存情况，企业除了设置"银行存款"账户进行总分类核算外，还必须设置银行存款日记账，逐日逐笔连续记录银行存款收付，并随时结出余额。银行存款日记账一般由出纳人员根据收付款凭证进行登记，定期与银行存款总账账户相核对。月末，应与银行对账单进行核对。

（一）银行存款收付业务处理

企业收入银行存款，应根据银行存款送款单回单或银行收账通知及有关单证，及时编制记账凭证，借记"银行存款"账户，贷记有关账户，经审核无误后，登记银行存款日记账及总账；企业支付银行存款，应根据支票存根、办理付款结算的付款通知及有关单证，及时编制记账凭证，借记有关账户，贷记"银行存款"账户，经审核无误后，登记银行存款日记账及总账。

（二）银行存款的清查

企业每月至少应将银行存款日记账与银行对账单核对一次，以检查银行存款收付及结存情况。企业进行账单核对时，往往出现银行存款日记账余额与银行对账单同日余额不符的情况。究其原因主要有：一是计算错误；二是记账错漏；三是未达账项。计算错误是企业或银行对银行存款结存额的计算发生运算错误；记账错漏是指企业或银行对存款的收入、支出的错记或漏记；未达账项是指银行和企业之间，由于结算凭证传递的时间不一致而造成的一方已收到凭证并登记入账，而另一方尚未接到凭证未入账的款项。未达账项不外乎四种情况：

（1）企业已经收款入账，银行尚未收款入账的款项。

(2) 企业已经付款入账，银行尚未付款入账的款项。
(3) 银行已经收款入账，企业尚未收款入账的款项。
(4) 银行已经付款入账，企业尚未付款入账的款项。

银行存款日记账余额与银行对账单余额不符，必须查明原因。对于未达账项，通过编制"银行存款余额调节表"来调节。如果调节后余额一致，则一般表明没有记账错误；如果调节后余额仍不一致，则表明企业或银行一方出现了记账错误，应立即查明错误所在。属于银行方面的原因，应及时通知银行更正；属于本单位的原因，应按错账更正办法进行更正。

银行存款余额调节表有多种编制方法，会计实务中一般采用"补记式"余额调节法。其基本原理是：假设未达账项全部入账，那么银行存款日记账及银行对账单的余额应相等。其编制方法是：在双方现有余额基础上，各自加上对方已收、本方未收账项，减去对方已付、本方未付账项，计算调节双方应有余额。编制银行存款余额调节表后，不需进行账簿记录的调整，只有等到有关单据到达，才可进行账务处理。

【任务实施】

任务 1.2.1 红星机械有限公司根据审核无误的原始凭证填制记账凭证。

(1) 根据银行进账单和增值税专用发票，编制以下会计分录。

借：银行存款　　　　　　　　　　　　　　　　　　　2 260
　　贷：主营业务收入　　　　　　　　　　　　　　　　　　2 000
　　　　应交税费——应交增值税（销项税额）　　　　　　　260

(2) 根据银行进账单，编制以下会计分录。

借：银行存款　　　　　　　　　　　　　　　　　　　4 000
　　贷：预收账款　　　　　　　　　　　　　　　　　　　　4 000

(3) 根据银行进账单，编制以下会计分录。

借：银行存款　　　　　　　　　　　　　　　　　　　5 450
　　贷：应收账款　　　　　　　　　　　　　　　　　　　　5 450

(4) 根据支票存根、增值税专用发票和材料入库单，编制以下会计分录。

借：原材料　　　　　　　　　　　　　　　　　　　　8 000
　　应交税费——应交增值税（进项税额）　　　　　　　1 040
　　贷：银行存款　　　　　　　　　　　　　　　　　　　　9 040

(5) 根据支票存根和增值税专用发票，编制以下会计分录。

借：销售费用　　　　　　　　　　　　　　　　　　　7 000
　　应交税费——应交增值税（进项税额）　　　　　　　　630
　　贷：银行存款　　　　　　　　　　　　　　　　　　　　7 630

(6) 根据支票存根，编制以下会计分录。

借：库存现金　　　　　　　　　　　　　　　　　　　4 700
　　贷：银行存款　　　　　　　　　　　　　　　　　　　　4 700

任务 1.2.2 2019 年 6 月 30 日，红星机械有限公司编制银行存款余额调节表，如表 1-1 所示。

表 1-1 银行存款余额调节表

2019 年 6 月 30 日 单位：元

项目	金额	项目	金额
企业银行存款账户余额	226 600	银行对账单余额	269 700
加银行已收、企业未收账项	24 600	加企业已收、银行未收账项	23 000
减银行已付、企业未付账项	17 000	减企业已付、银行未付账项	58 500
调整后的余额	234 200	调整后的余额	234 200

任务 3 其他货币资金业务核算

【任务导入】

任务 1.3.1 红星机械有限公司为增值税一般纳税人，2019 年 7 月发生的有关外埠存款业务如下：

（1）2019 年 7 月 2 日，企业在外埠开立临时采购账户，委托银行将 500 000 元汇往采购地。

（2）2019 年 7 月 18 日，采购员以外埠存款购买材料，取得的增值税专用发票上注明的原材料价款为 400 000 元，增值税税额为 52 000 元，货款共计 452 000 元，材料已入库。

（3）2019 年 7 月 19 日外埠采购结束，将外埠存款清户，收到银行转来收账通知，余款 48 000 元收妥入账。

微课：其他货币资金业务核算

任务 1.3.2 红星机械有限公司 2019 年 6 月发生的有关银行汇票存款收付业务如下：

（1）2019 年 6 月 5 日，企业申请办理银行汇票，将银行存款 30 000 元转为银行汇票存款。

（2）2019 年 6 月 10 日收到收款单位发票等单据，采购材料取得增值税专用发票，付款 28 250 元。其中，材料价款为 25 000 元，增值税税额为 3 250 元。材料已入库，用银行汇票结算。

（3）2019 年 6 月 12 日收到银行汇票多余款项退回通知，将余款 1 750 元收妥入账。

要求：红星机械有限公司根据以上业务进行会计核算。

【知识准备】

其他货币资金是指除现金、银行存款以外的其他货币资金。其他货币资金同现金和银行存款一样，是企业可以作为支付手段的货币。其他货币资金同现金和银行存款相比，有其特殊的存在形式和支付方式，在管理上有别于现金和银行存款，应单独进行会计核算。其他货币资金主要包括外埠存款、银行汇票存款、银行本票存款、信用卡存款、信用证保证金存款和存出投资款等。

其他货币资金通过"其他货币资金"账户进行核算，本账户核算企业的银行汇票存款、银行本票存款、信用卡存款、信用证保证金存款、存出投资款等其他货币资金。本账户应当按照其他货币资金的种类，设置"银行汇票存款""银行本票存款""信用卡存款"

"信用证保证金存款""存出投资款"等明细账进行明细核算。该账户借方登记其他货币资金的增加数,贷方登记其他货币资金的减少数,期末余额在借方,反映企业持有的其他货币资金。

(一) 外埠存款

外埠存款也称临时性采购专户存款,是指企业到外地进行临时或零星采购时,汇往采购地银行开立采购专户的款项。银行对临时采购户一般实行半封闭式管理的办法,即只付不收,付完清户,该账户的存款不计利息,除采购人员差旅费用可以支取少量现金外,其他支出一律转账。

企业欲将采购款项汇往采购地银行,需先填写"汇款委托书"并加盖"采购资金"字样;汇入行对汇入的采购款项,以汇款单位名义开立采购账户。企业将款项汇往外地开立采购专户时,根据汇出款项凭证,编制付款凭证,进行账务处理,借记"其他货币资金——外埠存款"账户,贷记"银行存款"账户;收到采购人员转来供应单位发票账单等报销凭证时借记"原材料""应交税费——应交增值税(进项税额)"等账户,贷记"其他货币资金——外埠存款"账户;采购完毕收回剩余款项时,根据银行的收账通知,借记"银行存款"账户,贷记"其他货币资金——外埠存款"账户。

(二) 银行汇票存款

银行汇票存款是指企业为了取得银行汇票,按规定存入银行的款项。企业办理银行汇票,需将款项交存开户银行。未用汇票存款应及时办理退款。

企业填写"银行汇票申请书"并将款项交存银行时,借记"其他货币资金——银行汇票"账户,贷记"银行存款"账户;企业持银行汇票购货收到发票账单时,借记"原材料""应交税费——应交增值税(进项税额)"等账户,贷记"其他货币资金——银行汇票"账户;如实际采购支付后银行汇票有余额,退回多余款项时,根据银行的收账通知,借记"银行存款"账户,贷记"其他货币资金——银行汇票"账户。

销货企业收到银行汇票,填制进账单并到开户银行办理款项入账手续时,根据进账单及销货发票等,借记"银行存款"账户,贷记"主营业务收入""应交税费——应交增值税(销项税额)"等账户。

(三) 银行本票存款

银行本票存款是指企业为了取得银行本票,按规定存入银行的款项。企业办理银行本票,需将款项交存开户银行。未用汇票存款应及时办理退款。

企业填写"银行本票申请书",将款项交存银行时,借记"其他货币资金——银行本票"账户,贷记"银行存款"账户;企业持银行本票购货并收到发票账单时,借记"原材料""应交税费——应交增值税(进项税额)"等账户,贷记"其他货币资金——银行本票"账户;采购完毕收回多余款项时,根据银行的收账通知,借记"银行存款"账户,贷记"其他货币资金——银行本票"账户。

销货企业收到银行本票,填制进账单到开户银行办理款项入账手续时,根据进账单及销货发票等,借记"银行存款"账户,贷记"主营业务收入""应交税费——应交增值税(销项税额)"等账户。

（四）信用卡存款

信用卡存款是指企业为了取得信用卡而存入银行信用卡专户的款项。信用卡是银行卡的一种，银行卡分为信用卡和借记卡。

凡在中国境内金融机构开立基本存款户的单位可申领单位卡。单位卡可申领若干张，持卡人资格由申领单位法定代表人或其委托的代理人书面指定和注销。单位卡账户的资金一律从其基本存款账户转账存入，不得交存现金，不得将销货收入的款项存入其账户。持卡人可持信用卡在特约单位购物、消费，但单位卡不得用于10万元以上的商品交易、劳务供应款项的结算，不得支取现金。特约单位在每日终了，应当将当日受理的信用卡签购单汇总，计算手续费和净额，并填写汇（总）计单和进账单，连同签购单一并送交收款单位银行办理进账。

企业申请信用卡应填写"信用卡申请表"，连同支票和有关资料一并送存发卡银行，根据银行盖章退回的进账单第一联，借记"其他货币资金——信用卡"账户，贷记"银行存款"账户；企业用信用卡购物或支付有关费用，收到开户银行转来的信用卡存款的付款凭证及所附的发票账单，借记"管理费用"等账户，贷记"其他货币资金——信用卡"账户；企业信用卡在使用过程中，需要向其账户续存资金的，应借记"其他货币资金——信用卡"账户，贷记"银行存款"账户；企业的持卡人不需要继续使用信用卡时，应持信用卡主动到发卡银行办理销户，销卡时单位卡账户余额转入企业基本存款账户，不得提取现金，借记"银行存款"账户，贷记"其他货币资金——信用卡"账户。

（五）存出投资款

存出投资款是指企业已存入证券公司但尚未转为金融资产或投资的款项。

企业向证券公司存入资金时，应按实际存入的金额，借记"其他货币资金——存出投资款"账户，贷记"银行存款"账户；购买股票、债券时，按公允价值或实际投资金额，借记"交易性金融资产"等账户，贷记"其他货币资金——存出投资款"账户。

【任务实施】

任务1.3.1 红星机械有限公司根据审核无误的原始凭证填制记账凭证。

（1）根据银行汇款回单，编制以下会计分录。

借：其他货币资金——外埠存款　　　　　　　　　　　　　500 000
　　　贷：银行存款　　　　　　　　　　　　　　　　　　　　　500 000

（2）根据增值税专用发票和材料入库单等，编制以下会计分录。

借：原材料　　　　　　　　　　　　　　　　　　　　　　400 000
　　应交税费——应交增值税（进项税额）　　　　　　　　　52 000
　　　贷：其他货币资金——外埠存款　　　　　　　　　　　　　452 000

（3）根据银行收账通知，编制以下会计分录。

借：银行存款　　　　　　　　　　　　　　　　　　　　　48 000
　　　贷：其他货币资金——外埠存款　　　　　　　　　　　　　48 000

任务1.3.2 红星机械有限公司根据审核无误的原始凭证填制记账凭证。

（1）根据银行盖章退回的申请书存根联，编制以下会计分录。

借：其他货币资金——银行汇票　　　　　　　　　　　　　30 000

　　　　贷：银行存款　　　　　　　　　　　　　　　　　　　　　　　30 000
（2）根据增值税专用发票等，编制以下会计分录。
借：原材料　　　　　　　　　　　　　　　　　　　　　　　　　　25 000
　　应交税费——应交增值税（进项税额）　　　　　　　　　　　　 3 250
　　　　贷：其他货币资金——银行汇票　　　　　　　　　　　　　28 250
（3）根据收到开户银行转来的银行汇票第四联（多余款收账通知），编制以下会计分录。
借：银行存款　　　　　　　　　　　　　　　　　　　　　　　　　 1 750
　　　　贷：其他货币资金——银行汇票　　　　　　　　　　　　　 1 750

项目1训练

项目二

往来结算业务核算

学习目标

知识目标

1. 理解企业应收及应付款项、预收及预付款项的有关概念。
2. 掌握应收票据、应付票据业务的账务处理流程和核算方法。
3. 掌握应收账款、应付账款业务的账务处理流程和核算方法。
4. 掌握预付账款、预收账款业务的账务处理流程和核算方法。
5. 掌握其他应收款、其他应付款业务的账务处理流程和核算方法。
6. 理解应收款项减值损失的确认与估计方法,掌握计提坏账准备、核销坏账准备业务的账务处理流程和核算方法。

能力目标

1. 能根据应收票据、应付票据、应收账款、应付账款、预付账款、预收账款、其他应收款、其他应付款业务准确填制记账凭证,登记有关的明细账。
2. 能正确计算年末计提的坏账准备金额,并能进行账务处理。

任务1 应收票据与应付票据业务核算

【任务导入】

文本:往来结算岗位的核算任务　　　　　微课:应收票据业务核算

任务2.1.1 红星机械有限公司为增值税一般纳税人,发生的有关应收票据的业务如下:

(1) 2019年5月1日，红星机械有限公司向万达公司销售产品一批，取得的增值税专用发票上注明的价款60 000元，增值税税额为7 800元，收到由万达公司承兑的期限为6个月的商业承兑汇票一张，金额共计67 800元。

(2) 2019年5月10日，红星机械有限公司向益康公司销售产品的应收货款共计56 500元（其中产品价款50 000元，增值税税额为6 500元），经双方协商，采用商业汇票方式结算，并收到银行承兑汇票一张。

(3) 2019年11月1日，红星机械有限公司持有的万达公司开出的商业承兑汇票到期，收回款项并存入银行。

任务2.1.2 红星机械有限公司2019年5月1日销售一批商品给乙公司，开出的增值税专用发票上注明销售价款为400 000元，增值税税额为52 000元，乙公司签发并承兑了一张商业汇票，票面值为452 000元，期限为6个月。2019年7月1日，红星机械有限公司因急需流动资金，经与中国银行协商，红星机械有限公司将此票据贴现给银行，银行支付420 000元的贴现款，红星机械有限公司对此票据的如期偿付不承担连带责任。

任务2.1.3 红星机械有限公司于2019年6月5日开出一张面值为56 500元、期限为5个月的不带息商业汇票，用于采购材料，原材料已入库。增值税专用发票上注明的材料价款为50 000元，增值税税额为6 500元。

要求：红星机械有限公司根据以上业务进行账务处理。

【知识准备】

一、应收票据

（一）应收票据概述

1. 应收票据的概念与种类

应收票据是指企业采用商业汇票结算方式时，因销售商品和提供服务等而收到的商业汇票。根据我国现行法律的有关规定，商业汇票的期限不得超过6个月，因而我国的应收票据是一种流动资产。

商业汇票可以按不同的标准进行分类。按照票据是否带息分类，商业汇票分为带息票据和不带息票据两种。带息票据是指商业汇票到期时，承兑人除向收款人或被背书人支付票面金额款外，还应按票面金额和票据规定的利率支付自票据生效日起至票据到期日的利息的商业汇票。不带息票据是指商业汇票到期时，承兑人只按票面金额向收款人或被背书人支付款项的票据。

按照票据承兑人的不同进行分类，商业汇票分为银行承兑汇票和商业承兑汇票两种。商业汇票必须经承兑后方可生效。银行承兑汇票的承兑人是承兑申请人的开户银行，商业承兑汇票的承兑人是付款人（购买单位）。企业申请银行承兑汇票时，应向其承兑银行按票面金额的0.5‰交纳手续费。

按照票据是否带有追索权分类，商业汇票分为带追索权的商业汇票和不带追索权的商业汇票两种。追索权是指企业在转让应收票据的情况下，接受票据方在应收票据遭拒付或逾期时，向该应收票据转让方索取应收金额的权利。在我国，商业汇票可背书转让，持票人可以对背书人、出票人以及票据的其他债务人行使追索权。一般来说，负债的不确定性称为或有负债。因此，转让应收款项而产生的被追索的不确定性也属于一种或有负债，但并不是所有应收款项的转让都会产生或有负债。在我国的会计实务中，仅就应收票据贴现而言，银行承兑汇票的贴现不会使企业被追索，企业也就不会因汇票贴现而发生或有负债；商业承兑汇票的贴现会使企业被追索，企业也就会因汇票贴现而发生或有负债。

2. 应收票据的计价

应收票据一般按其面值计价，即企业收到应收票据时，应按照票据的面值入账。对于带息应收票据，应在期末按面值和利率计算利息，计入应收票据的账面价值。

3. 应收票据到期日的确定

商业汇票的持票人在票据到期日可向承兑人收取票据款。商业汇票自承兑日起生效，其到期日是由票据有效期限的长短来决定的。在实务中，票据的期限一般有按月表示和按日表示两种。

票据期限按月表示时，票据的期限不考虑各月份实际天数多少，统一按次月对应日为整月计算。当签发承兑票据的日期为某月月末时，统一以到期月份的最后一日为到期日。票据期限按月表示时，带息票据的利息应按票面金额、票据期限（月数）和月利率计算。

票据期限按日表示时，票据的期限不考虑月数，统一按票据的实际天数计算。按日计算的票据，应从出票日起按实际天数计算，习惯上出票日和到期日只能算其中一天，即"算头不算尾"或"算尾不算头"。例如，3月1日出票的期限为3个月的票据，到期日为6月1日，如果期限为90天，则到期日为5月30日。票据期限按日表示时，带息票据的利息应按票面金额、票据期限（天数）和日利率计算。

（二）账户设置

"应收票据"账户属于资产类账户，该账户核算企业采用商业汇票结算方式时，因销售商品、产品和提供劳务等而收到的商业汇票。借方登记企业收到承兑的商业汇票的面值，贷方登记企业到期收回的商业汇票或未到期向银行申请贴现的商业汇票以及已背书转让给其他单位的商业汇票，期末余额在借方，反映企业持有的商业汇票的面值。该账户还应按对方单位名称设置明细账进行核算。企业对于收到的商业汇票应设置"应收票据登记簿"，逐笔登记商业汇票的种类、号数和出票日、票面金额、交易合同号和付款人、承兑人、背书人的姓名或单位名称、到期日、背书转让日、贴现日、贴现率和贴现净额以及收款日和收回金额、退票情况等资料。商业汇票到期结清或退票后，在备查簿中应予以注销。

（三）业务核算

1. 取得应收票据

企业收到承兑的商业汇票时，应按票面金额借记"应收票据"账户，并根据不同的业务内容分别贷记"主营业务收入""应交税费""应收账款"等账户。应收票据取得的原因不同，其会计处理也不同。因债务人抵偿前欠货款而取得的应收票据，借记"应收票据"账户，贷记"应收账款"账户；因企业销售商品、提供劳务等而收到商业汇票，借记"应收票据"账户，贷记"主营业务收入""应交税费——应交增值税（销项税额）"账户。

2. 带息应收票据的期末计息

企业应于资产负债表日计算带息应收票据的利息，并增加应收票据的账面价值，同时冲减财务费用，即借记"应收票据"账户，贷记"财务费用"账户。

$$应收票据利息 = 应收票据票面金额 \times 票面利率 \times 期限$$

（1）票据期限按月计算时，应收票据利息的计算公式为：

$$应收票据利息 = 应收票据票面金额 \times 票面利率/12 \times 应收票据月数$$

（2）票据期限按日计算时，应收票据利息的计算公式为：

$$应收票据利息 = 应收票据票面金额 \times 票面利率/360 \times 应收票据天数$$

3. 应收票据的到期

企业对持有的即将到期的商业汇票，应匡算划款时间，提前委托开户银行收款。

（1）应收票据到期收回票款。企业持有的不带息票据到期值为其票据面值。当商业汇票到期企业如数收到票据承兑人兑付的票面款项时，应按实际收到的金额，借记"银行存款"账户，按商业汇票的票面金额，贷记"应收票据"账户。企业持有的带息商业汇票的到期值为票据面值加上票据到期应计利息。带息商业汇票到期收到票据承兑人兑付的到期票款时，应按实际收到的金额，借记"银行存款"账户，按商业汇票的票面金额及已计提利息，贷记"应收票据"账户，按尚未计提的票据利息，贷记"财务费用"账户。

（2）应收票据到期收不回票款。一般来说，商业汇票中的银行承兑汇票，其承兑人是银行，承兑银行负有到期无条件付款的责任，使得该汇票到期无款兑付的可能性极小。商业承兑汇票的承兑人是付款人，该种汇票到期，付款人账户资金不足，银行将托收的汇票退回给收款人，由收付款双方自行处理。根据《票据法》的规定，汇票到期被拒绝付款的，持票人可以对债务人行使追索权，因此当企业应收票据到期，付款人无力兑付票款而退票，且付款人不再签发新票据时，应将票据以及应计利息转为应收账款，借记"应收账款"账户，贷记"应收票据"账户。转入"应收账款"账户后，期末不再计提利息，其所包含的利息在有关备查账簿中进行登记，待实际收到时，再冲减当期的财务费用。

4. 应收票据的背书转让

企业将持有的商业汇票背书转让以取得所需物资时，按应计入取得物资成本的金额，借记"材料采购"或"原材料""库存商品"等账户，按可抵扣的增值税额，借记"应交税费——应交增值税（进项税额）"账户，按商业汇票的票面金额，贷记"应收票据"，如有差额，则借记或贷记"银行存款"等账户。

5. 应收票据的贴现

企业可以持未到期的商业汇票到银行申请贴现。贴现是指企业将未到期的商业汇票背书转让给银行，银行扣除贴现息后将净额支付给企业的行为。将商业汇票贴现后，企业可以从银行取得贴现款。贴现款的计算方法如下：

$$贴现息 = 票据到期价值 \times 贴现率 \times 贴现期$$
$$贴现所得金额 = 票据到期价值 - 贴现息$$

票据到期价值 = 商业汇票票面金额 × (1 + 票面利率)

公式中的贴现率由银行统一规定，一般按年利率表示。贴现期是指自贴现日起至票据到期日的实际天数，也采用"算头不算尾"或"算尾不算头"的方法来计算确定。在贴现日和票据到期日这两天中，只计算其中的一天。例如，如果2月10日将1月31日（当年2月份为28天）签发承兑的期限为30天、60天、90天，到期日分别为3月2日、4月1日、5月1日的商业汇票贴现，那么其贴现天数分别为20天、50天、80天。

附有追索权的应收票据贴现。银行对应收票据拥有追索权是指贴现后的票据在到期时，如果票据承兑人无力向贴现银行支付票款，则银行将向贴现企业提示票据，申请贴现企业应负责偿还票据金额的连带责任。企业持未到期的应收票据向银行贴现，应按实际收到的金额（即减去贴现息后的净额），借记"银行存款"账户，按贴现息部分，借记"财务费用"等账户，按商业汇票的票面金额，贷记"短期借款"账户；贴现的商业承兑汇票到期，承兑人支付款项，贴现企业借记"短期借款"账户，贷记"应收票据"账户；贴现的商业承兑汇票到期，因承兑人的银行存款账户不足支付，申请贴现的企业收到银行退回的商业承兑汇票时，按商业汇票的票面金额，借记"短期借款"账户，贷记"银行存款"账户。同时，借记"应收账款"账户，贷记"应收票据"账户。

不附有追索权的应收票据贴现。企业持未到期的应收票据向银行贴现，应按实际收到的金额（即减去贴现息后的净额），借记"银行存款"账户；按贴现息部分，借记"财务费用"等账户；按商业汇票的票面金额，贷记"应收票据"账户。票据到期时，承兑人无论是否支付，都与贴现企业无关，贴现企业无须进行账务处理。

二、应付票据

（一）应付票据概述

应付票据是指企业采用商业汇票结算方式时，因购买材料、商品和接受劳务供应等而开出、承兑的商业汇票。应付票据应按票据面值计价入账。带息应付票据应于期末按票据的票面价值和确定的利率计提利息，计入应付票据的账面价值，并同时计入当期损益。

（二）账户设置

为了总括地核算和监督企业商业汇票的签发、承兑和支付情况，应设置"应付票据"账户，该账户是负债类账户，贷方登记企业签发、承兑商业汇票的面值和带息票据已计算的应付利息；借方登记企业到期支付（或结转）票款数额；余额在贷方，表示企业尚未到期的应付票据本息。

为了反映和监督应付票据的发生和偿付业务，企业除应设置"应付票据"账户外，还应当设置"应付票据备查簿"，详细登记每一应付票据的种类、号数、签发日期、到期日、票面金额、票面利率、交易合同号、收款人姓名或单位名称，以及付款日期和金额等资料。应付票据到期结清时，应当在备查簿内逐笔注销。

（三）业务核算

1. 应付票据发生的核算

企业开出并承兑商业汇票购货时，借记"原材料""在途物资""材料采购""应交税费——应交增值税（进项税额）"等账户，按商业汇票的面值贷记"应付票据"账户。若企业开出承兑的是银行承兑汇票，须按票面金额支付一定的手续费，借记"财务费用"账户，贷记"银行存款"账户。

2. 带息应付票据的利息费用的核算

带息应付票据利息费用的核算，一般有以下几种方法：

（1）按月计提。这种方法适用票面价值较大、利息费用较多的应付票据利息费用的核算。采用这种方法，应于每月月末计算当月应付的应付票据利息费用，计入财务费用，借记"财务费用"账户，贷记"应付票据"账户。

（2）到期计提。这种方法适用票面价值较小、利息费用较少且签发日与到期日在同一个会计年度的应付票据利息费用的核算。采用这种方法，每月末不需要计提利息费用，而是在到期日一次计算确认全部利息费用，计入财务费用。到期确认利息费用时，可以单独进行账务处理，也可以与付款等一并进行账务处理。到期单独确认利息费用，应借记"财务费用"账户，贷记"应付票据"账户；付款时，应借记"应付票据"账户，贷记"银行存款"账户。到期与付款等一并进行账务处理，应按应付票据的票面价值，借记"应付票据"账户，按全部应计利息，借记"财务费用"账户，按应付票据的票面价值与应计利息之和，贷记"银行存款"或"应付账款"账户。

（3）年末及到期计提。这种方法适用票面价值较小、利息费用较少且签发日与到期日不在同一个会计年度的应付票据利息费用的核算。采用这种方法，每月月末不需要计提利息费用，但由于签发日与到期日不在同一个会计年度，按照权责发生制原则应在年末计提当年的利息费用，在到期日再计算确认其余利息费用。年末计提利息费用的核算方法，与按月计提利息费用的核算方法相同；到期日确认其余利息费用的核算方法，与到期确认利息费用的核算方法相同。企业如果在 6 月 30 日需要提供对外会计报告，则利息费用在 6 月 30 日的核算方法与年末相同。

3. 应付票据到期偿还本息的核算

不带息商业汇票到期，企业有能力支付票据款，则企业的开户银行在收到商业汇票付款通知时，无条件支付票据款，借记"应付票据"账户，贷记"银行存款"账户。带息商业汇票到期，企业支付本息时，按票据账面余额，借记"应付票据"账户，按尚未计提的利息，借记"财务费用"账户，按实际支付的金额，贷记"银行存款"账户。

4. 应付票据到期无力偿还的核算

应付票据到期，如企业无力支付票款，那么属商业承兑汇票的，应按应付票据账面余额，借记"应付票据"账户，贷记"应付账款"账户；那么属银行承兑汇票的，应按应付票据账面余额，借记"应付票据"账户，贷记"短期借款"账户。

【任务实施】

任务 2.1.1 红星机械有限公司根据审核无误的原始凭证填制记账凭证。

（1）根据增值税专用发票和商业汇票存根联，编制以下会计分录。

借：应收票据——万达公司　　　　　　　　　　　　　　67 800
　　贷：主营业务收入　　　　　　　　　　　　　　　　　　60 000
　　　　应交税费——应交增值税（销项税额）　　　　　　　　7 800

（2）根据商业汇票存根联，编制以下会计分录。
　　借：应收票据——益康公司　　　　　　　　　　　　　　56 500
　　　　贷：应收账款——益康公司　　　　　　　　　　　　　　　　56 500
（3）根据银行收账通知联，编制以下会计分录。
　　借：银行存款　　　　　　　　　　　　　　　　　　　　67 800
　　　　贷：应收票据——万达公司　　　　　　　　　　　　　　　　67 800
若红星机械有限公司到期收不回万达公司货款，则
　　借：应收账款——万达公司　　　　　　　　　　　　　　67 800
　　　　贷：应收票据——万达公司　　　　　　　　　　　　　　　　67 800

任务 2.1.2　红星机械有限公司根据审核无误的原始凭证填制记账凭证。

（1）2019年5月1日销售实现时，根据增值税专用发票和商业汇票存根联，编制以下会计分录。
　　借：应收票据——乙公司　　　　　　　　　　　　　　452 000
　　　　贷：主营业务收入　　　　　　　　　　　　　　　　　　　400 000
　　　　　　应交税费——应交增值税（销项税额）　　　　　　　　　52 000

（2）2019年7月1日取得贴现款时，根据银行收账通知联和贴现凭证，编制以下会计分录。
　　借：银行存款　　　　　　　　　　　　　　　　　　　420 000
　　　　财务费用　　　　　　　　　　　　　　　　　　　 32 000
　　　　贷：应收票据——乙公司　　　　　　　　　　　　　　　　452 000

任务 2.1.3　红星机械有限公司根据审核无误的原始凭证填制记账凭证。

（1）收到增值税专用发票，购买材料入库时，根据增值税专用发票、商业汇票、材料入库单，编制以下会计分录。
　　借：原材料　　　　　　　　　　　　　　　　　　　　 50 000
　　　　应交税费——应交增值税（进项税额）　　　　　　　 6 500
　　　　贷：应付票据　　　　　　　　　　　　　　　　　　　　　 56 500

（2）红星机械有限公司通知银行支付票款，根据承兑汇票委托书存根联，编制以下会计分录。
　　借：应付票据　　　　　　　　　　　　　　　　　　　 56 500
　　　　贷：银行存款　　　　　　　　　　　　　　　　　　　　　 56 500

（3）如果商业汇票为银行承兑汇票，到期时红星机械有限公司无力支付票款，则编制以下会计分录。
　　借：应付票据　　　　　　　　　　　　　　　　　　　 56 500
　　　　贷：短期借款　　　　　　　　　　　　　　　　　　　　　 56 500

（4）如果商业汇票为商业承兑汇票，到期时红星机械有限公司无力支付票款，则编制以下会计分录。
　　借：应付票据　　　　　　　　　　　　　　　　　　　 56 500
　　　　贷：应付账款　　　　　　　　　　　　　　　　　　　　　 56 500

任务2　应收账款与应付账款业务核算

微课：应收账款业务核算

微课：应付账款业务核算

【任务导入】

任务2.2.1　红星机械有限公司2019年5月5日向甲企业赊销A商品一批，按价目表标明的售价为80 000元，增值税税率为13%，由于采购量较大，红星机械有限公司给予10%的商业折扣。甲企业购入的A商品已验收入库，款未付。

要求：红星机械有限公司和甲企业根据以上业务分别进行会计核算。

任务2.2.2　红星机械有限公司2019年6月5日向乙企业赊销一批商品，售价500 000元，增值税税率13%，付款条件是"2/10，N/30"。采用"总价法"进行会计核算。（按不含税金额折扣）

要求：红星机械有限公司和乙企业根据以上业务分别进行账务处理。

任务2.2.3　2019年8月31日，红星机械有限公司的一笔应付账款4 000元确定为无法支付的款项，经批准予以转销。

要求：红星机械有限公司根据以上业务进行账务处理。

任务2.2.4　2019年8月31日，红星机械有限公司外购一批甲材料，已验收入库，但发票账单未到，根据以往的经验估计该批材料价格为10 000元。

要求：红星机械有限公司根据以上业务进行账务处理。

【知识准备】

一、应收账款

（一）应收账款概述

1. 应收账款的定义和入账时间

应收账款是指企业因销售商品、提供服务等经营活动，应向购货单位或接受服务的单位收取的款项，包括应收取的货款、应收取的增值税销项税额、代购货单位垫付的运杂费等。从应收账款的回收期来看，应收账款是指应在一年（可跨年度）内收回的短期债权。在资产负债表上，应收账款应列为流动资产项目。

企业的应收账款不包括各种非主要经营业务发生的应收款项，如职工欠款、存出保证金、应收股利、应收利息等。应收账款是因企业赊销业务而产生的，所以应该赊销成立时确认入账。

2. 应收账款的计价

应收账款的计价就是确定应收账款的入账金额。一般来说，应收账款应按买卖双方成交时的实际发生额入账。在确认应收账款的入账价值时，还要考虑商业折扣和现金折扣等因素。下面分别说明商业折扣与现金折扣对应收账款入账金额的影响。

（1）商业折扣。

商业折扣是指在商品交易时为鼓励客户大批量购买而从商品价目单中在所列售价的基础上扣减一定的数额，实际上是对商品报价进行的折扣。一般来说，商业折扣可用百分比来表示，如5%、10%、20%等。企业发生销货、提供劳务等主要经营业务行为时，商业报价扣除商业折扣以后的实际成交价格才是应收账款的入账金额。由于商业折扣一般在交易发生时已经确定，因此商业折扣仅仅是确定实际售价的一种手段，不在买卖任何一方的账面上反映，故商业折扣对应收账款入账金额的确认并无实质性的影响。

（2）现金折扣。

现金折扣是指销货企业为了鼓励客户在一定期间内早日偿还货款，对销售价格给予的一定比率的扣减。现金折扣对于销货企业来说，称为销货折扣；对于购货企业来说，则称为购货折扣。现金折扣一般用符号"折扣/折扣期限"表示。例如，现金折扣条件为2/10，1/20，$N/30$，表示信用期限为30天，在10天内付款给予2%的折扣，20天内付款给予1%的折扣，30天内付款无折扣。现金折扣使得企业应收账款的应收数额在规定的付款期内，随客户付款时间的不同而有所差异，在存在现金折扣的情况下，应收账款入账金额的确认有总价法和净价法两种。我国规定应收账款采用总价法入账。

总价法是在赊销业务发生时，应收账款按未减去现金折扣前的实际金额作为入账价值；而现金折扣只有客户在折扣期内支付货款时，才予以确认。这种方法把给客户的现金折扣视为融资的理财费用，会计上作为"财务费用"处理。在计算折扣金额时，既可以按含税金额折扣，也可以按不含税金额折扣；在实际工作中，按双方约定计算折扣。

（二）账户设置

"应收账款"账户用于核算企业因销售商品、产品、提供劳务等业务，应向购货单位或接受劳务的单位收取的款项，属于资产类账户。其借方登记应收账款的增加金额，贷方登记应收账款的减少金额（即已收回或已结转坏账损失、转作商业汇票的数额），余额一般在借方，表示期末企业尚未收回的款项。该账户按客户名称设置明细账户进行明细核算。不单独设置"预收账款"账户的企业预收的账款也在"应收账款"账户核算，预收的账款计入"应收账款"的贷方。

（三）业务核算

（1）企业发生应收账款时，按应收金额，借记"应收账款"账户，按实现的营业收入，贷记"主营业务收入"等账户，按专用发票上注明的增值税额，贷记"应交税费——应交增值税（销项税额）"账户。

（2）收回应收账款时，借记"银行存款"等账户，贷记"应收账款"账户。在现金折扣期内收回应收账款，借记"银行存款""财务费用"等账户，贷记"应收账款"账户。

（3）不单独设置"预收账款"账户的企业预收的款项，借记"银行存款"等账户，贷记"应收账款"账户。

二、应付账款

（一）应付账款概述

1. 应付账款的概念和入账时间

应付账款是指企业因购买材料、商品、物资或接受劳务供应等经营活动而应支付给供应单位的款项。这是买卖双方在购销活动中因取得物资与支付货款时间不一致而产生的负债。一般来说，应付账款应在与所购买物资所有权有关的风险和报酬已经转移或劳务已经接受时确认。在实际工作中，应区别以下情况进行处理。

（1）在物资和发票账单同时到达的情况下，如果物资验收入库的同时支付货款，则不通过"应付账款"账户核算；如果物资验收入库后仍未付款，则根据发票账单登记入账。

（2）在物资和发票账单不同时到达的情况下，在发票账单已到、物资未到且没有及时付款的情况下，应当直接根据发票账单入账；在发票账单未到、物资已到的情况下，只能在收到发票账单后按发票账单入账；如果在月度终了仍未收到已入库材料、商品等的发票账单，则应在月末按应付供应单位价款的暂估价入账，以便在月末编报的资产负债表中客观地反映企业所拥有的资产和应承担的债务，待下月初再用红字冲回。

2. 应付账款的入账价值

应付账款的入账价值应该按照未来应付的金额（即发票账单所记载的实际价款或按应付给供应单位价款的暂估价）确定，而不按到期应付金额的现值入账。

（二）账户设置

为了反映企业因购买材料、商品和接受劳务供应等而应付供应单位的款项，企业应设置"应付账款"账户。该账户是负债类账户，贷方登记因采购商品或接受劳务而应向供货方支付的款项，借方登记企业已向供货方支付的款项，期末余额一般在贷方，反映企业尚未支付的账款。该账户按供应单位设置三栏式明细账，进行明细类核算，反映对各供货单位所欠货款及其支付情况。不单独设置"预付账款"账户的企业预付的账款也在"应付账款"账户核算，预付的账款计入"应付账款"的借方。

（三）业务核算

（1）发生应付账款。企业在购买材料、商品或接受劳务时所产生的应付账款，应按应付账款金额入账，按照有关凭证记载的实际价款或暂估价值，借记"原材料""材料采购"等账户，按照可以抵扣的增值税额，借记"应交税费——应交增值税（进项税额）"账户，贷记"应付账款"账户。

（2）偿还应付账款。企业偿还应付账款或开出商业汇票抵付应付账款时，借记"应付账款"账户，贷记"银行存款""应付票据"等账户。在现金折扣期内偿还应付账款，借记"应付账款"账户，贷记"银行存款""财务费用"账户。

（3）不单独设置"预付账款"账户的企业预付的款项，借记"应付账款"等账户，贷记"银行存款"账户。

（4）转销应付账款。应付账款由于债权单位撤销或其他原因无法支付时，借记"应付账款"账户,贷记"营业外收入"账户。

【任务实施】

任务 2.2.1 红星机械有限公司会计处理。

(1) 假定 5 月 5 日符合收入的确认条件,根据增值税专用发票,编制以下会计分录。

借:应收账款——甲企业　　　　　　　　　　　　　　　　81 360
　　贷:主营业务收入　　　　　　　　　　　　　　　　　　72 000
　　　　应交税费——应交增值税(销项税额)　　　　　　　 9 360

(2) 假定公司 6 月 6 日收到甲企业支付的款项,受托款项存入银行,根据银行收账通知联,编制以下会计分录。

借:银行存款　　　　　　　　　　　　　　　　　　　　　81 360
　　贷:应收账款——甲企业　　　　　　　　　　　　　　　81 360

甲企业会计处理:

①收到商品和有关单证。

借:库存商品——A 产品　　　　　　　　　　　　　　　　72 000
　　应交税费——应交增值税(进项税额)　　　　　　　　　 9 360
　　贷:应付账款——红星机械有限公司　　　　　　　　　　81 360

②甲企业支付款项。

借:应付账款——红星机械有限公司　　　　　　　　　　　81 360
　　贷:银行存款　　　　　　　　　　　　　　　　　　　　81 360

任务 2.2.2 红星机械有限公司业务处理如下:

(1) 赊销时,根据增值税专用发票,编制以下会计分录。

借:应收账款——乙企业　　　　　　　　　　　　　　　　56 500
　　贷:主营业务收入　　　　　　　　　　　　　　　　　　50 000
　　　　应交税费——应交增值税(销项税额)　　　　　　　 6 500

(2) 第 10 日收款时,根据银行收账通知联和折扣证明单,编制以下会计分录。

借:银行存款　　　　　　　　　　　　　　　　　　　　　55 500
　　财务费用——现金折扣　　　　　　　　　　　　　　　　1 000
　　贷:应收账款——乙企业　　　　　　　　　　　　　　　56 500

(3) 第 25 日收款时,根据银行收账通知联和折扣证明单,编制以下会计分录。

借:银行存款　　　　　　　　　　　　　　　　　　　　　56 500
　　贷:应收账款——乙企业　　　　　　　　　　　　　　　56 500

乙企业的业务处理如下:

(1) 购入时,根据增值税专用发票和商品入库单,编制以下会计分录。

借:库存商品　　　　　　　　　　　　　　　　　　　　　50 000
　　应交税费——应交增值税(进项税额)　　　　　　　　　 6 500
　　贷:应付账款——红星机械有限公司　　　　　　　　　　56 500

(2) 第 10 日付款时,根据付款结算凭证,编制以下会计分录。

借:应付账款——红星机械有限公司　　　　　　　　　　　56 500
　　贷:银行存款　　　　　　　　　　　　　　　　　　　　55 500

　　　　财务费用——现金折扣　　　　　　　　　　　　　　　　　　　　1 000
（3）第25日付款。
借：应付账款——红星机械有限公司　　　　　　　　　　　　　　56 500
　　贷：银行存款　　　　　　　　　　　　　　　　　　　　　　　　56 500
任务2.2.3　2019年8月31日，红星机械有限公司无法支付的款项经批准予以转销。
借：应付账款　　　　　　　　　　　　　　　　　　　　　　　　　4 000
　　贷：营业外收入　　　　　　　　　　　　　　　　　　　　　　　4 000
任务2.2.4　2019年8月31日，编制以下会计分录。
借：原材料——甲材料　　　　　　　　　　　　　　　　　　　　10 000
　　贷：应付账款　　　　　　　　　　　　　　　　　　　　　　　10 000
2019年9月1日，编制以下会计分录。
借：原材料——甲材料　　　　　　　　　　　　　　　　　　　　10 000
　　贷：应付账款　　　　　　　　　　　　　　　　　　　　　　　10 000

任务3　预收账款与预付账款业务核算

微课：预收账款业务核算　　　　　微课：预付账款业务核算

【任务导入】

任务2.3.1　2019年7月10日，根据与A钢厂的购销合同规定，红星机械有限公司为购买E材料以银行存款向该钢厂预付7 000 000元货款的80%，计5 600 000元。2019年7月25日，红星机械有限公司收到该钢厂发运来的E材料，已验收入库。有关发票账单记载，该批货物的货款为7 000 000元，增值税税额为910 000元，所欠款项在7月28日以银行存款付讫。

要求：红星机械有限公司和A钢厂根据以上业务分别进行账务处理。

【知识准备】

一、预付账款

（一）预付账款概述

预付账款是指企业按照购货合同规定，预先以货币资金或以货币等价物支付供应单位的货款，如预付的材料货款、商品购货款等。预付账款与应收账款一样都是企业的短期债权，但二者又有区别，应收账款是企业因销售商品或提供劳务而产生的债权；预付账款是企业因购进货物或接受劳务而产生的债权，是预先付给供货方或劳务提供方的款项。二者应分别进行核算。

（二）账户设置

对于预付账款业务，企业应设置"预付账款"账户进行核算，按对方单位名称设置明细账户进行明细核算。"预付账款"账户属于资产类账户，借方登记企业预付的货款和补付的货款，贷方登记企业收到采购货物时，按发票金额冲销的预付货款数和退回多付的货款，本账户期末借方余额，反映企业预付的款项；期末如为贷方余额，则反映企业尚未补付的款项。在会计实务中，预付账款业务不多时，可以通过"应付账款"账户核算预付账款业务。将预付的货款直接计入"应付账款"账户的借方。

（三）业务核算

（1）企业因购货而预付的款项，借记"预付账款"账户，贷记"银行存款"等账户。

（2）企业收到所购物资时，按应计入购入物资成本的金额，借记"材料采购"或"原材料""库存商品"等账户，按可抵扣的增值税额，借记"应交税费——应交增值税（进项税额）"账户，按应付金额，贷记"预付账款"账户。

（3）退回多付的款项，借记"银行存款"等账户，贷记"预付账款"账户。

（4）补付的款项，借记"预付账款"账户，贷记"银行存款"等账户。

二、预收账款

（一）预收账款概述

预收账款是企业按照合同规定向购货单位预先收取的款项。它是根据买卖双方协议商定，由供货方或提供劳务方预收客户货款，并承诺在收款后一定日期向客户交付商品或提供劳务。

企业预收的款项之所以构成企业的一项负债，是因为企业要按照合同，承诺在收款后的一定日期发出商品或提供劳务。如果企业到期无法履行合同上的承诺，就必须退回预收的款项。与应付账款不同，预收账款形成的负债不是以货币偿付而是以货物或劳务偿付。

（二）账户设置

为了核算和监督预收账款的形成及结算情况，企业应设置"预收账款"账户。该账户贷方登记企业预收购货方的货款及补收的货款，借方登记企业实际发出产品的价税款及退回的余额。期末贷方余额，表示企业向购货单位预收的款项；期末如为借方余额，表示应由购货单位补付的款项，即应收款项。该账户应按购货单位设置明细账，进行明细分类核算。

预收账款的核算应视企业的具体情况而定。如果预收账款比较多，则可以设置"预收账款"账户；预收账款情况不多的企业，也可以不设置"预收账款"账户，而直接将预收账款并入"应收账款"账户进行核算，将预收的账款计入"应收账款"账户的贷方。

（三）业务核算

（1）企业向购货单位预收的款项，借记"银行存款"账户，贷记"预收账款"账户。

（2）销售实现时，按实现的收入，借记"预收账款"账户，贷记"主营业务收入""应交税费——应交增值税（销项税额）"等账户。

（3）退回多收的款项，借记"预收账款"账户，贷记"银行存款"等账户。

(4) 补收的款项，借记"银行存款"等账户，贷记"预收账款"账户。

【任务实施】

任务 2.3.1 红星机械有限公司的会计处理如下：

(1) 7月10日，付款时，根据购货合同、转账支票存根等，编制以下会计分录。

借：预付账款——A 钢厂　　　　　　　　　　　　　　　5 600 000
　　贷：银行存款　　　　　　　　　　　　　　　　　　　　5 600 000

(2) 7月25日，材料入库时，根据增值税专用发票和材料入库单。

借：原材料——E 材料　　　　　　　　　　　　　　　　7 000 000
　　应交税费——应交增值税（进项税额）　　　　　　　　910 000
　　贷：预付账款——A 钢厂　　　　　　　　　　　　　　7 910 000

(3) 7月28日，补付货款时，根据支票存根，编制以下会计分录。

借：预付账款——A 钢厂　　　　　　　　　　　　　　　2 310 000
　　贷：银行存款　　　　　　　　　　　　　　　　　　　　2 310 000

(4) A 钢厂的会计处理。

预收款时，根据银行收账通知等，编制以下会计分录。

借：银行存款　　　　　　　　　　　　　　　　　　　　5 600 000
　　贷：预收账款——红星机械有限公司　　　　　　　　　5 600 000

(5) 提供货物时，根据增值税专用发票等，编制以下会计分录。

借：预收账款——红星机械有限公司　　　　　　　　　　7 910 000
　　贷：主营业务收入　　　　　　　　　　　　　　　　　7 000 000
　　　　应交税费——应交增值税（销项税额）　　　　　　910 000

(6) 补收货款时，根据银行收账通知等，编制以下会计分录。

借：银行存款　　　　　　　　　　　　　　　　　　　　2 310 000
　　贷：预收账款——红星机械有限公司　　　　　　　　　2 310 000

任务4　其他应收款与其他应付款业务核算

【任务导入】

任务 2.4.1　红星机械有限公司 2019 年 8 月 1 日向江南公司租入包装物，向出租方支付押金 4 000 元，开出转账支票。

任务 2.4.2　红星机械有限公司 2019 年 10 月 10 日向江南公司租入的包装物如期退回，公司收到出租方退回的押金 4 000 元存入银行。

任务 2.4.3　红星机械有限公司从 2019 年 1 月 1 日起，以经营租赁方式租入管理用办公设备一批，每月租金 3 500 元，按季支付。3 月 31 日，红星机械有限公司以银行存款支付应付租金。

任务 2.4.4　红星机械有限公司 2019 年 9 月 1 日向振兴公司出租包装物，向承租方收取押金 6 000 元，收到转账支票。

任务 2.4.5　红星机械有限公司 2019 年 11 月 10 日向振兴公司出租的包装物如期收回，公司退回收取承租方的押金 6 000 元，开出转账支票。

要求：红星机械有限公司根据以上业务进行账务处理。

【知识准备】

一、其他应收款

（一）其他应收款概述

其他应收款是指除应收账款、应收票据、应收股利、预付账款、应收利息等以外的其他各种应收、暂付款项。它是企业发生的非购销活动的应收债权。对于这类应收项目，通常与应收账款和预付账款等项目分开，以便会计报表把这些项目与由于购销业务而发生的应税项目识别清楚。

其他应收款包括以下内容：应收的保险公司或其他单位和个人的各种赔款；应收的各种罚款；应向职工收取的各种垫付款项；备用金；应收出租的包装物的租金；应收的各种存出保证金，如租入包装物支付的押金；其他应收、暂付的款项。

（二）账户设置

企业应为核算和监督其他应收款的结算情况设置"其他应收款"账户，用于核算企业除应收账款、应收票据、应收股利、预付账款、应收利息等以外的其他各种应收、暂付款项，该账户属于资产类账户。借方登记其他应收款的增加金额，贷方登记其他应收款的收回金额，余额一般在借方，表示期末企业尚未收回的其他应收款项。该账户按不同的债务人设置明细账户进行明细核算。

（三）业务核算

企业发生各种应收、暂付款项时，借记"其他应收款"账户，贷记"库存现金"或"银行存款"账户。收回、核销其他应收款时，借记"库存现金"或"银行存款"账户，贷记"其他应收款"账户。

二、其他应付款

（一）其他应付款概述

其他应付款是指与企业购销业务没有直接关系的，除了应付票据、应付账款、预收账款、应付股利、应付利息、应付职工薪酬、应交税费等流动负债以外的暂收、应付款项。

其内容包括：应付经营租入固定资产和包装物的租金；存入保证金（如收取包装物押金等）；应付、暂收所属单位、个人的款项；其他应付、暂收款项等。

（二）账户设置

为了反映和监督其他应付款的增减变动业务，企业应设置"其他应付款"账户，该账户是负债类账户。该账户贷方登记发生的各种应付、暂收款项，借方登记偿还或转销的各种应付、暂收款项，期末余额一般在贷方，表示尚未归还或转销的各种应付暂收款项。"其他应付款"账户应按应付、暂收款项的类别、单位或个人设置明细账，进行明细核算。

（三）业务核算

企业发生其他各种应付、暂收款项时，借记"银行存款""管理费用"等账户，贷记"其他应付款"账户；支付或退回其他各种应付、暂收款项时，借记"其他应付款"账户，贷记"银行存款"等账户。

【任务实施】

红星机械有限公司根据审核无误的原始凭证填制记账凭证。

任务 2.4.1 根据支票存根，编制以下会计分录。

借：其他应收款——江南公司　　　　　　　　　　　　　　　4 000
　　贷：银行存款　　　　　　　　　　　　　　　　　　　　　　4 000

任务 2.4.2 根据银行收账通知等，编制以下会计分录。

借：银行存款　　　　　　　　　　　　　　　　　　　　　　4 000
　　贷：其他应收款——江南公司　　　　　　　　　　　　　　　4 000

任务 2.4.3 根据相关票据，编制以下会计分录。

（1）1 月 31 日计提应付租赁方式租入固定资产租金。

借：管理费用　　　　　　　　　　　　　　　　　　　　　　3 500
　　贷：其他应付款　　　　　　　　　　　　　　　　　　　　　3 500

2 月底计提应付租赁方式租入固定资产，租金同上。

（2）3 月 31 日支付租金时，根据支票存根和发票等，编制以下会计分录。

借：其他应付款　　　　　　　　　　　　　　　　　　　　　7 000
　　管理费用　　　　　　　　　　　　　　　　　　　　　　3 500
　　贷：银行存款　　　　　　　　　　　　　　　　　　　　　10 500

任务 2.4.4 根据银行进账单，编制以下会计分录。

借：银行存款　　　　　　　　　　　　　　　　　　　　　　6 000
　　贷：其他应付款——振兴公司　　　　　　　　　　　　　　　6 000

任务 2.4.5 根据支票存根，编制以下会计分录。

借：其他应付款——振兴公司　　　　　　　　　　　　　　　6 000
　　贷：银行存款　　　　　　　　　　　　　　　　　　　　　　6 000

任务 5　应收款项减值业务核算

【任务导入】

红星机械有限公司按应收账款余额的 5‰ 计提坏账准备，2018 年 12 月 31 日，首次计提坏账准备，应收账款的年末余额为 2 000 000 元；2019 年 5 月，实际发生坏账 6 000 元；2019 年 11 月，已经确认为坏账的 6 000 元收回了 4 000 元；2019 年年末，应收账款余额为 600 000 元。

要求：红星机械有限公司根据以上业务进行会计核算。

微课：应收款项
减值业务核算

【知识准备】

一、应收款项减值损失的确认

企业的应收账款、应收票据、应收股利、预付账款、应收利息、其他应收款等应收款项可能会因债务人破产、死亡、拒付等原因而无法收回。这类无法收回的应收款项就是坏账。企业由于发生坏账而遭受的损失称为坏账损失。企业应当在资产负债表日对应收款项的账面价值进行检查，有客观证据表明该应收款项发生减值的，应当将减记的金额确认为减值损失，同时计提坏账准备。

当企业的应收款项被证实很可能无法收回且金额能够合理估计时，应确认为坏账。确认标准是：有证据表明债务单位的偿债能力已经发生困难或有迹象表明应收款项的可收回数小于其账面余额。其包括：因债务人破产、资不抵债、现金流量不足等原因导致不能收回的应收账款；债务人逾期未履行偿债义务，有确凿证据表明应收款项不能收回或收回的可能性不大或逾期但无确凿证据表明能收回。

二、应收款项减值损失业务的账务处理

（一）应收款项减值损失的核算方法

应收款项减值损失的核算方法一般有两种：直接转销法和备抵法。《企业会计准则》规定：应收款项减值损失的核算只能采用备抵法，不能采用直接转销法。

备抵法是指采用一定的方法按期估计坏账损失，计入当期损益，同时建立坏账准备，待坏账实际发生时，冲销已计提的坏账准备和相应的应收款项。采用这种方法，可在财务报表上列示应收款项的净额，能使财务报表使用者了解企业应收款项预期可收回的金额或真实的财务状况。在备抵法下，企业应当根据《企业会计准则》的规定，评估当期坏账损失的金额。

在备抵法下估计各会计期间坏账损失的方法有三种，即应收款项余额百分比法、账龄分析法和赊销百分比法。

（1）应收款项余额百分比法。

应收款项余额百分比法即根据期末应收款项的余额乘以估计坏账率来确定当期应估计的坏账损失，并据此提取坏账准备。估计坏账率可以按照以往的数据资料加以确定。企业应当以前年度与之相同或相类似的、具有类似信用风险特征的应收款项组合的实际损失率为基础，结合现时情况来确定本期各项组合计提坏账准备的比例，据此计算本期应计提的坏账准备。

在不同的国家，估计坏账损失的应收款项的范围也不尽相同。在我国会计实务中，一般只按应收账款的余额来估计坏账损失。如果只针对应收账款计提坏账准备，那么当期估计的坏账损失，应根据会计期末应收账款的余额乘以估计的坏账率计算。需要指出的是，这里所讲的应收账款期末余额与"应收账款"总账账户的期末余额是不同的。应收账款余额是企业按编制会计报表的方法计算确定的应收账款数额，即根据"应收账款""预收账款"等账户的明细账户的借方余额加总计算；"应收账款"总账账户的期末余额直接从"应收账款"总账账户取得。

（2）账龄分析法。

账龄分析法是按应收账款账龄的长短，根据以往的经验确定坏账损失百分比，并据以估计坏账损失的方法。这里所指的账龄是指客户所欠账款超过结算期的时间。虽然应收账款能否收回及其回收的程度与应收账款的过期长短并无直接联系，但一般来说，账龄越长，账款不能收回的可能性越大。账龄分析法就是依据这一前提来估计坏账损失的。采用这种方法可以比较客观地反映应收账款的估计可变现净值。

采用账龄分析法时，一般是列出应收款项账龄分析表，将所有应收款项按账龄的长短分段排列，然后分段确定坏账损失比例，分段估算坏账损失，把各段估算出来的坏账损失

相加后,即确定为本期应估计的坏账损失总额。

(3) 赊销百分比法。

赊销百分比法是以赊销金额的一定百分比估计坏账损失的方法。百分比一般根据以往的经验,按赊销金额中平均发生坏账损失的比率加以计算确定。

(二) 坏账准备的账务处理

在备抵法下,企业应设置"坏账准备"账户,核算应收款项坏账准备的计提、转销等情况。"坏账准备"账户的贷方登记当期计提的坏账准备、收回已转销的应收账款而恢复的坏账准备,借方登记实际发生的坏账损失金额和冲减的坏账准备金额,期末余额一般在贷方,反映企业已经提取尚未转销的坏账准备金额。可按应收款项的类别进行明细核算。备抵法下的账务处理如下:

(1) 资产负债表日,企业计提或冲减坏账准备。资产负债表日,企业计提坏账准备时,按应减记的金额,借记"信用减值损失——计提的坏账准备"账户,贷记"坏账准备"。冲减多计提的坏账准备时,借记"坏账准备"账户,贷记"信用减值损失——计提的坏账准备"。

①首次计提坏账准备时,根据会计期末估计的坏账损失,借记"信用减值损失——计提的坏账准备"账户,贷记"坏账准备"账户。

②再次计提坏账准备且会计期末估计的坏账损失与"坏账准备"账户的余额有差异时,应对"坏账准备"账户的余额进行调整,使调整后"坏账准备"账户的贷方余额与估计的坏账损失数额一致。调整"坏账准备"账户余额时,有以下三种情况:

第一种情况,调整前的"坏账准备"账户为借方余额。这时应将本期估计的坏账损失加上调整前"坏账准备"账户的借方余额之和作为计提坏账准备的数额,借记"信用减值损失——计提的坏账准备"账户,贷记"坏账准备"账户。

第二种情况,调整前的"坏账准备"账户为贷方余额,而且该贷方余额小于本期估计的坏账损失额。这时应将"坏账准备"账户贷方余额小于本期估计坏账损失数额的差额作为计提坏账准备的数额,借记"信用减值损失——计提的坏账准备"账户,贷记"坏账准备"账户。

第三种情况,调整前的"坏账准备"账户为贷方余额,而且该贷方余额大于本期估计的坏账损失数额。这时应按"坏账准备"账户贷方余额大于本期估计的坏账损失数额的差额冲减多计提的坏账准备,借记"坏账准备"账户,贷记"信用减值损失——计提的坏账准备"账户。

(2) 发生坏账。企业确实无法收回的应收款项按管理权限报经批准后作为坏账损失转销时,应当冲减已计提的坏账准备并转销应收款项,借记"坏账准备"账户,贷记"应收票据""应收账款""预付账款""应收利息""其他应收款"等账户。

(3) 已确认坏账的应收款项又收回。已确认并转销的应收款项以后又收回的,应按实际收回的金额增加坏账准备和应收款项的账面余额,借记"应收票据""应收账款""预付账款""应收利息""其他应收款"等账户,贷记"坏账准备"账户;同时,借记"银行存款"账户,贷记"应收票据""应收账款""预付账款""应收利息""其他应收款"等账户。

需要指出的是,"坏账准备"账户作为"应收账款"的备抵调整账户,会计期末的贷方余额应单独以"应收账款"项目的减项列报。但企业一般在会计年度终了才对"坏账准备"账户的余额进行调整,平时不予调整,致使企业编制月份或季度报表时,"坏账准备"账户可能出现借方余额,这时应将该余额作为应收账款的加项列示于资产负债表内。

【任务实施】

红星机械有限公司根据审核无误的原始凭证填制记账凭证。

(1) 2018 年 12 月 31 日,首次计提坏账准备。

估计坏账损失 = 2 000 000 × 5‰ = 10 000(元)

借:信用减值损失——计提的坏账准备　　　　　　　　　　10 000
　　贷:坏账准备　　　　　　　　　　　　　　　　　　　　　　10 000

(2) 2019 年 5 月,实际发生坏账。

借:坏账准备　　　　　　　　　　　　　　　　　　　　　　6 000
　　贷:应收账款　　　　　　　　　　　　　　　　　　　　　　6 000

(3) 2019 年 11 月,已经确认为坏账的又收回。

借:应收账款　　　　　　　　　　　　　　　　　　　　　　4 000
　　贷:坏账准备　　　　　　　　　　　　　　　　　　　　　　4 000

同时:借:银行存款　　　　　　　　　　　　　　　　　　　　4 000
　　　　贷:应收账款　　　　　　　　　　　　　　　　　　　　4 000

(4) 2019 年年末,计提坏账准备时:调整"坏账准备"账户余额。

2019 年年末估计的坏账损失为 3 000(即 600 000 × 5‰)元,2019 年发生坏账 6 000 元,后又收回其中的 4 000 元,则收回已经确认为坏账的 4 000 元应收账款后,"坏账准备"账户的贷方余额为 8 000(即 10 000 - 6 000 + 4 000)元,应冲销多余的坏账准备 5 000(即 8 000 - 3 000)元。

借:坏账准备　　　　　　　　　　　　　　　　　　　　　　5 000
　　贷:信用减值损失——计提的坏账准备　　　　　　　　　　5 000

如果 2019 年发生坏账 12 000 元,后又收回其中的 4 000 元,则收回已经确认为坏账的 4 000 元应收账款后,"坏账准备"账户的贷方余额为 2 000(即 10 000 - 12 000 + 4 000)元,2019 年年末应补提坏账准备 1 000(即 3 000 - 2 000)元。

借:信用减值损失——计提的坏账准备　　　　　　　　　　1 000
　　贷:坏账准备　　　　　　　　　　　　　　　　　　　　　　1 000

如果 2019 年发生坏账 15 000 元,后又收回其中的 4 000 元,则收回已经确认为坏账的 4 000 元应收账款后,"坏账准备"账户的借方余额为 1 000(即 10 000 - 15 000 + 4 000)元,从而计算出 2019 年年末应补提坏账准备 4 000(即 3 000 + 1 000)元。

借:信用减值损失——计提的坏账准备　　　　　　　　　　4 000
　　贷:坏账准备　　　　　　　　　　　　　　　　　　　　　　4 000

项目 2 训练

项目三

存货业务核算

学习目标

知识目标
1. 理解存货的定义和确认条件。
2. 掌握存货的入账价值的确定、存货发出的计价方法。
3. 掌握用实际成本和计划成本核算原材料的方法。
4. 掌握周转材料的核算方法。
5. 掌握存货盘盈、盘亏业务的账务处理方法。
6. 掌握存货期末计价的方法及其会计处理。

能力目标
1. 能准确地填制或审核收料单、领料单、出库单、入库单等业务单据。
2. 能根据存货有关业务准确填制记账凭证。
3. 能准确登记原材料、周转材料、库存商品等明细账。

知识链接

存货的确认与计量

一、存货的概念

存货是指企业在日常活动中持有以备出售的产成品或商品、处在生产过程中的在产品、在生产过程或提供劳务过程中耗用的材料和物料等。

二、存货的内容

企业的存货通常包括以下内容:

(1) 原材料,指企业在生产过程中经加工改变其形态或性质并构成产品主要实体的各种原料及主要材料、辅助材料、外购半成品(外购件)、修理用备件(备品备件)、包装材料、燃料等。为建造固定资产等工程而储备的各种材料,虽然同属于材料,但是由于用于建造固定资产等工程,不符合存货的定义,因此不能作为企业存货。

(2) 在产品，指企业正在制造尚未完工的产品，包括正在各个生产工序加工的产品和已加工完毕但尚未检验或已检验但尚未办理入库手续的产品。

(3) 半成品，指经过一定生产过程并已检验合格交付半成品仓库保管，但尚未制造完工成为产成品，仍需进一步加工的中间产品。

(4) 产成品，指工业企业已经完成全部生产过程并验收入库，可以按照合同规定的条件送交订货单位，或者可以作为商品对外销售的产品。企业接受外来原材料加工制造的代制品和为外单位加工修理的代修品，制造和修理完成验收入库后，应视同企业的产成品。

(5) 商品，指商品流通企业外购或委托加工完成验收入库用于销售的各种产品。

(6) 包装物，指为了包装本企业商品而储备的各种包装容器，如桶、箱、瓶、坛、袋等。其主要作用是盛装、装潢产品或商品。

(7) 低值易耗品，指不能作为固定资产核算的各种用具物品，如工具、管理用具、玻璃器皿、劳动保护用品以及在生产经营过程中周转使用的容器等。其特点是单位价值较低，或使用期限相对于固定资产较短，在使用过程中保持其原有实物形态基本不变。

(8) 委托代销商品，指企业委托其他单位代销的商品。

三、存货的确认

企业确认某项资产是否作为存货进行核算，首先要看其是否符合存货的概念，在此前提下，一般还应考虑同时符合以下两个条件，这样才能作为存货进行核算。

(一) 符合存货的概念

企业的一项资产符合存货概念的一个主要的标准是，企业能够控制该存货产生的经济利益，具体表现为企业拥有该项存货的所有权。

(二) 同时符合两个条件

(1) 该存货有关的经济利益很可能流入企业。

对存货的确认，关键是判断是否很可能给企业带来经济利益或者所包含的经济利益是否很可能流入企业。通常认为，拥有存货的所有权是存货包含的经济利益很可能流入企业的一个重要标志。

(2) 该存货的成本能够可靠地计量。

存货的成本能够可靠计量是资产确认的一个基本条件。如果存货的成本不能可靠计量，就不能对该项存货进行确认。

四、存货成本的确定

(一) 存货应当按照成本进行初始计量

存货应当按照成本进行初始计量。存货成本包括采购成本、加工成本和其他成本三个组成部分。

1. 存货的采购成本

企业外购存货主要包括原材料和商品。外购存货的成本即存货的采购成本，指企业物资从采购到入库前所发生的全部支出，包括购买价款、相关税费及其他可归属于存货采购成本的费用。

(1) 购买价款是指企业购入的材料或商品的发票账单上列明的价款，但不包括按规定可以抵扣的增值税税额。

（2）相关税费是指企业购买、自制或委托加工存货发生的进口关税、消费税、资源税和不能抵扣的增值税进项税额以及相应的教育费附加等应计入存货采购成本的税费。

（3）其他可归属于存货采购成本的费用，即采购成本中除上述各项以外的可归属于存货采购成本的费用，如在存货采购过程中发生的运杂费（运输费、装卸费、保险费、仓储费、包装费）、运输途中的合理损耗、入库前的挑选整理费用（包括挑选整理中发生的工费支出和挑选整理过程中所发生的数量消耗，并扣除回收的下脚废料价值）等。运输途中的合理损耗是指商品在运输过程中，因商品性质、自然条件及技术装备等因素而发生的、自然的或不可避免的损耗。例如，汽车在运输煤炭、化肥等过程中自然散落，以及易挥发产品在运输过程中的自然挥发。这些费用中能分清负担对象的，应直接计入存货的采购成本；不能分清负担对象的，应选择合理的分配方法，分配计入有关存货的采购成本，可按所购存货的数量或采购价格比例进行分配。

对于采购过程中发生的物资毁损、短缺等，除应当将合理的损耗作为存货的其他可归属于存货采购成本的费用计入采购成本外，应区别不同情况进行会计处理：

①从供货单位、外部运输机构等收回的物资短缺或其他赔款，应冲减所购物资的采购成本。

②因遭受意外灾害发生的损失和尚待查明原因的途中损耗，暂作为待处理财产损溢进行核算，查明原因后再做处理。

商品流通企业在采购商品过程中发生的运输费、装卸费、保险费以及其他可归属于存货采购成本的费用等进货费用，应计入所购商品成本。在实务中，企业也可以将发生的运输费、装卸费、保险费以及其他可归属于存货采购成本的费用等进货费用先进行归集，期末，按照所购商品的存销情况进行分摊。对于已销售商品的进货费用，计入主营业务成本；对于未售商品的进货费用，计入期末存货成本。商品流通企业采购商品的进货费用金额较小的，可以在发生时直接计入当期销售费用。

2. 存货的加工成本

存货的加工成本是指在存货的加工过程中发生的追加费用，包括直接人工和按照一定方法分配的制造费用，其实质是企业在进一步加工存货的过程中追加发生的生产成本，不包括直接由材料存货转移来的价值。其中，直接人工是指企业在生产产品和提供劳务过程中发生的直接从事产品生产和劳务提供人员的职工薪酬；制造费用是指企业为生产产品和提供劳务而发生的各项间接费用。制造费用是一种间接生产成本，包括企业生产部门（如生产车间）管理人员的职工薪酬、折旧费、办公费、水电费、机物料消耗、劳动保护费、季节性和修理期间的停工损失等。

企业在加工存货过程中发生的直接人工和制造费用，如果能够直接计入有关的成本核算对象，则应直接计入该成本核算对象；否则，应按照合理方法分配计入有关成本核算对象。分配方法一经确定，不得随意变更。

3. 存货的其他成本

存货的其他成本是指除采购成本、加工成本以外的，使存货达到目前场所和状态所发生的其他支出，企业设计产品发生的设计费用通常应计入当期损益，但是为特定客户设计产品所发生的，可直接确定的设计费用应计入存货的成本。

（二）存货的来源不同，其成本的构成内容也不同

原材料、商品、低值易耗品等通过购买而取得的存货的成本由采购成本构成；产成品、在产品、半成品等自制或需要托外单位加工完成的存货的成本由采购成本、加工成本以及使存货达到目前场所和状态所发生的其他支出构成。

在实务中，具体按以下原则确定：

（1）购入的存货，其成本包括买价、运杂费（包括运输费、装卸费、保险费、包装费、仓储费等）、运输途中的合理损耗、入库前的挑选整理费用（包括挑选整理中发生的工费支出和挑选整理过程中所发生的数量损耗，并扣除回收的下脚废料价值）以及按规定应计入存货成本的税费和其他费用。

（2）自制的存货，包括自制原材料、自制包装物、自制低值易耗品、自制半成品及库存商品等，其成本包括直接材料、直接人工和制造费用等实际支出。

（3）委托外单位加工完成的存货，包括加工后的原材料、包装物、低值易耗品、半成品、产成品等，其成本包括实际耗用的原材料或者半成品、加工费、装卸费、保险费、委托加工的往返运输费等费用，以及按规定应计入存货成本的税费。

（4）投资者投入存货的成本应当按照投资合同或协议约定的价值确定，但合同或协议约定价值不公允的除外。在投资合同或协议约定价值不公允的情况下，可将该项存货的公允价值作为其入账价值。

（5）企业通过非货币性资产交换、债务重组、企业合并等方式取得的存货，其成本应当分别按照《企业会计准则第7号——非货币性资产交换》《企业会计准则第12号——债务重组》《企业会计准则第20号——企业合并》等的规定确定。但是，该项存货的后续计量和披露应当执行存货准则的规定。

（6）盘盈的存货应将其重置成本作为入账价值，并通过"待处理财产损溢"账户进行会计处理，按管理权限报经批准后冲减当期管理费用。

（三）不计入存货成本的相关费用

下列费用不应计入存货成本，而应在发生时计入当期损益。

（1）非正常消耗的直接材料、直接人工和制造费用，应在发生时计入当期损益，不应计入存货成本。例如，由于自然灾害而发生的直接材料、直接人工和制造费用，这些费用的发生无助于使该存货达到目前场所和状态，故不应计入存货成本，而应确认为当期损益。

（2）仓储费用指企业在存货采购入库后发生的储存费用，应在发生时计入当期损益。但是，在生产过程中为达到下一个生产阶段所必需的仓储费用应计入存货成本。例如，某种酒类产品生产企业，为使生产的酒达到规定的产品质量标准而必须发生的仓储费用，应计入酒的成本，不应计入当期损益。

（3）不能归属于使存货达到目前场所和状态的其他支出，应在发生时计入当期损益，不得计入存货成本。

任务1 原材料业务核算

任务1.1 原材料按实际成本计价业务核算

文本：材料（商品）购进和验收入库业务流程

文本：材料领发料凭证

微课：存货概述

微课：发出存货的计价

微课：原材料按实际成本计价业务核算

【任务导入】

任务3.1.1.1 红星机械有限公司于2019年1月初结存B材料60吨，单位成本50元；1月10日购入B材料180吨，单位成本60元；1月11日发出B材料160吨；1月18日购入B材料120吨，单位成本70元；1月20日发出B材料160吨；1月23日购入B材料40吨，单位成本80元。请分别用先进先出法、月末一次加权平均法、移动加权平均法来确定发出B材料的成本。

任务3.1.1.2 红星机械有限公司2019年6月10日购入一批B材料，发票及账单已收到，增值税专用发票上记载的货款为4 000 000元，增值税额520 000元，款项以银行存款转账支付，材料尚未到达。6月20日材料到达，验收入库。

任务3.1.1.3 红星机械有限公司2019年6月11日采用托收承付结算方式购入一批C材料，发票及账单已收到，增值税专用发票上记载的货款为5 000 000元，增值税税额650 000元，银行转来的结算凭证已到，款项尚未支付，材料已验收入库。

任务3.1.1.4 如表3-1所示，红星机械有限公司2019年6月末编制"发料凭证汇总表"，基本生产车间生产产品时领用甲材料，价值150 000元；车间一般耗用领用甲材料，价值75 000元；管理部门耗用领用甲材料，价值10 000元，销售部门领用甲材料，价值5 000元。

要求：红星机械有限公司根据以上业务进行账务处理。

表 3-1 发料凭证汇总表   2019 年 6 月

单位：元

账户	领用部门及用途	甲材料	合计
生产成本——基本生产成本	基本生产车间生产产品	150 000	150 000
制造费用	车间一般耗用	75 000	75 000
管理费用	管理部门耗用领用	10 000	10 000
销售费用	销售部门领用	5 000	5 000
合计		240 000	240 000

【知识准备】

原材料是指企业在生产过程中经过加工改变其形态或性质并构成产品主要实体的各种原料及主要材料、辅助材料、外购半成品（外购件）、修理用备件（备品备件）、包装材料、燃料等。原材料日常核算分为按实际成本计价的核算和按计划成本计价的核算。

原材料按实际成本计价核算是指原材料从收发凭证到明细账和总账全部按实际成本计价。这种核算方法一般适用于规模较小、原材料品种简单、采购业务不多的企业。

一、账户设置

在实际成本法下，取得原材料主要通过"原材料""在途物资""委托加工物资""生产成本"等账户核算。

"原材料"账户核算企业库存的各种材料，包括原料及主要材料、辅助材料、外购半成品（外购件）、修理用备件（备品备件）、包装材料、燃料等的实际成本。该账户的借方登记外购、自制、委托加工完成、盘盈等增加的原材料的实际成本，贷方登记发出、领用、对外销售、盘亏等减少的原材料的实际成本。期末借方余额反映企业拥有的原材料的实际成本。本账户应当按照材料的保管地点（仓库）、材料的类别、品种和规格等设置明细账。

"在途物资"账户核算企业采用实际成本进行材料等物资的日常核算、取得物资所有权尚未验收入库的各种物资（即在途物资）的采购成本。该账户的借方登记企业购入的已经支付货款或已开出商业汇票的在途物资的实际成本，贷方登记验收入库的在途物资的实际成本。期末借方余额反映企业已经支付货款或已开出商业汇票，但尚未到达或尚未验收入库的在途物资的实际成本。本账户应当按照供应单位和物资品种设置明细账，进行明细核算。

"委托加工物资"账户核算企业委托外单位加工的各种物资的实际成本。该账户的借方登记发给外单位加工的物资的实际成本、支付的加工费用和应计入加工物资成本的运杂费用等，贷方登记加工完成验收入库的物资实际成本以及剩余的未加工物资的实际成本等。期末借方余额反映尚未完成、收回的委托外单位加工物资的实际成本。本账户应按加工合同、受托加工单位以及加工物资的品种等进行明细核算。

二、账务处理

（一）外购原材料业务

外购原材料的成本一般包括：买价，是指企业购入的材料或商品的发票账单上列明的价款，但不包括按规定可以抵扣的增值税额（一般纳税人）；运杂费，包括运输费、装卸费、保险费、包装费、仓储费等；运输途中的合理损耗；入库前的挑选整理费用；其他税金，是指关税、消费税、资源税和不能抵扣的增值税进项税额等应计入存货采购成本的税费。

企业外购材料时，既可以从本地进货，又可以从外埠进货，还可以根据购货业务的不同特点分别采用不同的结算方式。本地进货多采用支票、银行本票结算方式；外埠进货多采用委托收款、托收承付、银行汇票、汇兑结算等方式；企业还可以根据业务需要采用商业汇票结算方式。在实务中，企业也可以采用赊购、预付款等方式购进材料。

企业从外埠进货时，结算凭证通过银行传递，材料由有关部门运输。因此，企业从外埠采购材料，会使结算凭证到达和材料验收入库在时间上产生三种情况。第一种情况是，结算凭证到达并同时将材料验收入库；第二种情况是，结算凭证先到、材料后入库；第三种情况是，材料先验收入库、结算凭证后到达。结算凭证是企业凭以办理现金结算或转账结算的原始单据，如本地进货的发票联、外埠进货的发票结算联等。大多数情况下，结算凭证到达并经审核后，除非在合同中有特殊约定（如收到材料后暂不付款、以预付款方式购进材料、以物易物方式换入材料等），否则都应立即通过货币资金或商业汇票办理货款的结算手续。

1. 结算凭证到达并同时将材料验收入库

结算凭证到达并同时将材料验收入库，是指在办理有关结算的同时，收到材料并验收入库的情况。发生此类业务时，应根据入库材料的实际成本借记"原材料"账户，增值税一般纳税人根据入库材料的增值税借记"应交税费——应交增值税（进项税额）"账户，根据实际付款金额贷记"银行存款""其他货币资金"等账户，或根据已承兑的商业汇票贷记"应付票据"账户。

2. 结算凭证先到、材料后入库

结算凭证先到、材料后入库，是指在办理有关结算时即获得材料的所有权，但材料尚未到达企业，待办妥有关收货手续后，材料才验收入库的情况。发生此类业务时，应根据有关结算凭证中记载的已付款材料的价款借记"在途物资"账户，根据已付款材料的增值税借记"应交税费——应交增值税（进项税额）"账户，根据实际付款金额贷记"银行存款"或"其他货币资金"账户，或根据已承兑的商业汇票贷记"应付票据"账户等。

3. 材料先验收入库、结算凭证后到达

材料先验收入库、结算凭证后到达，是指企业收到材料并验收入库时即获得材料所有权，但尚未付款或尚未签发承兑商业汇票的情况。发生此类业务时，因企业从外埠进货未收到有关结算凭证，故无法对入库材料的实际成本加以确定。因此，为了简化会计核算手续，在收到材料验收入库时，可以暂不做账务处理，只将有关的入库单证保管，待结算凭证到达后，按结算凭证到达并同时将材料验收入库的情况处理。但如果会计期末仍有已经入库而未付款的材料，那么为了反映企业存货及负债的情况，应将其估价入账，借记"原材料"账户，贷记"应付账款"账户，下月初以红字分录冲回。

企业购进原材料发生短缺，应根据不同的原因和处理结果分别入账核算。

第一，定额内合理损耗，按其实际成本计入入库原材料成本；超定额损耗，将其实际成本及应负担的进项税中由保险公司、运输部门或其他过失人赔偿后尚不能弥补的部分作为期间费用计入"管理费用"账户。

第二，购进原材料发生的非正常损失（非正常损失指管理不善造成被盗、丢失、霉烂变质的损失，不包括自然灾害造成的损失），将其实际成本及应负担的进项税中由保险公司及有关责任人赔偿后尚不能弥补的部分作为非正常损失计入"营业外支出"账户。发生购进原材料短缺，尚未查明原因或尚未做出处理之前，一般先按短缺原材料的实际成本计入"待处理财产损溢"账户的借方，即借记"待处理财产损溢"账户，贷记"在途物资"等账户；待查明原因做出处理后，再转入有关账户，借记"管理费用""营业外支出"等账户，贷记"待处理财产损溢""应交税费——应交增值税（进项税额转出）"等账户。

（二）发出原材料业务

企业每次购进原材料时，由于进货地点、批量、单价、运输工具的不同，使购进同一材料的实际成本往往不同。因此，在每次发出材料时，需要确定按哪一批次的成本计价。在按实际成本计价法下，企业可根据不同情况，合理选择先进先出法、移动加权平均法、月末一次加权平均法或者个别计价法确定发出材料的实际成本。材料发出的计价方法一经确定，不得随意变更。

企业在生产过程中发出原材料的业务非常频繁，企业平时应根据发料凭证逐笔登记原材料明细账，以详细反映原材料的收、发、结存情况。为简化日常核算工作，企业可于月末编制"发料凭证汇总表"，据以进行发出材料的总分类核算。企业在月末根据"领料单"或"限额领料单"中有关领料的单位、部门等加以归类，编制"发料凭证汇总表"，据以编制记账凭证、登记入账。借记有关账户，贷记"原材料"账户。发出材料实际成本的确定，可以从先进先出法、移动加权平均法、月末一次加权平均法或者个别计价法中选择。计价方法一经确定不得随意变更。如需变更，则需在附注中加以说明。

知识链接

发出存货的计价方法

（一）先进先出法

先进先出法是指以先购入的存货应先发出（销售或耗用）这样的一种存货实物流转假设为前提，对发出存货进行计价的一种方法。采用这种方法，先购入的存货成本在后购入存货成本之前转出，据此确定发出存货和期末存货的成本。

采用这种方法收入存货时，要逐笔登记收入存货的数量、单价和金额；发出存货时，按照先进先出的原则逐笔登记存货的发出成本和结存金额。具体做法是：先按第一批入库存货的单价，计算发出存货的成本；领发完毕后，再按第二批入库存货的单价计算，以此类推；若领发的存货属于前后两批入库的，单价又不相同，就分别用两个单价进行计算。

采用先进先出法，企业可以在每次收发存货的同时结转成本，存货核算可分散在日常进行，从而减少月末核算工作量，有利于核算工作的均衡；同时，期末存货接近现行的市场价值，企业不能随意挑选存货计价，以调整当期利润。但是，在收发存货业务较频繁且单价经常变动的情况下，企业存货计价的工作量较大。采用先进先出法，当物价上涨时，会高估企业当期利润；反之，会低估企业当期利润。一般而言，经营活动受存货形态影响较大，或存货容易腐烂变质的企业，可以采用先进先出法。

（二）月末一次加权平均法（全月一次加权平均法）

月末一次加权平均法是指以当月全部进货数量加本月初存货数量作为权数，去除当月全部进货成本加本月初存货成本，计算出存货的加权平均单位成本，再以此为基础计算当月发出存货的成本和期末存货成本的一种方法。采用这种方法，存货入库时根据相关的凭证逐笔登记入库的数量、单位成本及金额，发出存货时只登记数量，不登记金额，逐笔计算结存数量。期末，计算加权平均单价，然后确定发出存货和结存存货的成本并登记入账。

$$存货单位成本 = \frac{月初库存存货的实际成本 + \sum(本月某批进货的实际单位成本 \times 本月某批进货数量)}{月初库存存货数量 + 本月各批进货数量之和}$$

$$本月发出存货的成本 = 本月发出存货的数量 \times 存货单位成本$$

$$本月月末库存存货成本 = 月末库存存货的数量 \times 存货单位成本$$

或

本月月末库存存货成本 = 月初结存存货成本 + 本月入库存货成本 − 本月发出存货成本

月末一次加权平均法只在月末一次计算加权平均单价，平时工作量不大，核算工作比较简单，且在物价上涨或下跌时，对存货成本的分摊较折中，企业不能随意挑选进货成本以调整当期利润。但这种方法只有在期末计算加权平均单价并确定存货的发出成本和结存存货成本，平时无法从有关存货账簿中提供发出和结存存货的单价和金额，不利于对存货的日常管理；且期末核算工作量较大。因此，这种方法只适用于存货品种较少，而且前后收入存货单位成本相差较大的企业采用。

（三）移动加权平均法

移动加权平均法是指以每次进货的成本加上原有库存存货的成本除以每次进货数量与原有库存存货的数量之和来计算加权平均单位成本，并将其作为下次进货前计算各次发出存货成本的依据。采用这种方法，存货入库时根据相关的凭证逐笔登记入库的数量、单位成本及金额；然后计算一次加权平均单价，并将其作为结存存货的单位成本和下次发出存货的单位成本，发出时既登记数量，又登记金额，逐笔计算结存数量和金额。计算公式如下：

$$存货单位成本 = \frac{原有库存存货的实际成本 + 本次进货的实际成本}{原有库存存货数量 + 本次进货数量}$$

$$本次发出存货的成本 = 本次发出存货数量 \times 本次发货前的存货单位成本$$

$$本月月末库存存货成本 = 月末库存存货数量 \times 本月月末存货单位成本$$

或

本月月末库存存货成本 = 月初结存存货成本 + 本月入库存货成本 − 本月发出存货成本

移动加权平均法的优点在于可以随时结转发出存货的成本，便于对存货的日常管理。同时，相对于月末一次加权平均法，由于平均的范围小，故计算结果比较客观。但是，由于每次收入存货都要重新计算一次加权平均单价,故计算工作量较大。

(四) 个别计价法

个别计价法亦称个别认定法、具体辨认法、分批实际法,采用这种方法是假定存货具体项目的实物流转与成本流转一致,按照各种存货逐一辨认各批发出存货和期末存货所属的购进批别或生产批别,分别按其购入或生产时所确定的单位成本计算各批发出存货和期末存货的成本。即把每一种存货的实际成本作为计算发出存货成本和期末存货成本的基础。

采用这种方法确定的发出存货成本符合实际情况,期末结存存货成本的计算较为真实,而且可以随时结转成本。但是采用这种方法要求具备必要的条件:存货项目必须是可以辨别认定的;必须有详细的记录,据以了解每一个别存货或每批存货项目的收入、发出、结存情况,因而实务操作的工作量繁重,困难较大。

个别计价法适用于容易识别、存货品种数量不多、单位成本较高的存货,如房产、船舶、飞机、重型设备等贵重物品;能够分清批次、整批进整批出的存货也可以采用这种方法;对于不能替代使用的存货、为特定项目专门购入或制造的存货以及提供的劳务费,通常采用个别计价法来确定发出存货的成本。该方法确定的存货成本最为准确,符合实际情况。

【任务实施】

任务 3.1.1.1 红星机械有限公司根据审核无误的原始凭证填制材料明细账,并进行会计处理。

(1) 采用先进先出法计算 B 材料 1 月发出成本和期末结存成本,材料明细账如表 3-2 所示。

表 3-2 材料明细账   金额单位:元

2019年		凭证编号	摘要	收入			发出			结存		
月	日			数量	单价	金额	数量	单价	金额	数量	单价	金额
1	1	略	期初结存							60	50	3 000
	10		购入	180	60	10 800				60 180	50 60	3 000 10 800
	11		发出				60 100	50 60	3 000 6 000	80	60	4 800
	18		购入	120	70	8 400				80 120	60 70	4 800 8 400
	20		发出				80 80	60 70	4 800 5 600	40	70	2 800
	23		购入	40	80	3 200				40 40	70 80	2 800 3 200
	31		合计	340		22 400	320		19 400	40 40	70 80	2 800 3 200

（2）采用月末一次加权平均法计算B材料1月发出成本和期末结存成本，材料明细账如表3-3所示。

表3-3　材料明细账　　　　　　　　　金额单位：元

2019年		凭证编号	摘要	收入			发出			结存		
月	日			数量	单价	金额	数量	单价	金额	数量	单价	金额
1	1	略	期初结存							60	50	3 000
	10		购入	180	60	10 800				240		
	11		发出				160			80		
	18		购入	120	70	8 400				200		
	20		发出				160			40		
	23		购入	40	80	3 200				80		
	31		合计	340		22 400	320	63.50	20 320	80	63.50	5 080

（3）采用移动加权平均法计算B材料1月发出成本和期末结存成本，材料明细账如表3-4所示。

表3-4　材料明细账　　　　　　　　　金额单位：元

2019年		凭证编号	摘要	收入			发出			结存		
月	日			数量	单价	金额	数量	单价	金额	数量	单价	金额
1	1	略	期初结存							60	50	3 000
	10		购入	180	60	10 800				240	57.5	13 800
	11		发出				160	57.5	9 200	80	57.5	4 600
	18		购入	120	70	8 400				200	65	13 000
	20		发出				160	65	10 400	40	65	2 600
	23		购入	40	80	3 200				80	72.5	5 800
	31		合计	340		22 400	320		19 600	80	72.5	5 800

月末一次加权平均法：

$$存货加权平均单价 = \frac{3\,000 + 10\,800 + 8\,400 + 3\,200}{60 + 180 + 120 + 40} = 63.50（元/吨）$$

$$本月发出存货成本 = 63.50 \times 320 = 20\,320（元）$$

$$月末结存存货成本 = 63.50 \times 80 = 5\,080（元）$$

移动加权平均法：

$$第一次收入存货后的加权平均单价 = \frac{3\,000 + 10\,800}{60 + 180} = 57.50（元/吨）$$

第一批发出存货的实际成本 = 57.50 × 160 = 9 200（元）

当时结存的存货实际成本 = 57.50 × 80 = 4 600（元）

第二次收入存货后的加权平均单价 = $\dfrac{4\,600 + 8\,400}{80 + 120}$ = 65（元/吨）

第二批发出存货的实际成本 = 65 × 160 = 10 400（元）

当时结存的存货实际成本 = 65 × 40 = 2 600（元）

第三次收入存货后的加权平均单价 = $\dfrac{2\,600 + 3\,200}{40 + 40}$ = 72.50（元/吨）

该种存货月末结存 80 吨，月末结存存货的实际成本为 80 × 72.50 = 5 800（元），本月发出存货的实际成本合计为 19 600 元。

任务 3.1.1.2 红星机械有限公司根据审核无误的原始凭证填制记账凭证。

（1）2019 年 6 月 10 日，支付货款时，根据增值税专用发票和银行结算凭证，编制以下会计分录。

借：在途物资——B 材料　　　　　　　　　　　　　　4 000 000
　　应交税费——应交增值税（进项税额）　　　　　　520 000
　　贷：银行存款　　　　　　　　　　　　　　　　　4 520 000

（2）2019 年 6 月 20 日材料到达，材料验收入库时，根据材料入库单，编制以下会计分录。

借：原材料——B 材料　　　　　　　　　　　　　　　4 000 000
　　贷：在途物资——B 材料　　　　　　　　　　　　4 000 000

任务 3.1.1.3 红星机械有限公司根据审核无误的原始凭证填制记账凭证。

2019 年 6 月 11 日，收到发票账单，材料验收入库时，根据增值税专用发票和材料入库单，编制以下会计分录。

借：原材料——C 材料　　　　　　　　　　　　　　　5 000 000
　　应交税费——应交增值税（进项税额）　　　　　　650 000
　　贷：应付账款　　　　　　　　　　　　　　　　　5 650 000

任务 3.1.1.4 红星机械有限公司根据审核无误的原始凭证填制记账凭证。

2019 年 6 月末根据"发料凭证汇总表"进行会计处理。

借：生产成本　　　　　　　　　　　　　　　　　　　150 000
　　制造费用　　　　　　　　　　　　　　　　　　　75 000
　　管理费用　　　　　　　　　　　　　　　　　　　10 000
　　销售费用　　　　　　　　　　　　　　　　　　　5 000
　　贷：原材料——甲材料　　　　　　　　　　　　　240 000

任务 1.2　原材料按计划成本计价业务核算

【任务导入】

红星机械有限公司对乙材料采用计划成本核算，乙材料计划成本为 25 元/千克。2019 年 5 月 31 日，材料采购——乙材料借方余额为 327 000 元，原材料——乙材料借方余额为 1 470 000 元，材料成本

微课：原材料按计划
成本计价业务核算

差异——乙材料贷方余额 34 500 元。红星机械有限公司发生的有关乙材料收入、发出及结存的经济业务如下：

（1）2019 年 6 月 5 日采购乙材料 48 000 千克，材料验收入库，货款 1 356 000 元（其中价款为 1 200 000 元，增值税税额为 156 000 元）以支票付讫，并以现金支付装卸费 7 500 元。

（2）2019 年 6 月 16 日采购乙材料 13 200 千克，已全部到达并入库。材料实际成本为 327 000 元，增值税税额为 42 510 元，以银行存款支付，计划成本为 330 000 元。

（3）2019 年 6 月 30 日根据本月发料凭证编制发料凭证汇总表如表 3-5 所示，共计发出乙材料 96 000 千克，计划成本 2 400 000 元。其中，直接用于产品生产 60 000 千克，计划成本 1 500 000 元；用于车间一般耗用 30 000 千克，计划成本 750 000 元；用于管理部门耗用 4 000 千克，计划成本 100 000 元；用于产品销售方面的消耗 2 000 千克，计划成本 50 000 元。

（4）月末结转已付款并验收入库材料发生的成本差异。

（5）按本月材料成本差异率，计算分摊本月发出材料负担的成本差异，将发出材料计划成本调整为实际成本。

要求：红星机械有限公司根据以上业务进行账务处理。

表 3-5　发料凭证汇总表　　　　　　　　　　　2019 年 6 月

账户	领用部门及用途	乙材料		
		计划成本/元	差异率/%	差异额/元
生产成本——基本生产成本	基本生产车间生产产品	1 500 000		-15 000
制造费用	车间一般耗用	750 000		-7 500
管理费用	管理部门领用	100 000		-1 000
销售费用	销售部门领用	50 000		-500
合计		2 400 000	-1	-24 000

【知识准备】

原材料按计划成本计价时，原材料的收入、发出和结存均按预先确定的计划成本计价，并设置"材料成本差异"账户，核算企业各种材料的实际成本与计划成本的差异。月末，再通过材料成本差异的分摊，将发出材料的计划成本和结存材料的计划成本调整为实际成本的方法。这种方法的优点是既可以简化存货的日常核算手续，又有利于考核采购部门的工作业绩。

计划成本法的核算程序：

（1）制定存货计划成本目录。计划成本是正常市场条件下，取得存货支付的合理成本。计划成本由会计部门和采购部门共同制定，材料计划成本的构成内容应当与实际成本的构成内容相同，计划成本要尽可能接近实际成本，计划成本与实际成本发生重大差异时，应对计划成本进行调整。

（2）设置"材料采购"和"材料成本差异"账户。

（3）原材料日常的收入、发出和结存均按预先确定的计划成本计价，月末，再通过材料成本差异的分摊，将发出材料的计划成本和结存材料的计划成本调整为实际成本。

一、账户设置

会计核算上，一般应设置"原材料""材料采购""材料成本差异"等账户对原材料日常收发业务进行核算，不再设置"在途物资"账户。

"原材料"账户核算库存各种材料的收发与结存情况。借方登记入库材料的计划成本，贷方登记发出、领用、对外销售等减少的原材料的计划成本，期末余额反映库存材料的计划成本。

"材料采购"账户核算企业采用计划成本进行材料日常核算而购入材料的采购成本。借方登记入库材料的实际成本以及结转的实际成本小于计划成本的节约差异；贷方登记入库材料的计划成本以及结转的实际成本大于计划成本的超支差异；月末借方余额表示已经购进但尚未到达或尚未验收入库的在途材料的实际成本。如果实际成本大于计划成本，表示超支，则应从本账户的贷方转入"材料成本差异"账户借方；如果实际成本小于计划成本，表示节约，则应从本账户的借方转入"材料成本差异"账户贷方。本账户应当按照材料类别、品种设置明细账进行明细核算。

"材料成本差异"账户核算企业已入库的各种材料的实际成本与计划成本的差异。借方登记入库材料实际成本大于计划成本的超支差异以及发出材料应负担的节约差异，贷方登记入库材料实际成本小于计划成本的节约差异以及发出材料应负担的超支差异。期末如为借方余额，则反映企业库存材料的实际成本大于计划成本的超支差异。期末如为贷方余额，则反映企业库存材料的实际成本小于计划成本的节约差异。本账户应当按照类别或品种如"原材料""周转材料"等，设置明细账，进行明细核算。

二、账务处理

（一）外购原材料业务

1. 结算凭证到达并同时将材料验收入库

采购材料时，企业应根据有关材料结算凭证，按采购材料的实际成本借记"材料采购""应交税费——应交增值税（进项税额）"等账户，贷记"银行存款""应付票据""其他货币资金"等账户；对验收入库的材料，再根据收料单，按计划成本，借记"原材料"账户，贷记"材料采购"账户；月末结转入库材料的成本差异，若实际成本大于计划成本，则借记"材料成本差异"账户，贷记"材料采购"账户；反之，则借记"材料采购"账户，贷记"材料成本差异"账户。

2. 结算凭证先到、材料后入库

企业先收到结算凭证，则先做购进材料的处理，企业应根据有关材料结算凭证，按采购材料的实际成本借记"材料采购""应交税费——应交增值税（进项税额）"等账户，贷记"银行存款""应付票据""其他货币资金"等账户；待收到材料验收入库后，再根据收料单，按计划成本，借记"原材料"账户，贷记"材料采购"账户。月末结转入库材料的成本差异，若实际成本大于计划成本，则借记"材料成本差异"账户，贷记"材料采购"账户；反之，则借记"材料采购"账户，贷记"材料成本差异"账户。

3. 材料先验收入库、结算凭证后到达

如果材料已经收到，但结算凭证未到，尚未办理有关结算手续，则为了简化会计核算手续，可暂不入账，不进行账务处理。若等到月末结算凭证仍未到达，则月末按计划成本入账，借记"原材料"账户，贷记"应付账款"账户，下月初做相反的分录冲回。下月收到结算凭证后，再进行相应的账务处理。

企业已经预付货款的材料入库后，根据材料实际成本借记"材料采购"账户，按增值税额借记"应交税费——应交增值税（进项税额）"账户，按应结算金额贷记"预付账款"账户。

（二）发出原材料业务

原材料按计划成本计价，在处理发出业务时，并不存在计算确定发出材料单位成本的问题，只需按事先制定的计划单位成本乘以发出材料数量，计算出发出材料的计划成本。在月末，将发出材料的计划成本调整为实际成本，也就是要计算发出材料负担的成本差异，即将材料成本差异额在发出材料和结存材料之间进行分配。有关计算公式如下：

发出的实际成本 = 发出材料的计划成本 + 发出材料应负担的材料成本差异

发出材料应负担的材料成本差异 = 发出材料的计划成本 × 材料成本差异率

式中，材料成本差异率是材料成本差异额与计划成本的比率，一般应按材料类别分别计算，对于生产用量大的材料，也可以按材料品种计算。其计算公式为：

本月材料成本差异率 =（月初结存材料的成本差异 + 本月收入材料的成本差异）÷

（月初结存材料的计划成本 +

本月收入材料的计划成本）×100%

采用上述公式计算材料成本差异率，必须是在月末且以有关部门的资料为基础，虽然计算结果比较准确，但存在核算不及时的缺点。为了保证本月发出材料实际成本计算的及时性，有些企业采用以月初材料成本差异率来计算本月发出材料应负担的成本差异。其计算公式为：

月初材料成本差异率 = 月初结存材料的成本差异 ÷ 月初结存材料的计划成本 ×100%

同实际成本法一样，若企业的材料收发业务比较频繁，为了简化核算手续，材料的收发业务平时只在明细账中进行登记，而不登记总账，到月末，根据月内签发的发料凭证，按领料部门和材料用途汇总编制"发料凭证汇总表"，据以进行发出材料的总分类核算。在材料按计划成本核算方式下，原材料的总分类核算一要按计划成本结转发出材料的成本，根据材料用途借记"生产成本""制造费用""管理费用""在建工程""其他业务成本"等账户，贷记"原材料"账户；二要根据月初材料成本差异率或月末计算出的本月材料成本差异率来计算发出材料应负担的成本差异，将发出材料的计划成本调整为实际成本，如为超支差异，借记"生产成本""制造费用""管理费用""在建工程""其他业务成本"等账户，贷记"材料成本差异"账户，如节约差异，做相反方向的会计分录。

【任务实施】

红星机械有限公司根据审核无误的原始凭证填制记账凭证。

（1）2019年6月5日，根据增值税专用发票、现金付款凭证和银行结算凭证，编制以下会计分录。

材料实际成本 = 1 200 000 + 7 500 = 1 207 500（元）
材料计划成本 = 48 000 × 25 = 1 200 000（元）

借：材料采购——乙材料　　　　　　　　　　　　　　　1 207 500
　　应交税费——应交增值税（进项税额）　　　　　　　　156 000
　　贷：银行存款　　　　　　　　　　　　　　　　　　　1 356 000
　　　　库存现金　　　　　　　　　　　　　　　　　　　　　7 500

材料验收入库时，根据材料入库单，编制以下会计分录。

借：原材料——乙材料　　　　　　　　　　　　　　　　1 200 000
　　贷：材料采购——乙材料　　　　　　　　　　　　　　1 200 000

（2）2019年6月16日，根据增值税专用发票和银行结算凭证，编制以下会计分录。

借：材料采购——乙材料　　　　　　　　　　　　　　　　327 000
　　应交税费——应交增值税（进项税额）　　　　　　　　 42 510
　　贷：银行存款　　　　　　　　　　　　　　　　　　　　369 510

材料验收入库时，根据材料入库单，编制以下会计分录。

借：原材料——乙材料　　　　　　　　　　　　　　　　　330 000
　　贷：材料采购——乙材料　　　　　　　　　　　　　　　330 000

（3）2019年6月30日，根据本月发料凭证汇总表，编制以下会计分录。

借：生产成本　　　　　　　　　　　　　　　　　　　　1 500 000
　　制造费用　　　　　　　　　　　　　　　　　　　　　750 000
　　管理费用　　　　　　　　　　　　　　　　　　　　　100 000
　　销售费用　　　　　　　　　　　　　　　　　　　　　 50 000
　　贷：原材料——乙材料　　　　　　　　　　　　　　　2 400 000

（4）月末结转已付款并验收入库材料发生的成本差异。

入库材料发生的成本差异 = (1 207 500 − 1 200 000) + (327 000 − 330 000) = 4 500(元)

借：材料成本差异——乙材料　　　　　　　　　　　　　　 4 500
　　贷：材料采购——乙材料　　　　　　　　　　　　　　　 4 500

（5）按本月材料成本差异率，计算分摊本月发出材料负担的成本差异，将发出材料计划成本调整为实际成本。

本月材料成本差异率 = (−34 500 + 4 500)/(1 470 000 + 1 200 000 + 330 000) = −1%

生产成本负担的差异 = 1 500 000 × (−1%) = −15 000(元)
制造费用负担的差异 = 750 000 × (−1%) = −7 500(元)
管理费用负担的差异 = 100 000 × (−1%) = −1 000(元)
销售费用负担的差异 = 50 000 × (−1%) = −500(元)

借：材料成本差异——乙材料　　　　　　　　　　　　　　24 000
　　贷：生产成本　　　　　　　　　　　　　　　　　　　 15 000
　　　　制造费用　　　　　　　　　　　　　　　　　　　　7 500
　　　　管理费用　　　　　　　　　　　　　　　　　　　　1 000
　　　　销售费用　　　　　　　　　　　　　　　　　　　　　500

原材料的日常核算可以采用计划成本，也可以采用实际成本。具体采用哪一种方法，由企业根据具体情况自行决定。一般来说，材料品种繁多的企业，可以采用计划成本进行日常核算；但对于某些品种不多且占产品成本比重较大的原料或主要材料，也可以单独采用实际成本进行核算，以便保证产品成本的真实、准确。对于企业规模较小、材料品种简单、采购业务不多的企业，一般采用实际成本进行原材料的日常收发核算。

任务2　周转材料业务核算

【任务导入】

任务3.2.1　2019年6月10日，红星机械有限公司生产产品时领用的A包装物的实际成本为100 000元。

任务3.2.2　2019年6月12日，红星机械有限公司销售商品时领用的不单独计价B包装物的实际成本为50 000元。

任务3.2.3　2019年6月19日，红星机械有限公司销售商品时领用单独计价C包装物的实际成本为80 000元，销售收入为100 000元，增值税税额为13 000元，款项已存入银行。

微课：周转材料业务核算

任务3.2.4　红星机械有限公司为增值税一般纳税企业，适用的增值税税率为13%。2019年6月21日，其在销售产品过程中出租给某企业一批未使用的D包装物，其实际成本为10 000元，收到租金4 520元，同时收到包装物押金1 130元，均存入银行。采用一次摊销法结转出租包装物实际成本。2019年7月20日没收逾期未退还包装物的押金。

任务3.2.5　2019年6月红星机械有限公司基本生产车间领用一批一般工具，实际成本为30 000元，全部计入当期制造费用。

任务3.2.6　红星机械有限公司基本生产车间2019年6月领用一批专用工具，实际成本为100 000元，采用五五摊销法进行摊销。

要求：红星机械有限公司根据以上业务进行账务处理。

【知识准备】

周转材料指企业能够多次使用但不符合固定资产定义，逐渐转移其价值但仍然保持原有形态不确认为固定资产的材料。企业的周转材料主要包括包装物和低值易耗品。

为了反映周转材料的增减变化及价值损耗、结存等情况，企业应设置"周转材料"账户进行核算。"周转材料"账户可按周转材料的种类设置明细账，企业周转材料中的包装物和低值易耗品，可以单独设置"包装物"和"低值易耗品"明细账进行相应的核算。周转材料既可以采用实际成本核算，也可以采用计划成本核算。

一、包装物业务

包装物是指为了包装本企业商品而储备的各种包装容器，如桶、箱、瓶、坛、袋等。其核算内容主要包括：

（1）生产过程中用于包装产品从而作为产品组成部分的包装物；

（2）随同商品出售不单独计价的包装物；

（3）随同商品出售单独计价的包装物；

（4）出租或给购货单位使用的包装物。

为了反映和监督包装物的增减变化及其价值损耗、结存情况，企业应当设置"周转材料——包装物"账户用于核算包装物的收、发、存的实际成本或计划成本。借方登记包装物的增加，贷方登记包装物的减少，期末余额在借方，反映企业期末结存包装物的金额。包装物实际成本的构成内容与原材料相同。

（一）取得包装物业务

不论是按实际成本计价还是按计划成本计价，周转材料取得的核算与原材料取得的核算基本相似，可以比照原材料核算方法进行。周转材料取得的途径主要有外购和自制两种。

（1）外购周转材料。外购周转材料分单独购进和随货购进两种。其中，随货购进有单独计价和不单独计价两种情况。单独购进和随货购进单独计价的周转材料，其账务处理方法与原材料购进相同，区别只是增加时计入"周转材料"账户；随货购进不单独计价的周转材料，其价款包括在所购货物的成本中而无法分离出来，因此不涉及周转材料的账务处理。

（2）自制周转材料。自制周转材料分为单独列作企业商品、产品的周转材料和不单独列作企业商品、产品的周转材料两种。在会计处理上，前者等同于制造业产品生产的账务处理，在自制完成时计入"库存商品"账户的借方；后者的账务处理与自制原材料相同，自制完成时，计入"周转材料"账户的借方。

（二）包装物发出业务

企业应按发出包装物的不同用途进行不同的账务处理。若包装物按计划成本核算，在结转包装物的成本时，要同时结转发出包装物应负担的成本差异。包装物的摊销方法有一次转销法和分次摊销法。

1. 生产领用的包装物

生产领用的包装物构成产品成本的组成部分，应计入产品的成本，应按照领用包装物的实际成本，借记"生产成本"账户，贷记"周转材料——包装物"账户。如果按计划成本核算，则应按照领用包装物的实际成本，借记"生产成本"账户，按照领用包装物的计划成本，贷记"周转材料——包装物"账户，按照其差额借记或贷记"材料成本差异"账户。

2. 随同商品出售的包装物

（1）随同商品出售而不单独计价的包装物。随同产品出售而不单独计价的包装物，因为没有独立的收入与包装物成本相配比，所以一般作为包装费用计入销售费用。包装物发出时，应按其实际成本计入销售费用，借记"销售费用"账户，贷记"周转材料——包装物"账户。采用计划成本核算，包装物发出时，应按其实际成本计入销售费用，借记"销售费用"账户，按计划成本贷记"周转材料——包装物"账户，按其差额借记或贷记"材料成本差异"账户。

（2）随同商品出售且单独计价的包装物。随同产品出售且单独计价的包装物，属于企业包装物的销售业务，即其他销售业务，其取得的收入应作为其他业务收入，其成本应相应地作为其他业务成本。按照实际取得的金额，借记"银行存款"等账户；按照其销售收入，贷记"其他业务收入"账户；按照增值税专用发票上注明的增值税销项税额，贷记

"应交税费——应交增值税（销项税额）"账户。同时，结转所销售包装物的成本，应按其实际成本计入其他业务成本，借记"其他业务成本"账户，按其计划成本贷记"周转材料——包装物"账户，按其差额借记或贷记"材料成本差异"账户。

3. 出租或出借包装物

企业因销售产品或商品，将包装物以出租或出借的形式，租给或借给客户暂时使用，并与客户约定一定时间内收回包装物。企业之间因业务发展的需要，有时要发生相互租用、借用包装物的业务。出租或出借包装物在周转使用过程中因磨损而减少的价值，可根据情况采用一次摊销法或分次摊销法进行摊销。对于收回已使用过的出租或出借包装物，应加强实物管理，并在备查簿中进行登记。

（1）出租或出借包装物的发出。

企业出租或出借包装物时，应根据包装物出库等凭证列明的金额，借记"周转材料——包装物（出租包装物或出借包装物）"账户，贷记"周转材料——包装物（库存包装物）"账户，包装物如按计划成本计价，还应同时结转材料成本差异。

（2）出租或出借包装物的押金和租金。

企业出租或出借包装物时，为督促使用单位安全使用并及时归还，应收取一定数额的押金，押金应于使用单位返回包装物时退还给对方。另外，为了补偿包装物租赁中的价值损耗及修理费用等，出租包装物时，企业应向使用单位收取一定数额的租金。出借包装物指包装物供借用单位无偿使用，因此出借包装物不收取租金。收取包装物押金时，借记"库存现金""银行存款"等账户，贷记"其他应付款——存入保证金"账户；退还押金时，编制相反的会计分录。

出租或出借包装物收取的押金应计入其他应付款。逾期（纳税人为销售货物出租或出借包装物而收取的押金，无论包装物周转使用期限长短，超过一年（含一年）仍不退换的均并入销售额征税）未退还包装物而没收的押金应视为含税收入来计算交纳增值税，其没收的押金扣除应交纳的增值税后的净额转入其他业务收入。

出租包装物是企业的一项其他业务活动（专门经营包装物租赁除外），出租期间企业应按约定收取的包装物租金，应计入其他业务收入，借记"库存现金""银行存款""其他应收款"等账户，贷记"其他业务收入""应交税费——应交增值税（销项税额）"账户。包装物租金属于价外费用，应交纳增值税。企业收取的包装物租金为含税收入，企业收取的包装物租金应计算的销售额，不含向购买方收取的销项税额，因此，应先换算为不含税销售额，再计算应交增值税。

（3）出租或出借包装物的相关费用。

出租或出借包装物发生的相关费用，包括两个方面：一是包装物的摊销费用；二是包装物的维修费用。

企业按照规定的摊销方法对包装物进行摊销时，借记"其他业务成本（出租包装物）""销售费用（出借包装物）"账户，贷记"周转材料——包装物（包装物摊销）"账户。

企业确认应由其负担的包装物修理费用等支出时，借记"其他业务成本（出租包装物）""销售费用（出借包装物）"账户，贷记"库存现金""银行存款""原材料""应付职工薪酬"等账户。

二、低值易耗品业务

低值易耗品是指企业在业务经营过程中所必需的单项价值在规定限额以下，或使用年限在一年以内的不能作为固定资产核算的各种用具物品，如一般工具、专用工具、管理用具、玻璃器皿、劳动保护用品、其他工具等。其特征包括：一是低值易耗品的价值较低且易于损耗。价值较低是指其单位价值低于固定资产的价值确认标准；易于损耗是指其使用年限一般低于一年。二是低值易耗品在性质上属于劳动资料，多次参加周转而不改变其实物形态，但其因价值较低且容易损耗、更新频繁，故为了集中力量加强固定资产的管理，简化核算手续，在会计上将其归为流动资产，视同存货核算和管理。为了便于使用部门归口管理，低值易耗品可以按用途做以下分类：

(1) 一般工具，指直接用于产品生产的各种刀具、量具、家具和各种辅助工具等。

(2) 专用工具，指专门用于生产某一种产品，或在某一道工序中使用的工具，如专用模具等。

(3) 替换设备，指容易磨损或为生产不同产品，需要替换使用的各种设备，如浇铸钢锭用的钢锭模等。

(4) 包装容器，指用于储存和保管材料和产品，既不对外出售也不出借的各种容器，如木柜、瓷缸等。

(5) 劳动保护用品，指发给工人用于劳动保护的工作服、工作鞋和各种防护用品等。

(6) 管理用具，指管理部门和管理人员使用的各种家具用品和办公用品等。

(7) 其他，不属于以上各类的低值易耗品。

为了反映和监督低值易耗品的增减变化及其结存情况，企业应当设置"周转材料——低值易耗品"账户，借方登记低值易耗品的增加，贷方登记低值易耗品的减少，期末余额在借方，通常反映企业期末结存低值易耗品的金额。

低值易耗品的摊销方法有一次摊销法和分次摊销法。

(一) 取得低值易耗品业务

低值易耗品采购、入库业务，不论是按实际成本核算还是按计划成本核算，均与取得包装物业务基本相同，这里不再重述。

(二) 低值易耗品发出业务

企业应按发出低值易耗品的不同用途进行不同的账务处理。企业领用周转材料后，其价值开始实现转移，实现的方法在会计上称为周转材料摊销。周转材料的摊销方法有一次摊销法和分次摊销法。

1. 一次摊销法

一次摊销法是指在领用周转材料时，将其价值一次、全部计入有关资产成本或当期损益的方法。这种方法适用于一次领用数额较少、价值不高、使用期限不长的周转材料。

企业采用一次摊销法摊销周转材料价值的，领用时，按其具体用途将其全部价值转入有关的成本费用，借记"制造费用""管理费用""销售费用""其他业务成本"等账户，贷记"周转材料"账户。采用一次摊销法核算周转材料的，为加强实物的管理，应当在备查账簿中对周转材料进行登记。

2. 分次摊销法

分次摊销法是指在领用周转材料时，按照使用次数分次计入成本费用的一种摊销方法。这种方法适用于一次领用周转材料数量较多、价值较大、可供多次反复使用的周转材料的情况。

周转材料在采用分次摊销法核算时应设置"周转材料——低值易耗品——在库""周转材料——低值易耗品——在用""周转材料——低值易耗品——摊销"三个明细账户进行核算。分次摊销法中有一种方法称为五五摊销法，采用五五摊销法摊销低值易耗品时，低值易耗品在领用时应先摊销其账面价值的一半，在报废时再摊销其账面价值的另一半。即低值易耗品分两次各按50%进行摊销。五五摊销法通常适用于价值较低、使用期限较短的低值易耗品，也适用于每期领用数量和报废数量大致相等的低值易耗品。

【任务实施】

任务 3.2.1 2019年6月10日，根据出库单，编制以下会计分录。

借：生产成本　　　　　　　　　　　　　　　　　　　　　　　100 000
　　贷：周转材料——包装物　　　　　　　　　　　　　　　　　　100 000

任务 3.2.2 2019年6月12日，根据出库单，编制以下会计分录。

借：销售费用　　　　　　　　　　　　　　　　　　　　　　　　50 000
　　贷：周转材料——包装物　　　　　　　　　　　　　　　　　　 50 000

任务 3.2.3 红星机械有限公司根据审核无误的原始凭证填制记账凭证。

（1）出售单独计价包装物，根据增值税专用发票和银行结算凭证，编制以下会计分录。

借：银行存款　　　　　　　　　　　　　　　　　　　　　　　113 000
　　贷：其他业务收入　　　　　　　　　　　　　　　　　　　　100 000
　　　　应交税费——应交增值税（销项税额）　　　　　　　　　 13 000

（2）结转所售单独计价包装物的成本，根据出库单，编制以下会计分录。

借：其他业务成本　　　　　　　　　　　　　　　　　　　　　 80 000
　　贷：周转材料——包装物　　　　　　　　　　　　　　　　　 80 000

任务 3.2.4 红星机械有限公司根据审核无误的原始凭证填制记账凭证。

（1）收到租金时，根据增值税专用发票和银行结算凭证，编制以下会计分录。

　　　　包装物租金应计销项税额 = 4 520/(1 + 13%) × 13% = 520（元）

借：银行存款　　　　　　　　　　　　　　　　　　　　　　　　 4 520
　　贷：其他业务收入　　　　　　　　　　　　　　　　　　　　　4 000
　　　　应交税费——应交增值税（销项税额）　　　　　　　　　　 520

（2）结转用于出租的包装物实际成本，根据出库单，编制以下会计分录。

借：其他业务成本　　　　　　　　　　　　　　　　　　　　　 10 000
　　贷：周转材料——包装物　　　　　　　　　　　　　　　　　 10 000

（3）收到押金时，根据银行结算凭证，编制以下会计分录。

借：银行存款　　　　　　　　　　　　　　　　　　　　　　　　 1 130
　　贷：其他应付款　　　　　　　　　　　　　　　　　　　　　　1 130

（4）2019年7月20日没收逾期未退还包装物的押金。

包装物押金应计销项税额 = 1 130/(1 + 13%) × 13% = 130（元）

借：其他应付款　　　　　　　　　　　　　　　　　　　　　　　　1 130
　　贷：其他业务收入　　　　　　　　　　　　　　　　　　　　　　1 000
　　　　应交税费——应交增值税（销项税额）　　　　　　　　　　　　130

任务3.2.5 基本生产车间领用一般工具时，根据出库单，编制以下会计分录。

借：制造费用　　　　　　　　　　　　　　　　　　　　　　　　　3 000
　　贷：周转材料——低值易耗品　　　　　　　　　　　　　　　　3 000

任务3.2.6 领用专用工具一批，采用五五摊销法进行摊销。

（1）领用专用工具：在领用低值易耗品时，应在"周转材料——低值易耗品"明细账户中进行明细结转，由"在库"转为"在用"。

借：周转材料——低值易耗品——在用　　　　　　　　　　　　　100 000
　　贷：周转材料——低值易耗品——在库　　　　　　　　　　　　100 000

（2）领用时摊销其价值的一半。

借：制造费用　　　　　　　　　　　　　　　　　　　　　　　　50 000
　　贷：周转材料——低值易耗品——摊销　　　　　　　　　　　　50 000

（3）报废时摊销其价值的一半。

借：制造费用　　　　　　　　　　　　　　　　　　　　　　　　50 000
　　贷：周转材料——低值易耗品——摊销　　　　　　　　　　　　50 000

在第二次摊销低值易耗品时，由于已经全部摊销完毕，因此需要将"周转材料——低值易耗品"明细账户中的"摊销"明细账户的贷方余额与"在用"明细账户的借方余额互相进行抵消，从而结平"周转材料——低值易耗品"明细账户的余额，使其余额为零。

借：周转材料——低值易耗品——摊销　　　　　　　　　　　　　100 000
　　贷：周转材料——低值易耗品——在用　　　　　　　　　　　　100 000

任务3　库存商品业务核算

微课：库存商品
业务核算

【任务导入】

任务3.3.1 红星机械有限公司2019年6月30日汇总编制"库存商品入库汇总表表"，如表3-6所示。

表3-6　库存商品入库汇总表　　　　　　　　　　　　　　　　　2019年6月30日

产品名称	单位	数量	单位成本/元	总成本/元
甲产品	件	300	280	84 000
乙产品	件	100	260	26 000
合计				110 000

要求：红星机械有限公司根据以上业务进行账务处理。

任务3.3.2 振华商贸有限公司为商品批发企业。2019年5月7日，红星机械有限公司从振华公司购进A商品1 000件，每件为200元，价款为200 000元，进项税为26 000

元,款项以银行存款支付。2019 年 5 月 10 日商品验收入库。本月共销售 A 商品 1 500 件,每件售价为 400 元,价款为 600 000 元,销项税为 98 000 元,款项已收到。采用毛利率法计算已销商品的成本,一季度商品毛利率为 20%。

要求:振华公司根据以上业务进行账务处理。

任务 3.3.3 利民商场小百货柜组 2019 年 6 月初的商品进销差价余额为 31 360 元,月初库存商品余额为 380 000 元,2019 年 6 月 25 日购进小百货成本为 180 000 元,增值税为 23 400 元,以银行存款支付,商品已于当日收到,售价为 280 800 元,本月小百货销售收入共计 180 800 元。

要求:利民商场根据以上业务进行账务处理。

【知识准备】

库存商品是指企业完成全部生产过程并已验收入库、合乎标准规格和技术条件,可以按照合同规定的条件送交订货单位,或可以作为商品对外销售的产品以及外购或委托加工完成验收入库用于销售的各种商品。

库存商品具体包括库存产成品、外购商品,存放在门市部准备出售的商品、发出展览的商品、寄存在外的商品、接受来料加工制造的代制品和为外单位加工修理的代修品等。已完成销售手续,但购买单位在月末未提取的产品,不应作为企业的库存商品,而应作为代管商品处理,单独设置"代管商品"备查簿进行登记。

为了反映和监督库存商品的增减变动及其结存情况,企业应当设置"库存商品"账户,该账户借方登记验收入库的库存商品成本,贷方登记发出的库存商品成本,期末余额在借方,反映各种库存商品的实际成本。

一、工业企业库存商品业务的账务处理

(一)工业企业验收入库商品

工业企业的产成品一般按实际成本核算。在这种情况下,产成品的收入、发出和销售,平时只登记数量不记金额;月度终了,计算完工验收入库产成品的实际成本后,会计人员根据编制的完工产品计算单和仓库转来的产品入库单,做产品入库的会计分录,借记"库存商品"账户,贷记"生产成本"账户。

(二)工业企业发出商品

企业一般按实际成本核算产成品成本,对发出的产成品,可以采用先进先出法、加权平均法、个别计价法等方法来确定其实际成本。产成品的核算方法一经确定,不得随意变更。结转已销产品的成本时,借记"主营业务成本"账户,贷记"库存商品"账户。

二、商品流通企业库存商品业务的账务处理

(一)验收入库商品

商品流通企业的业务分为购进和销售两大阶段。商品流通企业库存商品的核算方法,是指企业的库存商品明细账用什么价格来记账,以及在库存商品的明细账上是否反映商品的实物数量。按照库存商品明细账所提供的核算指标来划分,库存商品的核算方法分为数量金额核算法和金额核算法。数量金额核算法是同时采用实物计量和货币计量两种量度对

库存商品的增减变动和结存情况进行反映和监督的核算方法，它既可以提供库存商品的数量指标，又可提供库存商品的金额指标。数量金额核算法又可分为数量进价金额核算法和数量售价金额核算法两种。金额核算法是仅以货币计量对库存商品的增减变动和结存情况进行反映和监督的核算方法。金额核算法又可分为进价金额核算法和售价金额核算法。不同类型的商品流通企业，可以根据本企业的经营特点及经营管理的要求来选择不同的库存商品核算方法。在这里只介绍数量进价金额核算法和售价金额核算法。

1. 数量进价金额核算法（批发企业采用）

数量进价金额核算法的主要特点是：库存商品的总账和明细账都按商品的原购进价格记账。库存商品明细账按商品的品名分户，分别核算各种商品收进、付出及结存的数量和金额。

这种方法主要适用于大中型批发企业、农副产品收购企业及经营品种单纯的专业商店和经营贵重商品的商店。其优点是能够同时提供各种商品的数量指标和金额指标，便于加强商品管理。缺点是要按品种逐笔登记商品明细账，核算工作量较大。

商品流通企业购入商品的成本包括商品的进价成本和采购费用。采购过程中发生的运输费、保险费、装卸费以及其他可归属于存货采购成本的费用，应计入商品成本，也可先进行归集，期末根据所购商品的存销情况进行分摊。

商品购进业务的核算类同于材料购进的核算，按商品的采购成本，借记"库存商品"账户，按可抵扣的增值税进项税额借记"应交税费——应交增值税（进项税额）"账户，按实际支付的货款贷记"银行存款"账户，若商品为验收入库，则可先通过"在途物资"账户。

2. 售价金额核算法（零售企业采用）

售价金额核算法又称"售价记账、实物负责制"，售价金额核算法是指平时商品的购入、加工、收回、销售均按售价记账，售价与进价的差额通过商品进销差价账户核算，期末计算进销差价率和本期已销商品应分摊的进销差价，并据以调整本期销售成本的一种方法。其主要特点如下：

（1）建立实物负责制。企业将所经营的全部商品按品种、类别及管理的需要划分为若干实物负责小组，确定实物负责人，实行实物负责制度。实物负责人对其所经营的商品负全部经济责任。

（2）售价记账、金额控制。库存商品总账和明细账都按商品的销售价格记账，库存商品明细账按实物负责人或小组分户，只记售价金额不记实物数量。

（3）设置"商品进销差价"账户。由于库存商品是按售价记账，故对于库存商品售价与进价之间的差额应设置"商品进销差价"账户来核算，并在期末计算和分摊已售商品的进销差价。

（4）定期实地盘点商品。实行售价金额核算必须加强商品的实地盘点制度，通过实地盘点，对库存商品的数量及价值进行核算，并对实物和负责人履行经济责任的情况进行检查。

售价金额核算法主要适用于零售企业。这种方法的优点是把大量按不同品种开设的库存商品明细账归并为按实物负责人来分户的少量明细账，从而简化了核算工作。

商品购入时，按购入商品的售价借记"库存商品"账户，按可抵扣的增值税进项税额借记"应交税费——应交增值税（进项税额）"账户，按实际支付的货款贷记"银行存款"账户，按其差额贷记"商品进销差价"。

（二）发出商品

1. 数量进价金额核算法

企业销售库存商品的业务操作与工业企业相同。只是在确定商品销售成本时，可采用毛利率法。

毛利率法是指根据本期销售净额乘以上期实际（或本期计划）毛利率来匡算本期销售毛利，并据以计算发出存货和期末存货成本的一种方法。其计算公式如下：

$$毛利率 = 销售毛利/销售额 \times 100\%$$

$$销售净额 = 商品销售收入 - 销售退回与折让$$

$$销售毛利 = 销售额 \times 毛利率$$

$$销售成本 = 销售净额 - 销售毛利$$

$$期末存货成本 = 期初存货成本 + 本期购货成本 - 本期销售成本$$

毛利率法是商品流通企业尤其是商品批发企业常用的计算本期商品销售成本和期末库存商品成本的方法。商品流通企业由于经营商品的品种较多，如果分品种计算商品成本，那么工作量将大大加大，而且一般来讲，商品流通企业同类商品的毛利率大致相同，采用这种存货计价方法，既能减轻工作量，也能满足对存货管理的需要。在采用毛利率法时，商品的销售成本每一季度的前两个月采用毛利率进行匡算，在每一季度的最后一个月，应按照先进先出法、加权平均法等方法，计算月末存货成本，再倒挤该季度的销售成本，计算第三个月结转的销售成本，从而对前两个月用毛利率计算的成本进行调整，以保证商品销售成本最终计算的正确性。

2. 售价金额核算法

销售商品时，按含税价借记"银行存款"账户，贷记"主营业务收入"账户。期末结转已销商品的成本时，按含税价借记"主营业务成本"账户，贷记"库存商品"账户。

月末应将当月的销售收入进行分离，将含税收入分解为不含税收入和销项税额，并将增值税部分从主营业务收入账户中转出，借记"主营业务收入"账户，贷记"应交税费——应交增值税（销项税额）"账户。其计算公式为：

$$商品不含税销售收入 = 当月含税销售收入/（1 + 增值税税率）$$

由于销售商品已按售价结转成本，故此时商品的售价中包含了商品的采购成本和进销差价。需要将商品进销差价从按结转的销售成本中剔除，才能反映真实的商品销售成本。因此，月末需要计算商品进销差价率，确认已销商品实现的进销差价，据以调整商品销售成本，转销已实现的商品进销差价，借记"商品进销差价"账户，贷记"主营业务成本"账户。其计算公式如下：

$$商品进销差价率 = (期初库存商品进销差价 + 本期购入商品进销差价) \div (期初库存商品售价 + 本期购入商品售价) \times 100\%$$

$$本期销售商品应分摊的商品进销差价 = 本期商品销售收入 \times 商品进销差价率$$

$$本期销售商品的成本 = 本期商品销售收入 - 本期销售商品应分摊的商品进销差价$$

期末结存商品的成本 = 期初库存商品的进价成本 + 本期购进商品的进价成本 − 本期销售商品的成本

如果企业的商品进销差价率各期之间比较均衡,那么也可以采用上期商品进销差价率来分摊本期的商品进销差价,年度终了,应对商品进销差价进行核实、调整。

对于从事商业零售业务的企业(如百货公司、超市等),由于经营的商品种类、品种、规格等较多,而且要求按商品零售价格标价,采用其他成本计算结转方法均较困难,因此广泛采用这一方法。

【任务实施】

任务 3.3.1 根据"成本计算单""产品入库单",编制以下会计分录。

借:库存商品——甲产品　　　　　　　　　　　　　　　　84 000
　　　　　　——乙产品　　　　　　　　　　　　　　　　26 000
　　贷:生产成本——基本生产成本　　　　　　　　　　　110 000

任务 3.3.2 (1) 2019 年 5 月 7 日付款,编制以下会计分录。

借:在途物资——A 商品　　　　　　　　　　　　　　　200 000
　　应交税费——应交增值税(进项税额)　　　　　　　　26 000
　　贷:银行存款　　　　　　　　　　　　　　　　　　226 000

(2) 2019 年 5 月 10 日商品验收入库。

借:库存商品——A 商品　　　　　　　　　　　　　　　200 000
　　贷:在途物资——A 商品　　　　　　　　　　　　　200 000

(3) 确认收入,编制以下会计分录。

借:银行存款　　　　　　　　　　　　　　　　　　　　698 000
　　贷:主营业务收入　　　　　　　　　　　　　　　　600 000
　　　　应交税费——应交增值税(销项税额)　　　　　　98 000

已销商品成本 = 600 000 × (1 − 20%) = 480 000(元)

(4) 结转成本。

借:主营业务成本——A 商品　　　　　　　　　　　　　480 000
　　贷:库存商品——A 商品　　　　　　　　　　　　　480 000

任务 3.3.3 (1) 2019 年 6 月 25 日根据购货发票、入库单,编制以下会计分录。

借:库存商品　　　　　　　　　　　　　　　　　　　　280 800
　　应交税费——应交增值税(进项税额)　　　　　　　　23 400
　　贷:银行存款　　　　　　　　　　　　　　　　　　203 400
　　　　商品进销差价　　　　　　　　　　　　　　　　100 800

(2) 销售商品时,确认收入,编制以下会计分录。

借:银行存款　　　　　　　　　　　　　　　　　　　　180 800
　　贷:主营业务收入　　　　　　　　　　　　　　　　180 800

(3) 月末,编制以下会计分录。

商品不含税销售收入 = 180 800/(1 + 13%) = 160 000 (元)

销项税额 = 180 800 − 160 000 = 20 800 (元)

借:主营业务收入　　　　　　　　　　　　　　　　　　20 800

　　　　贷：应交税费——应交增值税（销项税额）　　　　　　　　　　20 800
　　　借：主营业务成本　　　　　　　　　　　　　　　　　　　　　　180 800
　　　　贷：库存商品　　　　　　　　　　　　　　　　　　　　　　　180 800
（4）计算进销差价率并结转，编制以下会计分录。
　　　商品进销差价率 =（31 360 + 100 800）÷（380 000 + 280 800）× 100% = 20%
　　　本期销售商品应分摊的商品进销差价 = 180 800 × 20% = 36 160(元)
　　　借：商品进销差价　　　　　　　　　　　　　　　　　　　　　　36 160
　　　　贷：主营业务成本　　　　　　　　　　　　　　　　　　　　　36 160

任务4　委托加工物资业务核算

【任务导入】

任务3.4.1　2019年6月10日，红星机械有限公司拨付B材料给乙公司代为加工成包装箱，B材料的计划成本为10 000元，成本差异为节约差异200元；另向运输公司支付运费300元、增值税税额27元。2019年7月5日，包装箱加工完毕，乙公司通知红星机械有限公司提货并支付加工费2 000元、增值税税额为260元，款项用银行存款支付。

任务3.4.2　红星机械有限公司2019年7月10日发出一批A材料，委托甲公司加工完成B材料（属于应税消费品），A材料的实际成本为1 000 000元。2019年7月20日，支付加工费15 000元、加工增值税1 950元、消费税13 000元；支付来回运费2 000元、2019年增值税180元，款项已用银行存款支付，B材料已加工完毕验收入库，用于继续生产应税消费品。

微课：委托加工物资业务核算

要求：红星机械有限公司根据以上业务进行账务处理。

【知识准备】

一、委托加工物资概述

委托加工物资是指企业委托外单位加工的各种材料、商品等物资。

企业在生产经营过程中，由于本身工艺设备条件的限制，有时需要将一部分材料物资委托外单位加工成另一种材料物资，借以满足企业生产经营的需要。企业发出委托加工的材料物资，虽然材料物资已经离开本企业，但所有权尚未转移，仍属于企业的存货。经过加工，材料或商品不仅实物形态、性能和使用价值可能发生变化，加工过程中也要消耗其他材料，发生加工费、税费，导致被加工材料或商品的成本增加。

委托加工物资核算的关键在于确定其实际成本。委托加工物资一般要经过发出、加工和回收入库三个过程。企业委托外单位加工物资的成本，包括加工中实际耗用物资的成本、支付加工费用及应负担的运杂费、支付的税费等。委托加工物资核算的内容主要包括拨付加工工资、支付加工费用和税金、收回加工物资和剩余物资等。委托加工物资的实际成本计算公式为：

　　实际成本 = 拨付加工物资实际成本 + 加工费 + 往返运杂费 + 相关税金 + 保险费

其中，相关税金是指委托加工物资应负担的增值税、消费税。

一般纳税人委托外单位加工物资，凡属加工物资用于应交增值税项目并取得了增值税专用发票的，委托加工物资应负担的增值税可作为进项税额，不计入加工物资成本；凡属加工物资用于非应交增值税项目或免增值税项目，以及小规模纳税人和未取得增值税专用发票的一般纳税人，委托加工物资应负担的增值税，应计入加工物资成本。

如果收回的加工物资直接用于销售，则应将委托加工物资应负担的消费税计入加工物资成本（由受托方代扣代缴）；如果收回的加工物资用于连续生产应缴消费品，则应将委托加工物资应负担的消费税先计入"应交税费——应交消费税"账户的借方，用于抵扣加工的消费品销售后所负担的消费税。

二、账户设置

为了监督委托加工合同的执行情况，反映委托加工物资的拨付、回收和加工费用的结算情况，计算委托加工物资的实际成本，应设置"委托加工物资"账户。该账户属于资产类账户，借方登记拨付加工物资的实际成本、支付的加工费用、往返运杂费、保险费和相关税金，贷方登记完工验收入库物资的成本和退回剩余物资的成本，期末余额在借方，表示企业委托外单位加工但尚未加工完成委托加工物资的实际成本。该账户按受托加工单位及委托加工物资品种设置明细账，进行明细分类核算。

三、业务核算

1. 发出物资

企业发给外单位委托加工的材料物资时，应按物资的实际成本借记"委托加工物资"账户，贷记"原材料"等账户（也可以在月末汇总后一次性处理）。如果采用计划成本或售价核算的，还应同时结转材料成本差异或商品进销差价，借记或贷记"材料成本差异"账户，或借记"商品进销差价"账户。

2. 支付加工费用、运杂费等

企业委托加工物资时支付给受托加工单位的加工费、运杂费，使委托加工存货发生了增值，因此支付的加工费、运杂费应构成委托加工物资的成本。支付加工费用、运杂费时，借记"委托加工物资"账户，贷记"银行存款"等账户。

3. 发生的相关加工税费

（1）涉及增值税的核算。

按照我国税法的规定，受托加工企业提供加工劳务，需要交纳增值税，受托企业对于应负担的增值税，应区别不同情况进行处理。

凡加工后的物资用于应交增值税项目，并取得增值税专用发票的一般纳税企业，可将这部分增值税作为进项税额扣除，不计入委托加工物资的成本。支付增值税时，借记"应交税费—应交增值税（进项税额）"账户，贷记"银行存款"等账户。

凡加工后的物资用于非增值税应税项目以及免交增值税项目或未取得增值税专用发票的一般纳税企业及小规模纳税企业，应将这部分增值税计入委托加工物资的成本。支付增值税时，借记"委托加工物资"账户，贷记"银行存款"等账户。

（2）涉及消费税的核算。

按照我国税法的规定，如果委托加工后的物资属于应税消费品，应由受托企业在向委托方交货时代收代缴消费税。委托方对支付的消费税，应区别不同情况处理：

如果委托方收回的加工物资直接用于销售，应将受托方代收代缴的消费税计入委托加工物资的成本，该委托加工物资销售时不再交纳消费税。委托企业支付消费税时，借记"委托加工物资"账户，贷记"银行存款"等账户。

如果委托方收回的加工物资用于连续生产应税消费品，则按规定支付给受托方代收代缴的消费税准予抵扣。委托方支付消费税时，借记"应交税费——应交消费税"账户，贷记"银行存款"账户。

4. 加工完成回收加工物资

企业收回的委托加工物资实际成本包括拨付加工物资实际成本、加工费、往返运杂费、相关税金、保险费等。委托企业对加工完成验收入库的委托加工物资及剩余材料物资，应按加工收回物资的实际成本及剩余物资的实际成本，借记"原材料""库存商品"等账户，贷记"委托加工物资"账户。

【任务实施】

任务 3.4.1 委托加工发出物资实际成本 = 10 000 − 200 + 300 = 10 100（元）。

（1）2019 年 6 月 10 日，发出委托加工物资，编制以下会计分录。

借：委托加工物资——乙公司　　　　　　　　　　　　　　10 100
　　材料成本差异　　　　　　　　　　　　　　　　　　　　200
　　应交税费——应交增值税（进项税额）　　　　　　　　　27
　　贷：原材料——B 材料　　　　　　　　　　　　　　　　　10 000
　　　　银行存款　　　　　　　　　　　　　　　　　　　　　327

（2）2019 年 7 月 5 日，支付加工费，编制以下会计分录。

借：委托加工物资——乙公司　　　　　　　　　　　　　　2 000
　　应交税费——应交增值税（进项税额）　　　　　　　　　260
　　贷：银行存款　　　　　　　　　　　　　　　　　　　　　2 260

2019 年 7 月 5 日，包装箱加工完毕入库，编制以下会计分录。

借：周转材料——包装物——包装箱　　　　　　　　　　　12 100
　　贷：委托加工物资——乙公司　　　　　　　　　　　　　　12 100

任务 3.4.2 2019 年 7 月 10 日，发出委托加工材料，编制以下会计分录。

借：委托加工物资——甲公司　　　　　　　　　　　　　　1 000 000
　　贷：原材料——A 材料　　　　　　　　　　　　　　　　　1 000 000

2019 年 7 月 20 日，支付加工费、运杂费和税金，编制以下会计分录。

借：委托加工物资——甲公司　　　　　　　　　　　　　　17 000
　　应交税费——应交增值税（进项税额）　　　　　　　　　2 130
　　　　　——应交消费税　　　　　　　　　　　　　　　　13 000
　　贷：银行存款　　　　　　　　　　　　　　　　　　　　　32 130

2019 年 7 月 20 日，B 材料加工完毕验收入库，编制以下会计分录。

借：原材料——B 材料　　　　　　　　　　　　　　　　　　1 017 000

贷：委托加工物资——甲公司　　　　　　　　　　　　　1 017 000

任务5　存货期末计价与清查业务核算

【任务导入】

任务 3.5.1　红星机械有限公司 2019 年 6 月 20 日在财产清查中盘盈 J 材料 1 000 千克（实际单位成本为 60 元），经查属于材料收发计量方面的错误。

任务 3.5.2　红星机械有限公司 2019 年 6 月 20 日在财产清查中发现盘亏 K 材料 500 千克（实际单位成本为 200 元），该企业购入材料的增值税税率为 13%，经查属于因经营管理不善而产生的一般经营损失。

微课：存货期末计价与清查业务核算

任务 3.5.3　红星机械有限公司按照成本与可变现净值孰低法对期末存货进行计价，2019 年年末原材料的账面成本为 300 000 元，可变现净值为 290 000 元。

要求：红星机械有限公司根据以上业务进行会计核算。

【知识准备】

一、存货清查业务

存货清查是指通过对存货的实地盘点，确定存货的实有数量，并与账面结存数相核对，从而确定存货实存数与账面结存数是否相符的一种专门方法。

由于存货种类繁多、收发频繁，故在日常收发过程中，可能发生计量错误、计算错误、自然损耗，还可能发生损坏变质以及贪污、盗窃等情况，造成账实不符，形成存货的盘盈、盘亏。为了保证存货的安全完整，真实地反映存货的结存情况，挖掘存货的潜力，提高存货的周转速度，加强存货的管理，企业应当定期或不定期地对存货进行清查。对于存货的盘盈、盘亏，应填写存货盘点报告，及时查明原因、分清责任，按照规定程序报批处理，从而达到账实相符。

存货的清查通常采用实地盘点法，通过点数、过磅等方法，确定实存数量。对于一些无法通过具体方法进行度量的存货，则可通过测量、估计等方法来确定其实际数量，并与账面结存数量进行核对。存货应当定期盘点，每年至少一次，对于账实不符的存货，应核实盘盈、盘亏和毁损的数量，查明原因，并据此编制"存货盘点报告表"，按规定程序报请有关部门批准。

为了反映和监督企业在财产清查中查明的各种存货的盘盈、盘亏和毁损情况，企业应当设置"待处理财产损溢"账户，借方登记存货的盘亏、毁损金额以及盘盈的转销金额，贷方登记存货的盘盈金额及盘亏的转销金额；企业清查的各种存货损溢，应在期末结账前处理完毕，期末处理后"待处理财产损溢"账户无余额。

1. 存货盘盈核算

存货盘盈是指存货的实存数大于账面数，存货盘盈的原因很多，如由收发计量错误造成的。盘盈的存货，应将其重置成本作为入账价值，并通过"待处理财产损溢"账户进行核算。企业发生存货盘盈时，借记"原材料""库存商品"等账户，贷记"待处理财产损溢"账户；按管理权限报经批准后，对于盘盈的存货，由于其一般是由收发计量差错造成的，故一般冲减当期管理费用。在按管理权限报经批准后，借记"待处理财产损溢"账户，贷记"管理费用"账户。

2. 存货盘亏或毁损的会计处理

存货盘亏是指存货的实存数小于账存数，存货毁损是自然灾害、人为过失等造成的毁损。存货盘盈、毁损的原因很多，如自然损耗产生的定额内合理盘亏、过失人的责任、超定额损耗以及意外灾害的非常损失等。存货发生的盘亏或毁损，批准前应先转到"待处理财产损溢"账户，按管理权限报经批准后，根据造成存货盘亏或毁损的原因，分别按以下情况进行处理。

（1）属于定额内损耗，经批准可转入管理费用。批准前，借记"待处理财产损溢"账户，贷记"原材料""库存商品"等账户；批准后，借记"管理费用"账户，贷记"待处理财产损溢"账户。

（2）属于超定额短缺以及存货毁损的损失，能确定过失人责任的应由过失人赔偿，属于保险责任范围的应向保险公司索赔，扣除过失人或保险公司赔款和残料价值之后，加上不允许抵扣的增值税进项税额，计入管理费用。

企业发生存货盘亏及毁损时，借记"待处理财产损溢"账户，贷记"原材料""库存商品""应交税费——应交增值税（进项税额转出）"等账户。根据2009年1月1日开始实施的《中华人民共和国增值税暂行条例》规定，企业发生的非正常损失的购进货物及非正常损失的在产品、产成品所耗用的购进货物或应税劳务的进项税额不得从销项税额中抵扣。非正常损失指管理不善造成被盗、丢失、霉烂变质的损失，不包括自然灾害造成的损失。因此，非正常损失的存货价值应包括其实际成本和应负担的进项税额。

在按管理权限报经批准后应做以下会计处理：对于入库的残料价值，计入"原材料"等账户；对于应由保险公司和过失人赔款的，计入"其他应收款"账户；扣除残料价值和应由保险公司、过失人赔款后的净损失，计入"管理费用"。借记"管理费用""原材料""其他应收款"账户，贷记"待处理财产损溢"账户。

（3）属于非常损失所造成的存货毁损，扣除保险公司赔款和残料价值之后，计入营业外支出。批准前，借记"待处理财产损溢"账户，贷记"原材料""库存商品"等账户；批准后，借记"营业外支出""原材料""其他应收款"账户，贷记"待处理财产损溢"账户。

二、存货减值业务

存货的初始计量虽然以成本记账，但存货进入企业以后可能发生价格下跌等情况，因此，在会计期末，存货的价值不一定按成本记录，而是应按成本与可变现净值孰低计量。《企业会计准则》规定：在资产负债表日，存货应当按照成本与可变现净值孰低法计量。

成本与可变现净值孰低法是指对期末存货按照成本与可变现净值两者之中较低者进行计价的方法。其中，成本是指期末存货的实际成本，如企业在存货成本的日常核算中采用计划成本法、售价金额核算法等简化核算方法，则成本为经调整后的实际成本。可变现净值是指在日常活动中，存货的估计售价减去至完工时估计将要发生的成本、估计的销售费用以及相关税费后的金额。可变现净值的特征表现为存货的预计未来净现金流量，而不是存货的售价或合同价。

当成本低于可变现净值时，存货按成本计价；当可变现净值低于成本时，存货按可变现净值计价。当存货成本高于其可变现净值时，表明存货可能发生损失，应在存货销售之前确认这一损失，计入当期损益，并相应减少存货的账面价值。以前减记存货价值的影响因素已经消失的，减记的金额应当予以恢复，并在原已计提的存货跌价准备金额内转回，转回的金额计入当期损益。

1. 可变现净值的确定

企业在确定存货的可变现净值时，应当以取得的确凿证据为基础，并且考虑持有存货的目的、资产负债表日后事项的影响等因素。存货可变现净值的确凿证据是指对确定存货的可变现净值有直接影响的确凿证明，如产成品或商品的市场销售价格、与产成品或商品相同或类似商品的市场销售价格、销货方提供的有关资料和生产成本资料等。企业持有存货的目的通常可以分为以下几种：一是持有以备出售，如商品、产成品，其中又分为有合同约定的存货和没有合同约定的存货；二是将在生产过程或提供劳务过程中耗用，如材料等。持有存货的目的不同，可变现净值的计算方法也不同。

（1）产成品、商品和用于出售的材料等直接用于出售的商品存货，在正常生产经营过程中，应当以该存货的估计售价减去估计的销售费用和相关税费后的金额来确定其可变现净值。

（2）需要经过加工的材料存货，在正常生产经营过程中，应当以所生产的产成品的估计售价减去至完工时估计将要发生的成本、估计的销售费用和相关税费后的金额来确定其可变现净值。

需要强调的是根据《企业会计准则第1号——存货》规定，在资产负债表日，为生产而持有的材料等，用其生产的产成品的可变现净值高于成本的，该材料仍然应当按照成本计量；材料价格下降，表明产成品的可变现净值低于成本的，该材料应当按照可变现净值计量。也就是说，材料存货在期末，通常按照成本计量，除非企业用其生产的产成品发生了跌价，并且该跌价是由材料本身的价格下跌引起的，才需要考虑计算材料存货的可变现净值，然后将该材料的可变现净值与成本进行比较，从而确定材料存货是否发生了跌价问题。

2. 成本与可变现净值的比较

（1）单项比较法，也称逐项比较法或个别比较法，是指对存货中每一项存货的成本与可变现净值逐项进行比较，每项存货均取较低者来确定存货的期末价值。

（2）分类比较法，指按存货类别比较其成本和可变现净值，每类存货取其较低者来确定存货的价值。

（3）总额比较法，也称综合比较法，是指按全部存货的总成本与可变现净值总额进行比较，以较低者作为期末全部存货的价值。

企业通常应当按照单个存货项目计提存货跌价准备。在这种方式下，企业应当将每个存货项目的成本与其可变现净值逐一进行比较，按较低者计量存货，并且按成本高于可变现净值的差额来计提存货跌价准备。如果某一类存货的数量繁多并且单价较低，那么企业可以按存货类别计量成本与可变现净值，即按存货类别的成本的总额与可变现净值的总额进行比较，每个存货类别均取较低者来确定存货期末价值。

3. 成本与可变现净值孰低法的账务处理

为了反映和监督存货跌价准备的计提转回和转销情况，企业应当设置"存货跌价准备"账户，贷方登记计提的存货跌价准备金额（存货可变现净值低于成本的差额），借方登记实际发生的存货跌价损失金额（冲减已计提跌价准备的金额）和转回的存货跌价准备金额（已计提跌价准备的存货价值以后又得以恢复的金额），期末余额一般在贷方，反映企业已计提但尚未转销的存货跌价准备。

资产负债表日，如果期末存货的成本低于可变现净值，则不需要做会计处理，资产负债表中的存货按期末账面的价值列示。

资产负债表日，如果期末存货的可变现净值低于成本，则必须确认当期的期末存货跌价损失，计提存货跌价准备。按存货可变现净值低于成本的差额，借记"资产减值损失——计提的存货跌价准备"账户，贷记"存货跌价准备"。

资产负债表日，已计提跌价准备的存货价值以后又得以恢复，应在原已计提的存货跌价准备金额内，按恢复增加的金额，借记"存货跌价准备"，贷记"资产减值损失——计提的存货跌价准备"账户。

企业结转存货销售成本时，对于已计提存货跌价准备的，应当一并结转，同时调整销售成本，借记"存货跌价准备"账户，贷记"主营业务成本""其他业务成本"账户。

【任务实施】

任务 3.5.1 以下为红星机械有限公司的会计处理流程。

（1）批准处理前，编制以下会计分录。

借：原材料	60 000
贷：待处理财产损溢——待处理流动资产损溢	60 000

（2）批准处理后，编制以下会计分录。

借：待处理财产损溢——待处理流动资产损溢	60 000
贷：管理费用	60 000

任务 3.5.2 以下为红星机械有限公司的会计处理流程。

（1）批准处理前，编制以下会计分录。

借：待处理财产损溢——待处理流动资产损溢	100 000
贷：原材料	100 000

（2）批准处理后，编制以下会计分录。

借：管理费用	113 000
贷：待处理财产损溢——待处理流动资产损溢	100 000
应交税费——应交增值税（进项税额转出）	13 000

任务 3.5.3 以下为红星机械有限公司的会计处理流程。

（1）2019 年年末，应计提的存货跌价准备为 10 000 元。

借：资产减值损失——计提存货跌价准备	10 000
贷：存货跌价准备	10 000

（2）假设 2020 年年末原材料的可变现净值为 285 000 元，则应计提的存货跌价准备为 5 000 元。

借：资产减值损失——计提存货跌价准备	5 000

贷：存货跌价准备　　　　　　　　　　　　　　　　　　　　　　5 000

（3）假设2021年年末原材料的可变现净值有所恢复，为293 000元，则应冲减计提的存货跌价准备为8 000元。

　　借：存货跌价准备　　　　　　　　　　　　　　　　　　　　　　8 000
　　　　贷：资产减值损失——计提存货跌价准备　　　　　　　　　　8 000

项目3 训练

项目四

固定资产业务核算

学习目标

知识目标

1. 了解固定资产的概念与分类。
2. 掌握固定资产的初始计量方法。
3. 掌握固定资产折旧的计算方法。
4. 掌握固定资产取得、后续计量、后续支出、减值与清查、处置业务的账务处理方法。

技能目标

1. 能正确识别和审核固定资产采购发票、运输费用凭证、保险单据、安装费用凭证、工程验收报告等业务单据。
2. 能根据固定资产取得业务、折旧业务、后续支出业务、处置及期末计价业务的原始凭证填制记账凭证，并根据记账凭证登记相应的明细账和总账。

知识链接

固定资产的确认与初始计量

固定资产是企业赖以生存的物质基础，是企业产生效益的源泉，关系到企业的运营与发展。企业科学管理和正确核算固定资产，有利于促进企业正确评估固定资产的整体情况、提高资产使用效率、降低生产成本、保护固定资产的安全完整、实现资产的保值增值、增强企业的综合竞争实力。

微课：固定资产概述

一、固定资产的确认

(一) 固定资产的概念和特征

在固定资产准则中，固定资产是指同时具有下列特征的有形资产：为生产商品、提供劳务、出租或经营管理而持有；使用寿命超过一个会计年度。从固定资产的定义看，固定资产具有以下特征：

第一，固定资产是为生产商品、提供劳务、出租或经营管理而持有。企业持有固定资产的目的是生产商品、提供劳务、出租或经营管理，这意味着，企业持有的固定资产是企业的劳动工具或手段，而不是直接用于出售的产品。其中，"出租"的固定资产指用以出租的机器设备类固定资产，不包括以经营租赁方式出租的建筑物；后者属于企业的投资性房地产，不属于固定资产。

第二，固定资产使用寿命超过一个会计年度。固定资产的使用寿命是指企业使用固定资产的预计期间，或者该固定资产所能生产产品或提供劳务的数量。通常情况下，固定资产的使用寿命是指使用固定资产的预计期间，如自用房屋建筑物的使用寿命或使用年限。某些机器设备或运输设备等固定资产，其使用寿命往往以该固定资产所能生产产品或提供劳务的数量来表示。例如，发电设备按其预计发电量来估计使用寿命，汽车或飞机等按其预计行驶里程来估计使用寿命。固定资产使用寿命超过一个会计年度，意味着固定资产属于非流动资产，其给企业带来的收益期超过一年，能在一年以上的时间里为企业创造经济效益，固定资产随着使用和磨损，通过计提折旧方式来逐渐减少账面价值。

（二）固定资产的确认条件

某一资产项目，如果作为固定资产加以确认，除需要符合固定资产的定义以外，还必须同时满足以下条件：

1. 与该固定资产有关的经济利益很可能流入企业

资产最重要的特征是预期能给企业带来经济利益，如果某一项资产预期不能给企业带来经济利益，就不能确认为企业的资产。如果某一固定资产包含的经济利益很可能流入企业，并同时满足固定资产确认的其他条件，那么企业应将其确认为固定资产。

在实务工作中，判断某项固定资产包含的经济利益是否很可能流入企业，主要依据是与该固定资产所有权相关的风险和报酬是否转移到了企业。通常，取得固定资产的所有权是判断与固定资产所有权相关的风险和报酬转移到企业的一个重要标志。凡是所有权已属于企业，无论企业是否收到或持有该固定资产，均应将其作为企业的固定资产；反之，如果没有取得所有权，即使存放在企业，也不能作为企业的固定资产。

所有权是否转移，不是判断与固定资产所有权相关的风险和报酬是否转移到企业的唯一标志。有时，企业虽然还没有取得固定资产的所有权，但与固定资产所有权相关的风险和报酬实质上已转移给企业，企业就能够控制该项固定资产所包含的经济利益。例如，融资租入固定资产，企业虽然不拥有该固定资产的所有权，但与固定资产所有权相关的风险和报酬实质上已转移到企业（承租方），此时，企业能够控制该固定资产所包含的经济利益，满足固定资产确认的第一个条件。

2. 该固定资产的成本能够可靠地计量

成本能够可靠地计量是确认资产的一项基本条件。固定资产作为企业资产的重要组成部分，要予以确认，为取得该固定资产而发生的支出也必须能够可靠地计量。如果固定资产的成本能够可靠地计量，并同时满足其他确认条件，就可以对固定资产加以确认；否则，企业不应该加以确认。

固定资产确认条件的具体运用：

企业在对固定资产进行确认时，应当按照固定资产定义和确认条件，考虑企业的具体情形来加以判断。

(1) 企业由于安全或环保的要求购入设备等属于固定资产。企业的环保设备和安全设备等资产，虽然不能直接为企业带来经济利益，却有助于企业从相关资产获得经济利益，也应当确认为固定资产。

(2) 固定资产的各组成部分如果具有不同的使用寿命或者以不同的方式提供经济利益，从而适用不同的折旧率或折旧方法，应分别确认为单项固定资产。例如飞机的电动机，如果其与飞机机身具有不同的使用寿命，适用不同折旧率或折旧方法，则企业应将其单独确认为一项固定资产。

(3) 对于工业企业所持有的工具、用具、备品备件、维修设备等资产，施工企业所持有的模板、挡板、架料等周转材料，尽管该类资产具有固定资产的某些特征，如使用期限超过一年，也能够带来经济利益，但由于数量多、单价低，考虑成本效益原则，在实务中通常确认为存货；但符合固定资产定义和确认条件的，如企业（民用航空运输）的高价周转件等，应确认为固定资产。

二、固定资产的分类

企业固定资产的种类繁多、规格不一，为加强管理，便于组织会计核算，有必要对其进行科学合理的分类。根据不同的管理需要和核算要求以及不同的分类标准，可以对固定资产进行不同的分类，主要有以下几种分类方法：

1. 固定资产按经济用途分类

固定资产按经济用途分类，可以分为生产经营用固定资产和非生产经营用固定资产。

(1) 生产经营用固定资产，是指直接服务于企业生产、经营过程的各种固定资产，如生产经营用的房屋、建筑物、机器、设备、器具、工具等。

(2) 非生产经营用固定资产，是指不直接服务于生产、经营过程的各种固定资产，如职工宿舍、食堂、浴室、理发室等使用的房屋、设备和其他固定资产等。

按照固定资产的经济用途分类，可以归类反映和监督企业生产经营用固定资产和非生产经营用固定资产之间，以及生产经营用各类固定资产之间的组成和变化情况，借以考核和分析企业固定资产的利用情况，促使企业合理地配置固定资产、发挥固定资产的作用，进而提高固定资产的使用效率。

2. 固定资产按使用情况分类

固定资产按使用情况分类，可以分为使用中固定资产、未使用固定资产和不需用固定资产。

(1) 使用中固定资产，是指正在使用中的生产经营用和非生产经营用固定资产。由于季节性或大修理等原因暂时停止使用的固定资产，仍属于企业使用中的固定资产；企业以经营租赁方式租给其他单位使用的固定资产也属于使用中固定资产。

(2) 未使用固定资产，是指已完工或已构建的、尚未交付使用的新增固定资产，以及因进行改建、扩建等原因暂时停止使用的固定资产。

(3) 不需用固定资产，是指本企业多余或不适用，需要调配处理的各种固定资产。

这种分类有利于合理使用固定资产，加强固定资产管理、处理和盘活固定资产。

3. 固定资产按经济用途和使用情况综合分类

固定资产按经济用途和使用情况综合分类，可以分为以下七类：

(1) 生产经营用固定资产。

（2）非生产经营用固定资产。

（3）租出固定资产，是指在经营性租赁方式下，租给其他单位并收取租金的固定资产。

（4）不需用固定资产。

（5）未使用固定资产。

（6）土地，是指过去已估价入账的土地。因征地而支付的补偿费，应计入与土地有关的房屋、建筑物的价值内，不单独作为土地价值入账。企业取得的土地使用权，应作为无形资产，而不作为固定资产。

（7）融资租入固定资产，是指企业按合同或协议以融资租赁方式租入的固定资产。在融资租赁期间，融资租入的固定资产应视同企业自有固定资产进行管理。

由于企业的经营性质不同，经营规模各异，对固定资产的分类不可能完全一致。在实际工作中，企业大多将综合分类的方法作为编制固定资产目录、进行固定资产核算的依据。

三、固定资产计量

固定资产的计量涉及初始计量和期末计量两个方面。其中，固定资产的初始计量是指固定资产取得的成本；固定资产的期末计量主要解决固定资产的期末计价问题。《企业会计准则——固定资产》规定，企业取得的固定资产应当按其成本入账。这里所指的成本，应包括企业为构建某项固定资产达到预定可使用状态前所发生的一切合理的、必要的支出。这些支出既有直接发生的，如固定资产的购买价款、运杂费、包装费和安装成本等，也有间接发生的，如应承担的借款利息等。由于固定资产的取得方式、途径不同，其成本的具体确定方法也不尽相同，固定资产初始计量方式自然也有所不同。

任务1　固定资产取得业务核算

微课：外购固定资产业务核算

微课：自行建造固定资产业务核算

【任务导入】

任务 4.1.1　红星机械有限公司 2019 年 4 月 15 日购入一台不需安装的设备，取得的增值税专用发票上注明买价为 50 000 元，增值税额为 6 500 元，另支付包装费并取得增值税专用发票，注明包装费为 1 000 元、税率为 6%、增值税税额为 60 元，款项全部以银行存款支付。

任务 4.1.2　红星机械有限公司于 2019 年 4 月 18 日购入一批需要安装的设备，增值税发票注明价款为 150 000 元，增值税税额 19 500 元，在安装过程中，支付安装费并取得增值税专用发票，注明安装费为 5 000 元，税率为 9%，增值税税额为 450 元，款项均以银行存款支付。4月26日设备安装完毕，交付使用。

任务4.1.3 红星机械有限公司于2019年4月20日一次性购入甲、乙两套不需要安装的设备，增值税发票注明价款总额为3 000 000元、增值税额390 000元，另支付运费90 000元、增值税税额8 100元，款项均以银行存款支付。其中，甲设备的公允价值为1 100 000元，乙设备的公允价值为2 200 000元。

任务4.1.4 红星机械有限公司2019年4月拟自行建造厂房一幢，发生下列经济业务：

（1）4月8日购入工程用材料一批，买价300 000元，增值税专用发票上注明的增值税进项税额为39 000元，款项已由银行存款支付。

（2）4月12日领用工程材料250 000元。

（3）4月12日领用生产用原材料一批，实际成本为20 000元。

（4）结算工程工人工资60 000元。

（5）4月25日工程完工交付使用。

（6）未领用工程物资转作原材料入库。

要求：红星机械有限公司根据以上业务进行账务处理。

【知识准备】

一、账户设置

固定资产取得业务核算需要设置的账户有以下几个：

（1）"固定资产"账户。该账户核算企业固定资产的原始价值。本账户属于资产类账户，借方登记企业增加的固定资产的原始价值，贷方登记企业减少的固定资产的原始价值，期末借方余额反映企业现有固定资产的原始价值。该账户应当设置"固定资产登记簿"和"固定资产卡片"，按固定资产类别、使用部门和每项固定资产进行明细核算。

（2）"在建工程"账户。该账户核算企业进行各项工程（固定资产的新建、更新改造等工程）所发生的实际支出。本账户属于资产类账户，借方登记企业各项工程建设所发生的实际支出，贷方登记完工工程转出的成本，期末借方余额反映企业尚未达到预定可使用状态的在建工程的成本。

（3）"工程物资"账户。该账户核算企业为在建工程准备的各种物资的实际成本。本账户属于资产类账户，借方登记企业购入工程物资的成本，贷方登记领用工程物资的成本，期末借方余额反映企业为在建工程准备的尚未使用的各种物资的成本。

二、固定资产取得业务核算

固定资产取得时，按成本进行初始计量。由于固定资产的取得方式、途径不同，其成本的具体确定方法也不尽相同。企业固定资产增加的途径主要有外购、自行建造、投资者投入、融资租入、接受捐赠、盘盈等。

（一）外购固定资产的核算

企业外购的固定资产的入账价值，应按实际支付的购买价款、相关税费、使固定资产达到预定可使用状态前所发生的可归属于该项资产的运输费、装卸费、安装费、专业人员服务费等，作为固定资产的取得成本。其中，相关税费不包括按照现行增值税制度规定，可以从销项税额中抵扣的增值税进项税额等。

增值税一般纳税人购进或者自制固定资产发生的进项税额，以及支付运费发生的进项税额，可根据《增值税暂行条例》和《增值税暂行条例实施细则》的有关规定，凭增值税专用发票、海关增值税专用缴款书，从销项税额中抵扣。

以一笔款项购入多项没有单独标价的固定资产，应当按照各项固定资产的公允价值比例对总成本进行分配，分别确定各项固定资产的入账价值。

外购固定资产可分为购入不需要安装的固定资产和购入需要安装的固定资产两类。

1. 购入不需要安装的固定资产

企业作为增值税一般纳税人，购入不需安装的固定资产是指企业购入的固定资产不需要安装就可以直接交付使用。企业购入不需要安装的机器设备、管理设备等动产时，应按实际支付的价款，使固定资产达到预定可使用状态前所发生的可归属于该项资产的运输费、装卸费和专业人员服务费等，作为固定资产的成本，借记"固定资产"账户。取得增值税专用发票、海关完税证明或公路发票等增值税扣税凭证，并经税务机关认证可以抵扣的，借记"应交税费——应交增值税（进项税额）"账户，按实际支付的款项，贷记"银行存款"等账户。

2. 购入需要安装的固定资产

购入需要安装的固定资产是指购入的固定资产需要经过安装以后才能交付使用。固定资产在安装完毕交付使用前均应通过"在建工程"账户核算，待安装完毕交付使用时，再由"在建工程"账户转入"固定资产"账户。

（1）企业购入固定资产时，应按实际支付的买价、相关税金、包装费、运输费等，借记"在建工程"账户，按实际支付的增值税进项税额，借记"应交税费——应交增值税（进项税额）"账户，按实际支付的款项，贷记"银行存款"等账户。

（2）在安装过程中，按支付的安装调试费用，借记"在建工程"账户，按取得的外部单位提供的增值税专用发票上注明的增值税进项税额，借记"应交税费——应交增值税（进项税额）"账户，贷记"银行存款"等账户；耗用了本单位的材料或人工的，应按承担的成本金额，借记"在建工程"账户，贷记"原材料""应付职工薪酬"等账户。

（3）安装完成达到预定可使用状态时，由"在建工程"账户转入"固定资产"账户，借记"固定资产"账户，贷记"在建工程"账户。

企业作为增值税小规模纳税人，购入固定资产发生增值税进项税的，应计入固定资产成本，借记"固定资产"或"在建工程"账户，不通过"应交税费——应交增值税"账户核算。

（二）自行建造固定资产

企业自行建造的固定资产是指企业通过自己的力量或通过招标方式将工程承包给建筑商建造的固定资产。企业自行建造的固定资产应当将建造该项资产达到预定可使用状态前所发生的实际全部支出，作为入账价值。

自行建造固定资产需通过"在建工程"账户核算，当所建造的固定资产达到预定可使用状态时，再从"在建工程"账户转入"固定资产"账户。企业自行建造的固定资产，按建造方式不同分为自营工程和出包工程，企业采用的建造方式不同，其会计处理也不一样。

1. 自营工程

自营工程是指企业自行组织工程物资采购、自行组织施工人员施工的建筑工程和安装工程。自营建造的固定资产的入账价值，按照建造该项固定资产达到预定可使用状态前所发生的必要支出确定，包括直接材料、直接人工、直接机械施工费等。自营工程主要通过"工程物资"和"在建工程"账户进行核算。

（1）购入工程物资的核算。

企业购入为工程准备的各种物资，应按实际成本，借记"工程物资"账户，按已认证的增值税专用发票上注明的税额，借记"应交税费——应交增值税（进项税额）"账户，按实际支付或应支付的金额，贷记"银行存款""应付账款"等账户。

（2）固定资产建造过程的核算。

企业自营的在建工程领用工程用物资时，按实际成本借记"在建工程——××工程"账户，贷记"工程物资"账户。

在建工程领用本企业原材料的，按原材料的实际成本，借记"在建工程——××工程"账户，按原材料的实际成本或计划成本，贷记"原材料"账户，采用计划成本核算原材料的，还应分摊材料成本差异，借记或贷记"材料成本差异"账户。

在建工程领用本企业的商品、产品时，按商品、产品的成本借记"在建工程——××工程"账户，按商品、产品的成本贷记"库存商品"账户。

在建工程应负担的职工薪酬，借记"在建工程——××工程"账户，贷记"应付职工薪酬"账户。

企业辅助生产部门为工程提供的水、电和设备安装、修理运输等劳务，应按月根据实际成本，借记"在建工程——××工程"账户，贷记"生产成本——辅助生产成本"等账户。

建设期间发生的工程物资盘亏、报废及毁损，减去残料价值以及保险公司、过失人等赔款后的净损失，计入所建工程项目的成本，借记"在建工程——××工程"账户，贷记"工程物资"账户；盘盈的工程物资或处置净收益，冲减所建工程项目的成本，做相反的会计分录。非建设期间发生的工程物资盘亏、报废及毁损净损失，分两种情况进行处理：处于企业筹建期，经过批准后将净损失计入管理费用；处于企业非筹建期间，经过批准后将净损失计入营业外支出。

工程完工，已领出的剩余物资应办理退库手续，借记"工程物资"账户，贷记"在建工程——××工程"账户。固定资产建设完工后，剩余的工程物资应转为存货核算。

（3）自营工程完工达到预定可使用状态时，企业应按其成本，借记"固定资产"账户，贷记"在建工程"账户。

2. 出包工程

出包工程是指企业通过招标方式将工程项目发包给建造承包商，由建造承包商组织施工的建筑工程和安装工程。采用出包方式建造固定资产，企业要与建造承包商签订建造合同。企业的新建、改建等建设项目，通常均采用出包方式。出包方式下，企业是建造合同的甲方，负责筹集资金和组织管理工程建设，通常成为建设单位；建造承包商是建造合同的乙方，负责建筑安装工程施工任务。

企业以出包方式建造固定资产，其成本由建造该固定资产达到预定可使用状态前所发生的必要支出构成，包括发生的建筑工程支出、安装工程支出以及需分摊计入各项固定资产价值的待摊支出。待摊支出是指在建设期间发生的、不能直接计入某项固定资产价值、而应由所建造固定资产共同负担的相关费用，包括为建造工程发生的管理费、可行性研究费、临时设施费、公证费、监理费、应负担的税金、符合资本化条件的借款费用、负荷联合试车费等。

企业采用出包方式进行的固定资产工程，其工程的具体支出主要由建造承包商核算，在这种方式下，"在建工程"账户主要是反映企业与建造承包商办理工程价款结算的情况，企业支付给建造承包商的工程价款作为工程成本，通过"在建工程"账户核算。

在建工程达到预定可使用状态时，需分摊计入固定资产价值的待摊支出，应按下列公式进行分摊：

待摊支出分配率 = 累计发生的待摊支出/(建筑工程支出 + 安装工程支出) ×100%

××工程应分配的待摊支出 = (××工程的建筑工程支出 + ××工程的安装工程支出) ×分配率

企业按合理估计的发包工程进度和合同规定向建造承包商结算的进度款，以及由对方开具增值税专用发票，按增值税专用发票上注明的价款，借记"在建工程"账户，按增值税专用发票上注明的增值税进项税额，借记"应交税费——应交增值税（进项税额）"账户，按应实际支付的金额，贷记"银行存款"账户。工程达到预定可使用状态时，按其成本，借记"固定资产"账户，贷记"在建工程"账户。

（三）投资者投入的固定资产

接受固定资产投资的企业，在办理了固定资产移交手续之后，应将协议约定的价值加上应支付的相关税费作为固定资产的入账价值，但合同或协议约定价值不公允的除外。

【任务实施】

任务4.1.1 购入不需安装的设备时，根据增值税专用发票等，编制以下会计分录。

借：固定资产	51 000
应交税费——应交增值税（进项税额）	6 560
贷：银行存款	57 560

任务4.1.2 红星机械有限公司进行以下会计处理。

（1）购入设备，编制以下会计分录。

借：在建工程	150 000
应交税费——应交增值税（进项税额）	19 500
贷：银行存款	169 500

发生安装费。

借：在建工程	5 000
应交税费——应交增值税（进项税额）	450

贷：银行存款 5 450

（2）设备安装完毕交付使用，编制以下会计分录。

借：固定资产 155 000
　　贷：在建工程 155 000

任务 4.1.3 红星机械有限公司进行以下会计处理。

（1）确定甲、乙两套不需要安装的运输设备的总成本。

$$3\,000\,000 + 90\,000 = 3\,090\,000（元）$$

（2）确定甲、乙两套运输设备的入账价值。

甲设备的入账价值 = $1\,100\,000 \div (1\,100\,000 + 2\,200\,000) \times 3\,090\,000 = 1\,030\,000$（元）

乙设备的入账价值 = $2\,200\,000 \div (1\,100\,000 + 2\,200\,000) \times 3\,090\,000 = 2\,060\,000$（元）

（3）2019 年 4 月 20 日，购入甲、乙两套不需要安装的运输设备。

借：固定资产——甲设备 1 030 000
　　　　　　——乙设备 2 060 000
　　应交税费——应交增值税（进项税额） 401 700
　　贷：银行存款 3 491 700

任务 4.1.4 红星机械有限公司进行以下会计处理。

（1）4 月 8 日，购入工程用材料。

借：工程物资 300 000
　　应交税费——应交增值税（进项税额） 39 000
　　贷：银行存款 339 000

（2）4 月 12 日，领用工程材料时。

借：在建工程 250 000
　　贷：工程物资 250 000

（3）4 月 12 日，领用生产用原材料时。

借：在建工程 20 000
　　贷：原材料 20 000

（4）结算工程工人工资。

借：在建工程 60 000
　　贷：应付职工薪酬 60 000

（5）4 月 25 日，工程完工交付使用。

借：固定资产 330 000
　　贷：在建工程 330 000

（6）未领用工程物资转作原材料入库。

借：原材料 50 000
　　贷：工程物资 50 000

【典型任务举例】

任务 4.1.5 振兴机械有限公司为增值税一般纳税人，2019 年 7 月 1 日将建造仓库的工程出包给乙公司（增值税一般纳税人），按合理估计的发包工程进度和合同规定向乙公司结算进度款并取得乙公司开来的增值税专用发票，注明工程款为 200 000 元，税率为

9%，增值税税额为 20 000 元。2019 年 9 月 1 日，工程完工后，收到乙公司有关工程结算款并取得乙公司开来的增值税专用发票，注明工程款为 100 000 元，税率为 9%，增值税税额为 9 000 元。工程完工达到预定可使用状态。

振兴机械有限公司应编制以下会计分录：

（1）按合理估计的发包工程进度和合同规定向乙公司结算进度。

借：在建工程　　　　　　　　　　　　　　　　　　　　200 000
　　应交税费——应交增值税（进项税额）　　　　　　　 18 000
　　贷：银行存款　　　　　　　　　　　　　　　　　　　218 000

（2）补付工程价。

借：在建工程　　　　　　　　　　　　　　　　　　　　100 000
　　应交税费——应交增值税（进项税额）　　　　　　　　9 000
　　贷：银行存款　　　　　　　　　　　　　　　　　　　109 000

（3）工程完工交付使用。

借：固定资产　　　　　　　　　　　　　　　　　　　　300 000
　　贷：在建工程——建筑工程（仓库工程）　　　　　　　300 000

任务 2　固定资产折旧业务核算

微课：固定资产折旧计算

微课：固定资产折旧业务核算

【任务导入】

任务 4.2.1　红星机械有限公司有一仓库，原值 800 000 元，预计可使用 20 年，预计净残值率为 4%，用直线法分别计算该仓库的年折旧额、年折旧率、月折旧率、月折旧额。

任务 4.2.2　红星机械有限公司有运输卡车一辆，原值 200 000 元，预计行程 30 万公里，预计净残值为 5 000 元，本月行驶 1 000 公里，用工作量法计算卡车本月折旧额。

任务 4.2.3　红星机械有限公司某项固定资产原值为 25 000 元，预计折旧年限为 5 年，预计净残值率为 4%，预计净残值为 1 000 元，用双倍余额递减法计算年折旧率及年折旧额。

任务 4.2.4　红星机械有限公司一项固定资产的原价为 100 000 元，预计使用年限 5 年，预计净残值率为 4%，预计净残值 4 000 元，按年数总和法计算年折旧额。

任务 4.2.5　红星机械有限公司 2019 年 8 月 31 日计提本月固定资产折旧，编制"固定资产折旧计算表"，如表 4-1 所示。

表 4–1　固定资产折旧计算表　　2019 年 8 月

使用部门		上月折旧额/元	上月增加固定资产应计提折旧额/元	上月减少固定资产应计提折旧额/元	本月折旧额/元
生产部门	生产用	238 000	3 000	5 000	236 000
	管理用	29 000	4 000		33 000
	合计	267 000	7 000	5 000	269 000
行政管理部门		65 000		3 000	62 000
出租		5 000			5 000
总计		337 000	7 000	8 000	336 000

要求：红星机械有限公司根据以上业务进行账务处理。

【知识准备】

一、固定资产折旧概述

（一）固定资产折旧的概念

固定资产折旧简称"折旧"，是指在固定资产使用寿命内，按照确定的方法对应计折旧额进行系统分摊。应计折旧额是指应当计提折旧的固定资产的原价扣除预计净残值后的余额，如果已对固定资产计提减值准备，还应当扣除已计提的固定资产减值准备累计金额。企业应当根据固定资产的性质和使用情况，合理确定固定资产的使用寿命和预计净残值。固定资产的使用寿命、预计净残值一经确定，不得随意变更。

固定资产在使用过程中，由于不断地发生损耗，其价值会逐渐转移到产品成本或有关费用中。固定资产折旧是指固定资产在使用期限内因不断地发生损耗，而逐渐转移到产品成本或有关费用中的那部分价值。在固定资产折旧的过程中，企业占用固定资产形态上的资金因固定资产价值的逐步转移而不断减少，并以折旧方式转化为成本费用和随着收入的实现得到补偿。

固定资产的损耗分为有形损耗和无形损耗两种。有形损耗又称物质损耗或物质磨损，是指固定资产由于使用发生的物质磨损或自然力的影响，受到物理、化学或自然力等因素的作用而逐渐发生的一定程度的损耗或磨损，如设备使用中发生的磨损、房屋建筑物受到的自然侵蚀等。无形损耗是指由于社会劳动生产率的提高、科学技术的发明和发现，使原有机器设备变得很不经济，不得不提前退废，从而引起的价值损失。随着科学技术的迅猛发展，固定资产的无形损耗将更为明显。

（二）影响固定资产折旧的因素

影响折旧的因素主要有以下几个方面：

（1）固定资产的原值，是指固定资产的成本，是固定资产的入账价值。在固定资产的整个使用期内，应将固定资产取得时发生的原始成本通过计提折旧的方法，从各期收入中收回，以实现固定资产价值的补偿和实物的更新。

（2）固定资产的预计净残值，是指固定资产废弃时的预计残值扣除预计处置费用后的金额。净残值是在固定资产报废时对固定资产支出的一种价值回收,将固定资产原值减去报废时预计的净残值,即为固定资产在整个使用期间的应计折旧额。

(3) 固定资产减值准备,是指固定资产已计提的固定资产减值准备累计金额。

(4) 固定资产的使用寿命,是指企业使用固定资产的预计期间,或者该固定资产所能生产产品或提供劳务的数量。企业确定固定资产使用寿命时应当考虑下列因素:该项资产预计生产能力或实物产量;该项资产预计有形损耗,如设备使用中发生磨损、房屋建筑物受到自然侵蚀等;该项资产预计无形损耗,如因新技术的出现而使现有的资产技术水平相对陈旧、市场需求变化使产品过时等;法律或者类似规定对该项资产使用的限制。

(三) 固定资产折旧的范围

除以下情况外,企业应对所有固定资产计提折旧:

(1) 已提足折旧仍继续使用的固定资产。

(2) 按规定单独估价作为固定资产入账的土地。

在确定固定资产折旧范围时要注意以下几点:

(1) 企业应按月提取折旧,当月增加的固定资产,当月不计提折旧,从下月起计提折旧;当月减少的固定资产,当月照提折旧,从下月起不计提折旧。

(2) 固定资产提足折旧后,不论能否继续使用,均不再提取折旧;提前报废的固定资产也不再补提折旧。所谓提足折旧,是指已经提足该项固定资产的应计折旧额。

(3) 已达到预定可使用状态但尚未办理竣工决算的固定资产,应当按照估计价值确定其成本,并计提折旧;待办理竣工决算后,再按实际成本调整原来的暂估价值,但不需要调整原已计提的折旧额。

(4) 处于更新改造过程中停止使用的固定资产,应将其账面价值转入在建工程不计提折旧。更新改造项目达到预定可使用状态转入固定资产后,再按照重新确定的折旧方法和该固定资产尚可使用寿命计提折旧。

(5) 以融资租赁方式租入的固定资产和以经营租赁方式租出的固定资产,应当计提折旧;以融资租赁方式租出的固定资产和以经营租赁方式租入的固定资产,不应计提折旧。融资租入的固定资产,应当采用与自有应计提折旧资产相一致的折旧政策。确定租赁资产的折旧期间,应以租赁合同而定。能够合理确定租赁期届满时将会取得租赁资产所有权的,应以租赁期开始日租赁资产的使用寿命为折旧期间;无法合理确定租赁期届满后承租人是否能够取得租赁资产所有权的,应当以租赁期与租赁资产使用寿命两者中较短者为折旧期间。

(四) 固定资产使用寿命、预计净残值和折旧方法的复核

企业至少应当于每年年度终了,对固定资产的使用寿命、预计净残值和折旧方法进行复核。其中,使用寿命预计数与原先估计数有差异的,应当调整固定资产使用寿命;预计净残值预计数与原先估计数有差异的,应当调整预计净残值;与固定资产有关的经济利益,预期实现方式有重大改变的,应当改变固定资产折旧方法。

固定资产使用寿命、预计净残值和折旧方法的改变,应当作为会计估计变更进行会计处理。

(五) 固定资产折旧方法

企业应当根据与固定资产有关的经济利益的预期实现方式,合理选择固定资产的折旧

方法。可选用的折旧方法包括年限平均法、工作量法、双倍余额递减法和年数总和法等。其中，年限平均法和工作量法为直线法折旧；年数总和法和双倍余额递减法为加速折旧法。折旧方法一经选择不得随意变更。

1. 年限平均法

年限平均法又称直线法，是根据固定资产的原值，预计净残值或净残值率和规定的预计使用年限，平均计算各期应提固定资产折旧额的一种方法。这种方法最大的特点是，每期计算的折旧额是相等的、不变的，折旧额表现为一条直线。年限平均法的计算公式为：

$$年折旧额 = (固定资产原始价值 - 预计净残值) \div 预计使用年限$$

或者

$$年折旧额 = 固定资产原始价值 \times (1 - 预计净残值率) \div 预计使用年限$$

$$预计净残值率 = 预计净残值额 \div 固定资产原始价值 \times 100\%$$

$$月折旧额 = 年折旧额 \div 12$$

在实际工作中，通常以折旧率这个相对数来反映固定资产在单位时间的折旧程度，每月计提的折旧额是根据固定资产原值乘以月折旧率计算的。其计算公式为：

$$固定资产年折旧率 = 固定资产年折旧额 \div 固定资产原值 \times 100\%$$

或者

$$年折旧率 = (1 - 预计净残值率) \div 预计使用年限 \times 100\%$$

$$月折旧率 = 年折旧率 \div 12$$

$$月折旧额 = 固定资产原价 \times 月折旧率$$

使用年限平均法的优点是计算比较简便，各期对会计利润的影响相同；缺点是没有考虑固定资产的有效使用损耗不均衡的情况。这种方法适用于固定资产在各个使用期间的磨损较均衡的情况。

2. 工作量法

工作量法是根据实际工作量计算固定资产每期应计提折旧额的一种方法。其计算公式为：

$$单位工作量折旧额 = [固定资产原价 \times (1 - 预计净残值率)] \div 预计总工作量$$

$$某项固定资产月折旧额 = 该项固定资产当月工作量 \times 单位工作量折旧额$$

采用工作量法的优点是固定资产的折旧额与其磨损程度相符，因而分摊较为合理；缺点是只注重固定资产的使用程度，而忽略了其自然侵蚀的影响。这种方法适用于固定资产在各个使用期间的磨损程度不均衡的情况。一般适用于企业车队的客、货运汽车及企业大型设备等的折旧计算。

3. 双倍余额递减法

双倍余额递减法是指在不考虑固定资产预计净残值的情况下，根据每期期初固定资产原价减去累计折旧后的金额和双倍的直线法折旧率计算固定资产折旧的一种方法。应用这种方法计算折旧额时，由于每年年初固定资产账面净值没有扣除预计净残值，因此在计算固定资产折旧额时，应在其折旧年限到期前两年内，将固定资产账面净值扣除预计净残值后的余额平均摊销。其计算公式如下：

$$年折旧率 = 2 \div 预计使用寿命(年) \times 100\%$$

年折旧额 = 每个折旧年度年初固定资产账面净值 × 年折旧率

月折旧额 = 年折旧额 ÷ 12

需要注意的是，这里的折旧年度是指"以固定资产开始计提折旧的月份为始计算的一个会计年度"，如某公司4月取得某项固定资产，其折旧年度为从5月至第二年4月的期间。

4. 年数总和法

年数总和法又称年限合计法，是指将固定资产的原价减去预计净残值后的余额，乘以一个逐年递减的分数计算的折旧额，这个分数的分子代表固定资产尚可使用寿命，分母代表固定资产预计使用寿命逐年数字之和。其计算公式如下：

年折旧率 = 尚可使用寿命 ÷ 预计使用寿命的年数总和 × 100%

尚可使用寿命 = 预计使用寿命 – 已使用年限

年折旧额 = (固定资产原价 – 预计净残值) × 年折旧率

月折旧额 = 年折旧额 ÷ 12

这种方法的特点是计算折旧的基数不变，而折旧率随着使用年数增加而逐年下降。因此，各年的折旧额是逐渐递减的。

二、固定资产折旧的核算

为了核算固定资产的折旧业务，企业应设置"累计折旧"账户，核算企业固定资产的累计折旧额。本账户属于资产类账户，贷方登记企业计提的固定资产折旧，借方登记处置固定资产转出的累计折旧，期末贷方余额反映固定资产累计折旧额。

企业应当按月计提折旧，企业每月计提固定资产折旧时，应根据固定资产用途计入相关资产成本或者当期损益。对于企业基本生产车间使用的固定资产，其计提折旧应计入制造费用；对于企业行政管理部门使用的固定资产，其计提折旧应计入管理费用；对于销售部门所使用的固定资产，其计提折旧应计入销售费用账户；对于企业自行建造过程中使用的固定资产，其计提折旧应计入在建工程；对于经营租出固定资产，其计提折旧应计入其他业务成本。

企业计提固定资产折旧时，借记"制造费用""管理费用""销售费用""在建工程""其他业务成本"等账户，贷记"累计折旧"账户。

计提固定资产折旧要编制"固定资产折旧计算表"，其计算公式为：

本月应计提折旧 = 上月计提折旧额 + 上月增加固定资产应计折旧额 –
上月减少固定资产应计折旧额

【任务实施】

任务4.2.1 计算如下：

年折旧额 = 800 000 × (1 – 4%)/20 = 38 400(元)

年折旧率 = 38 400/800 000 × 100% = 4.8% = (1 – 4%)/20 × 100% = 4.8%

月折旧率 = 4.8%/12 = 0.4%

月折旧额 = 800 000 × 0.4% = 3 200(元)

任务4.2.2 计算如下：

单位里程折旧额 = (200 000 - 5 000) ÷ 300 000 = 0.65(元/里①)
本月折旧额：　　　　　　0.65 × 1 000 = 650(元)

任务 4.2.3 用双倍余额递减法来计算年折旧率及年折旧额。

年折旧率 = 2 ÷ 5 × 100% = 40%

双倍余额递减法下计算的每年应计提折旧额如表 4-2 所示。

表 4-2 双倍余额递减法下固定资产折旧计算表

年份	年折旧率/%	年折旧额/元	账面净值/元	累计折旧/元
第一年	40	10 000 (25 000 × 40%)	15 000 (25 000 - 10 000)	10 000
第二年	40	6 000 (15 000 × 40%)	9 000 (15 000 - 6 000)	16 000
第三年	40	3 600 (9 000 × 40%)	5 400 (9 000 - 3 600)	19 600
第四年		2 200 [(5 400 - 1 000) ÷ 2]	3 200 (5 400 - 2 200)	21 800
第五年		2 200 [(5 400 - 1 000) ÷ 2]	1 000 (3 200 - 2 200)	24 000

在本例中，应在固定资产折旧年限到期前两年内，将固定资产账面净值 5 400 元扣除预计净残值 1 000 元后的余额 4 400 元在两年内平均摊销。

任务 4.2.4 按年数总和法计算年折旧额。

年数总和法下计算的每年应计提折旧额如表 4-3 所示。

表 4-3 年数总和法下固定资产折旧计算表

年份	折旧率	年折旧额/元	账面净值/元	累计折旧/元
第一年	5/15	32 000 [(100 000 - 4 000) × 5/15]	68 000	32 000
第二年	4/15	25 600 [(100 000 - 4 000) × 4/15]	42 400	57 600
第三年	3/15	19 200 [(100 000 - 4 000) × 3/15]	23 200	76 800
第四年	2/15	12 800 [(100 000 - 4 000) × 2/15]	10 400	89 600
第五年	1/15	6 400 [(100 000 - 4 000) × 1/15]	4 000	96 000

任务 4.2.5 根据固定资产折旧计算表编制以下会计分录。

借：制造费用　　　　　　　　　　　　　　　　269 000
　　管理费用　　　　　　　　　　　　　　　　 62 000
　　其他业务成本　　　　　　　　　　　　　　　5 000
　　贷：累计折旧　　　　　　　　　　　　　　　　　　336 000

任务 3　固定资产后续支出业务核算

【任务导入】

任务 4.3.1 红星机械有限公司有一生产线，2016 年 12 月建成并投入使用，建造成

---
① 1 里 = 500 米。

本为 500 000 元，采用年限平均法计提折旧，预计该生产线的使用寿命为 5 年，预计净残值率为原值的 3%。2019 年 1 月 1 日，公司为满足生产发展的需要，决定对该生产线进行扩建以提高其生产能力。扩建用时 3 个月，共发生支出 240 000 元，增值税税额为 31 200 元，全部用银行存款支付并取得增值税专用发票。改扩建后的生产线预计尚可使用 6 年，预计净残值率为扩建后该生产线账面价值的 3%，折旧方法仍为年限平均法。

微课：固定资产后续支出业务核算

任务 4.3.2 红星机械有限公司在 2019 年 10 月 24 日，对现有的一台生产设备进行日常修理，修理过程中领用一批原材料，价值 10 000 元，发生应支付维护人员的工资为 15 000 元。

要求：红星机械有限公司根据以上业务进行账务处理。

【知识准备】

固定资产的后续支出是指固定资产在使用过程中发生的更新改造支出、修理费用等。企业的固定资产投入使用后，为了适应新技术发展的需要，或者为了维护或提高固定资产的使用效能，往往需要对现有的固定资产进行维护、改建、扩建或者改良，这些支出就是固定资产的后续支出。固定资产的后续支出通常包括固定资产在使用过程中发生的日常修理费、大修理费、更新改造支出、房屋的装修费等。

后续支出的处理原则为：固定资产的更新改造等后续支出，满足固定资产确认条件的（即与该资产有关的经济利益很可能流入企业，该固定资产的成本能够可靠地计量），应当计入固定资产成本，如有被替换的部分，则应同时将被替换部分的账面价值从该固定资产原账面价值中扣除；不满足固定资产确认条件的固定资产修理费用等，应当在发生时计入当期损益。

一、资本化的后续支出

固定资产发生可资本化的后续支出，应当通过"在建工程"账户核算。固定资产发生可资本化的后续支出时，企业一般应将该固定资产的原价、已计提的累计折旧和减值准备转销，将固定资产的账面价值转入在建工程，借记"在建工程""累计折旧""固定资产减值准备"等账户，贷记"固定资产"账户。发生的资本化的后续支出，借记"在建工程"账户，发生的后续支出取得增值税专用发票的，按增值税专用发票上注明的增值税进项税额，借记"应交税费——应交增值税（进项税额）"账户，按实际支付的金额，贷记"银行存款"账户。在固定资产发生的后续支出完工并达到预定可使用状态时，再从在建工程转为固定资产，借记"固定资产"账户，贷记"在建工程"账户，并按重新确定的使用寿命、预计净残值和折旧方法计提折旧。

企业发生的一些固定资产后续支出可能涉及替换原固定资产的某组成部分，当发生的后续支出符合固定资产确认条件时，应将其计入固定资产成本，同时将被替换部分的账面价值扣除。这样可以避免将替换部分的成本和被替换部分的成本同时计入固定资产成本，导致固定资产成本重复计算。企业对固定资产进行定期检查发生的大修理费用，有确凿证据表明符合固定资产确认条件的部分，可以计入固定资产成本；不符合固定资产的确认条件的应当费用化，计入当期损益。固定资产在定期大修理间隔期间，照提折旧。

企业以经营租赁方式租入的固定资产发生的改良支出,应予资本化,作为长期待摊费用,并在剩余租赁期与租赁资产尚可使用年限二者中较短的时间内,采用合理的方法进行摊销。

二、费用化的后续支出

一般情况下,固定资产投入使用之后,由于固定资产磨损、各组成部分耐用程度不同,可能导致固定资产的局部损坏,为了维护固定资产的正常运转和使用,充分发挥其使用效能,企业将对固定资产进行必要的维护。固定资产的日常维护支出通常不满足固定资产的确认条件,应当在发生时直接计入当期损益。与固定资产有关的修理费用等后续支出,不符合固定资产确认条件的,应当根据不同情况分别在发生时计入当期管理费用或销售费用。

企业生产车间(部门)和行政管理部门等发生的固定资产修理费用及其可抵扣的进项税额,借记"管理费用""应交税费——应交增值税(进项税额)"账户,贷记"银行存款"等账户;企业专设销售机构发生的不可资本化的后续支出,如发生的固定资产日常修理费用及其可抵扣的增值税进项税额,应借记"销售费用""应交税费——应交增值税(进项税额)"账户,贷记"银行存款"等账户。

【任务实施】

任务 4.3.1 任务分析:固定资产的改扩建支出属于可资本化的后续支出,固定资产发生的可资本化的后续支出通过"在建工程"账户核算。

(1) 2017 年 1 月 1 日至 2018 年 12 月 31 日两年间,该生产线每年应计提的折旧额为 97 000 元,每月提取折旧 8 083.33 元。两年中,每月月末计提折旧,根据固定资产折旧计算表,编制会计分录如下。

借:制造费用　　　　　　　　　　　　　　　　　8 083.33
　　贷:累计折旧　　　　　　　　　　　　　　　　　　8 083.33

(2) 2019 年 1 月 1 日,该生产线的账面价值为 306 000(500 000 - 97 000 × 2)元,该生产线转入扩建时,根据停工单,编制以下会计分录。

借:在建工程　　　　　　　　　　　　　　　　　306 000
　　累计折旧　　　　　　　　　　　　　　　　　194 000
　　贷:固定资产　　　　　　　　　　　　　　　　　500 000

(3) 发生扩建支出时,根据结算单、增值税专用发票,编制以下会计分录。

借:在建工程　　　　　　　　　　　　　　　　　240 000
　　应交税费——应交增值税(进项税额)　　　　　 31 200
　　贷:银行存款　　　　　　　　　　　　　　　　　271 200

(4) 扩建工程达到预定可使用状态,后续支出全部资本化后的生产线的账面价值为 546 000 元,转为固定资产。根据固定资产验收单,编制以下会计分录。

借:固定资产　　　　　　　　　　　　　　　　　546 000
　　贷:在建工程　　　　　　　　　　　　　　　　　546 000

(5) 扩建后的生产线的年折旧额为 88 270 元,月折旧额为 7 355.83 元。以 2019 年 4 月开始每月月末计提折旧时,根据固定资产折旧计算表,编制以下会计分录。

借：制造费用 7 355.83
　　贷：累计折旧 7 355.83

任务 4.3.2 任务分析：固定资产的日常修理属于费用化的后续支出。固定资产的日常修理费用在发生时应直接计入当期损益。根据领料单、职工薪酬结算表，编制以下会计分录。

借：管理费用 25 000
　　贷：原材料 10 000
　　　　应付职工薪酬——工资 15 000

【典型任务举例】

任务 4.3.3 2019 年 7 月 1 日，振兴公司对以经营租赁方式新租入的办公楼进行装修，发生有关支出：领用生产用材料 100 000 元，发生有关人员工资 40 000 元。11 月 30 日该办公楼装修完工，达到预定可使用状态并交付使用，按租赁期 10 年进行摊销。

任务分析： 长期待摊费用是指企业已经发生但应由本期和以后各期负担的分摊期限在一年以上的各项费用，如以经营租赁方式租入的固定资产发生的改良支出等。

为了反映长期待摊费用的发生、摊销情况，企业设置"长期待摊费用"账户，该账户借方登记发生的长期待摊费用，贷方登记摊销的长期待摊费用，期末借方余额反映企业尚未摊销完毕的长期待摊费用。"长期待摊费用"账户可按待摊费用项目进行明细核算。

企业发生的长期待摊费用，借记"长期待摊费用"，确认当期可抵扣的增值税进项税额借记"应交税费——应交增值税（进项税额）"账户，贷记"原材料""银行存款"等账户。摊销长期待摊费用，借记"管理费用""销售费用"等账户，贷记"长期待摊费用"账户。

（1）装修办公楼领用原材料。

借：长期待摊费用 200 000
　　贷：原材料 200 000

（2）确认工程人员职工薪酬。

借：长期待摊费用 40 000
　　贷：应付职工薪酬 40 000

（3）2019 年摊销装修支出。

月摊销金额 = (200 000 + 40 000) ÷ 10 ÷ 12 = 20 000（元）

借：管理费用 20 000
　　贷：长期待摊费用 20 000

任务 4　固定资产的减值与清查业务核算

微课：固定资产减值业务核算

微课：固定资产清查业务核算

【任务导入】

任务 4.4.1 2019 年 12 月 31 日，红星机械有限公司的一台设备存在可能发生减值的迹象。该设备账面原值为 1 040 000 元，预计使用年限为 10 年，预计净残值为 40 000 元，已提折旧 4 年，已提折旧 400 000 元，经确认该设备的可收回金额合计为 590 000 元。以前年度未对设备计提过减值准备。

任务 4.4.2 2019 年 9 月 5 日，红星机械有限公司在财产清查过程中发现，2017 年 12 月购入的一台设备尚未入账，重置成本为 30 000 元。假定公司按净利润的 10% 提取法定盈余公积，不考虑相关税费及其他因素的影响。

任务 4.4.3 红星机械有限公司 2019 年年末组织人员对固定资产进行清查时，发现丢失一台电动机，该设备原价 100 000 元，已计提折旧 40 000 元，并已计提减值准备 10 000 元，购入时的增值税税额为 13 000 元。经查，设备丢失的原因在于设备管理员看守不当。经董事会批准，由设备管理员赔偿 15 000 元。

要求：红星机械有限公司根据以上业务进行账务处理。

【知识准备】

一、固定资产减值

（一）固定资产减值的认定

固定资产的初始入账价值是历史成本，固定资产使用年限较长，市场条件和经营环境的变化、科学技术的进步以及企业经营管理不善等原因，都可能导致固定资产创造未来经济利益的能力大大下降。因此，固定资产的真实价值有可能低于账面价值，在期末必须对固定资产减值损失进行确认。

固定资产减值是指固定资产的可收回金额低于其账面价值。可收回金额是指资产的公允价值减去处置费用后的净额与资产预计未来现金流量的现值两者之中的较高者。资产的公允价值减去处置费用后的金额，通常反映的是资产被出售或者处置时可以收回的净现金流入。其中资产的公允价值是指市场参与者在计量日发生的有序交易中，出售一项资产所能收到的价格。有序交易是指在计量日前一段时间内相关资产或负债具有惯常市场活动的交易。清算等被迫交易不属于有序交易。处置费用是指可以直接归属于资产处置的增量成本，包括与资产处置有关的法律费用、相关税费、搬运费以及为使资产达到可销售状态所发生的直接费用等，但是财务费用和所得税费用等不包括在内。资产预计未来现金流量的现值应当按照资产在持续使用过程中和最终处置时所产生的预计未来现金流量，选择恰当的折现率对其进行折现后的金额加以确定。账面价值指固定资产原值扣减已提累计折旧和固定资产减值准备后的净额。

企业应当在资产负债表日判断资产是否存在可能发生减值的迹象，如果资产存在发生减值的迹象，则应当进行减值测试，估计资产的可收回金额，可收回金额低于账面价值的，应当将固定资产的账面价值减记至可收回金额，减记的金额确认为减值损失，计入当期损益，并计提固定资产减值准备。

（二）固定资产减值的账务处理

企业固定资产在使用过程中，由于发生损坏、技术陈旧或其他经济原因，发生资产价值的减值是必然的。对于已经发生的资产价值的减值如果不予以确认，必然导致虚增资产的价值，这不符合客观性原则，也有悖于稳健性原则。因此，企业应当在期末或者至少在每年年度终了，对固定资产逐项进行检查，计算固定资产的可收回金额，以确定资产是否已经发生减值。

企业应设置"固定资产减值准备"账户，贷方反映提取的减值准备，借方反映转销的固定资产减值准备，贷方余额反映企业已计提但尚未转销的固定资产减值准备。固定资产可收回金额低于账面价值的，企业应当将该固定资产的账面价值减记至可收回金额，减记的金额确认为资产减值损失，计入当期损益，借记"资产减值损失——计提的固定资产减值准备"账户，同时计提相应的减值准备，贷记"固定资产减值准备"账户。

固定资产减值损失一经确认，在以后会计期间不得转回。已计提固定资产减值的固定资产，应当按照固定资产的账面价值以及尚可使用寿命重新计算确定折旧率和折旧额。

二、固定资产清查

企业应当定期或者至少于每年年末对固定资产进行清查盘点，以保证固定资产核算的真实性，充分挖掘现有固定资产的潜力。固定资产清查是指对固定资产的质量与数量进行清查与核对。固定资产是一种单位价值较高、使用期限较长的有形资产。因此，对于管理规范的企业而言，盘盈、盘亏的固定资产较为少见。企业应当健全制度、加强管理，定期或者至少于每年年末对固定资产进行清查盘点，对发生的盘盈、盘亏的固定资产应填制固定资产盘盈、盘亏报告表。清查固定资产的损溢，应及时查明原因，并按照规定程序报批处理，以保证固定资产核算的真实性和完整性。在清查中发现的固定资产损溢应及时查明原因，在期末结账前处理完毕。

1. 固定资产盘盈

企业盘盈的固定资产，根据《企业会计准则28号——会计政策、会计估计变更和差错更正》的规定，应当作为重要的前期差错处理。盘盈的固定资产，在按管理权限报经批准处理前应先通过"以前年度损益调整"账户进行核算。盘盈的固定资产按重置成本确定其入账价值，借记"固定资产"账户，贷记"以前年度损益调整"账户。由于以前年度损益调整而增加的所得税费用，借记"以前年度损益调整"账户，贷记"应交税费——应交所得税"账户；将以前年度损益调整账户余额转入留存收益时，借记"以前年度损益调整"账户，贷记"盈余公积""利润分配——未分配利润"账户。

2. 固定资产盘亏

企业在财产清查中盘亏的固定资产，按盘亏固定资产的账面价值，借记"待处理财产损溢——待处理非流动资产损溢"账户，按已计提的累计折旧，借记"累计折旧"账户，按已计提的减值准备，借记"固定资产减值准备"账户，按固定资产原价，贷记"固定资产"账户。按管理权限报经批准后处理时，按可收回的保险赔偿或过失人赔偿，借记"其他应收款"账户，按照计入营业外支出的金额，借记"营业外支出——盘亏损失"账户，按盘亏的固定资产的账面价值，贷记"待处理财产损溢——待处理非流动资产损溢"账户。

需要注意的是，按照现行增值税制度规定，购进货物及不动产发生非正常损失，其负担的增值税进项税额不得从销项税额中抵扣,购进货物包括被确认为固定资产的货物。如果盘亏的是固定资产,应按其账面净值(即固定资产原值 – 已计提折旧)乘以适用税率来计算不可抵扣的进项税额。不可抵扣的进项税额应当计入"应交税费——应交增值税(进项税额转出)"账户,借记"待处理财产损溢"账户,贷记"应交税费——应交增值税(进项税额转出)"账户。

【任务实施】

任务 4.4.1 2019 年 12 月 31 日,其账务处理如下。

$$资产减值 = (1\ 040\ 000 - 400\ 000) - 590\ 000 = 50\ 000(元)$$

借:资产减值损失——计提的固定资产减值准备　　　　　　50 000
　　贷:固定资产减值准备　　　　　　　　　　　　　　　　　50 000

已经计提减值准备的固定资产,应当按照该固定资产的账面价值以及尚可使用寿命重新计算确定折旧率和折旧额。即已经计提减值准备的固定资产,应对固定资产未来期间应计折旧额进行相应的调整。2019 年 12 月 31 日,固定资产计提减值准备后,未来 6 年应计折旧额为 1 040 000 – 400 000 – 50 000 – 40 000 = 550 000(元),从 2020 年起,该固定资产年折旧额为 91 666.67 元。

任务 4.4.2 其账务处理如下。

(1)发现盘盈。

借:固定资产　　　　　　　　　　　　　　　　　　　　　30 000
　　贷:以前年度损益调整　　　　　　　　　　　　　　　　　30 000

(2)经审核此项盘盈应调整盈余公积 30 000 × 10% = 3 000(元),余额转入"利润分配——未分配利润"账户。

借:以前年度损益调整　　　　　　　　　　　　　　　　　30 000
　　贷:盈余公积——法定盈余公积　　　　　　　　　　　　　3 000
　　　　利润分配——未分配利润　　　　　　　　　　　　　27 000

任务 4.4.3 其账务处理如下。

(1)发现电机设备盘亏。

借:待处理财产损溢——待处理非流动资产损溢　　　　　　50 000
　　累计折旧　　　　　　　　　　　　　　　　　　　　　40 000
　　固定资产减值准备　　　　　　　　　　　　　　　　　10 000
　　贷:固定资产　　　　　　　　　　　　　　　　　　　　100 000

(2)固定资产购入时增值税进项税额中不可从销项税额中抵扣的金额为:

$$(100\ 000 - 40\ 000) \times 13\% = 7\ 800(元)$$

借:待处理财产损溢——待处理非流动资产损溢　　　　　　7 800
　　贷:应交税费——应交增值税(进项税额转出)　　　　　　7 800

报董事会经批准后:

借:其他应收款　　　　　　　　　　　　　　　　　　　　15 000
　　营业外支出——盘亏损失　　　　　　　　　　　　　　　42 800
　　贷:待处理财产损溢——待处理非流动资产损溢　　　　　57 800

任务5　固定资产处置业务核算

【任务导入】

任务4.5.1　红星机械有限公司2019年9月10日将多余的建筑物出售（系2017年6月1日后自建完工），原值3 000 000元，已提折旧1 000 000元，实际出售价格为4 000 000元，增值税税率为9%，价款已收存入银行。

任务4.5.2　2019年10月6日，红星机械有限公司有一座简易仓库遇洪水而毁损，原值150 000元，已提折旧60 000元，已入库的残料估价为11 000元，残料已办理入库。发生清理费用并取得增值税专用发票，注明的装卸费为3 000元，增值税税额为270元，用银行存款支付。经保险公司核定应赔偿的损失额为58 000元，赔款尚未收到。

微课：固定资产处置业务核算

要求：红星机械有限公司根据以上业务进行账务处理。

【知识准备】

固定资产处置即固定资产的终止确认，包括固定资产的出售、报废、毁损、对外投资、非货币性资产交换、债务重组等。

企业在生产经营过程中，可能将不使用或不需用的固定资产对外出售转让，或因磨损、技术进步等原因对固定资产进行报废，或因遭受自然灾害而对毁损的固定资产进行处理，这些都属于固定资产的处置。处于处置状态的固定资产不再用于生产商品、提供劳务、出租或经营管理，因此不再符合固定资产的定义，应予终止确认。为加强固定资产管理，充分合理地提高固定资产的利用效率，企业在处置固定资产时应严格按规定的程序进行审批，并填制相应的凭证，财会部门根据原始凭证，经审核无误后及时进行账务处理。

固定资产处置应通过"固定资产清理"账户核算，"固定资产清理"账户核算固定资产的出售、报废、毁损、对外投资、非货币性资产交换、债务重组等原因转入清理的固定资产价值以及在清理中发生的清理费用和清理收益。本账户属于资产类账户，借方登记转出的固定资产的账面价值、清理过程发生的相关税费及其他费用等，贷方登记出售固定资产的价款、残料价值和变价收入以及应由保险公司或过失人赔偿的损失，期末借方余额反映企业尚未清理完毕的固定资产清理净损失。期末如为贷方余额，则反映企业尚未清理完毕的固定资产清理净收益；固定资产清理完成，其借方登记转出的清理净收益，贷方登记转出的清理净损失，清理净损益结转后，"固定资产清理"账户无余额。企业应当按照清理的固定资产项目设置明细账，进行明细核算。

固定资产处置会计处理一般经过以下几个步骤：

第一，固定资产转入清理。企业因出售、报废、毁损、对外投资、非货币性资产交换、债务重组等转出固定资产时，按固定资产账面价值，借记"固定资产清理"账户；按已计提的累计折旧，借记"累计折旧"账户；按已计提的减值准备，借记"固定资产减值准备"账户；按固定资产账面余额，贷记"固定资产"账户。

第二，处置发生的清理费用等。固定资产清理过程中发生的清理费用以及可抵扣的增值税进项税额，借记"固定资产清理""应交税费——应交增值税（进项税额）"账户，贷记"银行存款"等账户。

第三，收回出售固定资产的价款、残料价值和变价收入等。企业收回出售固定资产的价款和税款，借记"银行存款"账户，按增值税专用发票上注明的价款，贷记"固定资产清理"账户，按增值税专用发票上注明的增值税销项税额，贷记"应交税费——应交增值税（销项税额）"账户。残料入库，按残料价值，借记"原材料"等账户，贷记"固定资产清理"账户。

第四，保险赔偿等的处理。企业计算或收到的应由保险公司或过失人赔偿的损失，应冲减清理支出，借记"其他应收款""银行存款"等账户，贷记"固定资产清理"账户。

第五，清理净损益的处理。固定资产清理完成后对清理净损益，依据固定资产处置方式的不同，分别采用不同的处理方法。

（1）因已丧失使用功能或因自然灾害发生的毁损等而报废清理产生的利得或损失应计入营业外收入或营业外支出。属于生产经营期间因丧失使用功正常报废清理产生的处理净损失，借记"营业外支出——非流动资产处置损失"账户，贷记"固定资产清理"账户；属于生产经营期间由于自然灾害等非正常原因造成的净损失，借记"营业外支出——非常损失"账户，贷记"固定资产清理"账户；如为净收益，则借记"固定资产清理"账户，贷记"营业外收入——非流动资产处置利得"账户。

（2）因正常出售、转让等产生的固定资产处置利得或损失应计入资产处置损益账户。产生处置净损失的，借记"资产处置损益"账户，贷记"固定资产清理"账户；如为净收益，则借记"固定资产清理"账户，贷记"资产处置损益"账户。

【任务实施】

任务 4.5.1 红星机械有限公司根据审核无误的原始凭证填制记账凭证。

（1）固定资产转入清理。

借：固定资产清理　　　　　　　　　　　　　　　　　　　2 000 000
　　累计折旧　　　　　　　　　　　　　　　　　　　　　1 000 000
　　　贷：固定资产——建筑物　　　　　　　　　　　　　　3 000 000

（2）出售固定资产的价款存入银行。

借：银行存款　　　　　　　　　　　　　　　　　　　　　4 360 000
　　　贷：固定资产清理　　　　　　　　　　　　　　　　　4 000 000
　　　　　应交税费——应交增值税（销项税额）　　　　　　　360 000

（3）结转出售固定资产实现的净收益。

借：固定资产清理　　　　　　　　　　　　　　　　　　　2 000 000
　　　贷：资产处置损益　　　　　　　　　　　　　　　　　2 000 000

任务 4.5.2 红星机械有限公司根据审核无误的原始凭证填制记账凭证。

（1）将毁损的仓库转入清理。

借：固定资产清理　　　　　　　　　　　　　　　　　　　　90 000
　　累计折旧　　　　　　　　　　　　　　　　　　　　　　60 000
　　　贷：固定资产　　　　　　　　　　　　　　　　　　　150 000

（2）残料入库。

借：原材料　　　　　　　　　　　　　　　　　　　　　　　11 000

　　　　贷：固定资产清理　　　　　　　　　　　　　　　　　　　　11 000
(3) 支付清理费用。
借：固定资产清理　　　　　　　　　　　　　　　　　　　　　　3 000
　　应交税费——应交增值税（进项税额）　　　　　　　　　　　　270
　　　　贷：银行存款　　　　　　　　　　　　　　　　　　　　　3 270
(4) 保险公司赔款。
借：其他应收款——保险赔款　　　　　　　　　　　　　　　　58 000
　　　　贷：固定资产清理　　　　　　　　　　　　　　　　　　58 000
(5) 结转固定资产清理净损失。
借：营业外支出——非常损失　　　　　　　　　　　　　　　　24 000
　　　　贷：固定资产清理　　　　　　　　　　　　　　　　　　24 000

项目 4 训练

项目五

无形资产业务核算

学习目标

知识目标
1. 掌握无形资产的概念、特征、分类及其确认。
2. 掌握无形资产取得、摊销、减值、处置业务的账务处理流程和会计核算方法。

技能目标
1. 能根据无形资产取得、摊销、减值、处置业务准确填制记账凭证。
2. 会登记无形资产、累计摊销明细账。

知识链接

无形资产的确认与计量

一、无形资产的概念及其基本特征

无形资产是指企业拥有或者控制的没有实物形态的可辨认非货币性资产。相对于其他资产,无形资产具有以下特征:

1. 无形资产不具有实物形态

微课:无形资产认知

无形资产通常表现为某种权利、某项技术或是某种获取超额利润的综合能力,它们不具有实物形态,如土地使用权、非专利技术等。企业的有形资产例如固定资产虽然也能为企业带来经济利益,但其为企业带来经济利益的方式与无形资产不同,固定资产是通过实物价值的磨损和转移来为企业带来未来经济利益的,而无形资产很大程度上是通过自身所具有的技术等优势来为企业带来未来经济利益的。

2. 无形资产具有可辨认性

作为无形资产核算的资产必须是能够区别于其他资产、可单独辨认的,如企业持有的专利权、非专利技术、商标权、土地使用权、特许权等。符合以下条件之一的,则认为其具有可辨认性:

(1)能够从企业中分离或者划分出来,并能单独或者与相关合同、资产或负债一起用于出售、转移、授权许可、租赁或者交换。

（2）源自合同性权利或其他法定权利，无论这些权利是否可以从企业或其他权利和义务中转移或者分离。如一方通过与另一方签订特许权合同而获得的特许使用权，通过法律程序申请获得的商标权、专利权等。

商誉通常是与企业整体价值联系在一起的，无法与企业自身相分离而存在，不具有可辨认性，因此不属于无形资产。

如果企业有权获得一项无形资产产生的未来经济利益，并能约束其他方来获取这些利益，则表明企业控制了该项无形资产。例如，对于会产生经济利益的技术知识，若其受到版权、贸易协议约束等法定权利或雇员保密法定职责的保护，那么说明该企业控制了相关利益。

内部产生的品牌、报刊名、刊头、客户名单和实质上类似的项目支出，由于不能与整个业务开发成本区分开来，因此这类项目不应确认为无形资产。

3. 无形资产属于非货币性长期资产

非货币性资产是指企业持有的货币资金和将以固定或可确定的金额收取的资产以外的其他资产。无形资产由于没有发达的交易市场，一般不容易转化成现金，在持有过程中为企业带来未来经济利益的情况不确定，故不属于以固定或可确定的金额收取的资产，属于非货币性资产。无形资产属于非货币性资产，且能够在多个会计期间为企业带来经济利益，无形资产的使用年限在一年以上，其价值将在多个受益期间逐渐摊销。

二、无形资产的分类

1. 无形资产按经济内容分类

无形资产按经济内容分类，主要包括专利权、非专利技术、商标权、著作权、特许权、土地使用权等。

（1）专利权。专利权是指国家专利主管机关依法授予发明创造专利申请人对其发明创造在法定期限内所享有的专有权利，包括发明专利权、实用新型专利权和外观设计专利权。它给予持有者独家使用或控制某项发明的特殊权利。

专利权是允许专利持有者独家使用或控制的特权，但这并不保证一定能够给持有者带来经济效益，如有的专利可能会被另外更有价值的专利淘汰等。因此，企业不应该将其拥有的一切专利权都予以资本化，作为无形资产管理和核算。一般而言，只有从外单位购入的专利或者自行开发并按法律程序申请取得的专利，才能作为无形资产管理和核算。这种专利可以降低成本，或者提高产品质量，或者将其转让出去能够获得转让收入。企业从外单位购入的专利权，应按实际支付的价款作为专利权的成本，企业自行开发并按法律程序申请取得专利权，应按照《企业会计准则第6号——无形资产》确定的金额来将其作为成本。

（2）非专利技术。非专利技术也称专有技术，是指先进的、未公开的及未申请专利、可以带来经济效益的技术及诀窍。非专利技术并不是专利法的保护对象，专有技术所有人依靠自我保密的方式来维持其独占权，其可以用于转让和投资。非专利技术一般包括工业专有技术、商业（贸易）专有技术、管理专有技术等。

工业专有技术，即在生产上已经采用，仅限于少数人知道，不享有专利权或发明权的生产、装配、修理、工艺和加工方法的技术知识。

商业（贸易）专有技术，即具有保密性质的市场情报，原材料价格情报以及用户、竞争对象的情况和有关知识。

管理专有技术,即生产组织的经营方式、管理方式、培训职工方法等保密知识。

企业的非专利技术,有些是自己开发研究的,有些是根据合同规定从外部购入的,如果是企业自己开发研究的,则应将符合《企业会计准则第6号——无形资产》规定的开发支出资本化条件的,确认为无形资产。对于从外部购入的非专利技术,则应将实际发生的支出予以资本化,并作为无形资产入账。

(3) 商标权。商标是用来辨认特定的商品或劳务的标记。商标权是指专门在某类指定的商品或产品上使用特定的名称或图案的权利。商标权包括独占使用权和禁止使用权两个方面,商标经过注册登记,就获得了法律上的保护。《中华人民共和国商标法》(以下简称《商标法》)明确规定,经商标局核准注册的商标为注册商标,商标注册人享有商标专用权,受法律的保护。

企业自创商标并将其注册登记,所花费用一般不大,是否将其资本化并不重要。能够给所有者带来获利能力的商标,往往是通过多年的广告宣传、其他传播商标名称的手段以及客户的信赖等树立起来的。企业为宣传自创并已注册登记的商标而发生的相关费用,应在发生时直接计入当期损益(销售费用)。

按照《商标法》的规定,商标可以转让,但受让人应保证使用该注册商标的产品质量。如果企业购买他人的商标,一次性支出费用较大的,可以将其资本化,作为无形资产管理。这时候,应将购入商标的价款、支付的手续费及有关费用作为商标的成本。

(4) 著作权。著作权又称版权,指作者对其创作的文学、科学和艺术作品依法享有的某些特殊权利。著作权包括作品署名权、发表权、修改权和保护作品完整权,还包括复制权、发行权、出租权、展览权、表演权、放映权、广播权、信息网络传播权、摄制权、改编权、翻译权、汇编权以及应当由著作权人享有的其他权利。

(5) 特许权。特许权又称经营特许权、专营权,指企业在某一地区经营或销售某种特定商品的权利或是一家企业接受另一家企业使用其商标、商号、技术秘密等的权利。通常有两种形式:一种是由政府机构授权,准许企业使用或在一定地区享有经营某种业务的特权,如水、电、邮电通信等专营权、烟草专卖权等;另一种指企业间依照签订的合同,有限期或无限期使用另一家企业的某些权利,如连锁店分店使用总店的名称等。

(6) 土地使用权。土地使用权是指国家准许某企业在一定期间内对国有土地享有开发、利用、经营的权利。根据《中华人民共和国土地管理法》的规定,我国土地实行公有制,即全民所有制和劳动群众集体所有制。任何单位和个人不得侵占、买卖或者以其他形式非法转让。土地使用权可以依法转让。企业取得土地使用权的方式大致有以下几种:行政划拨取得、外购取得及投资者投资取得。企业取得土地使用权,应将其取得时发生的支出资本化,并作为土地使用权的成本计入"无形资产"账户。

2. 无形资产按取得方式不同分类

无形资产按取得方式不同,分为外来的无形资产和自行研发的无形资产。

3. 无形资产按使用寿命不同分类

无形资产按使用寿命不同,分为使用寿命有限的无形资产和使用寿命不确定的无形资产。

三、无形资产的确认

无形资产的确认,首先要符合无形资产的定义;其次要满足以下两个条件:

1. 与该无形资产有关的经济利益很可能流入企业

在实务中,要确定无形资产有关的经济利益很可能流入企业,需要进行职业判断。在判断时应对无形资产在预计使用寿命内可能存在的各种经济因素做出合理的估计,并且有明确的证据支持。

2. 该无形资产的成本能够可靠地计量

企业自创的商誉及内部产生的品牌、刊名等因其成本无法可靠计量,因此不能确认为无形资产。

四、无形资产的计量

无形资产的计量指无形资产的入账价值。无形资产的计量分为初始计量和后续计量。

1. 无形资产的初始计量

无形资产通常是按实际成本进行初始计量,即将取得无形资产并使之达到预定用途而发生的全部支出作为无形资产的成本。对于不同来源取得的无形资产,其成本构成不尽相同。

2. 无形资产的后续计量

无形资产初始确认和计量后,在其后使用该项无形资产期间内应以成本减去累计摊销额和累计减值损失后的余额计量。

任务1　无形资产取得业务核算

【任务导入】

任务 5.1.1　2019 年 11 月 5 日,红星机械有限公司购入一项专利权,取得的增值税专用发票上注明的价款为 300 000 元,税率为 6%,增值税税额为 18 000 元,款项已通过银行转账支付。

任务 5.1.2　红星机械有限公司自行研究开发一项新产品专利技术,2018 年 12 月共发生研发支出 2 000 000 元;2018 年 12 月 31 日经测试,该项研发活动完成了研究阶段,从 2019 年 1 月 1 日开始进入开发阶段;2019 年 1 月在研发过程中发生材料费 40 000 000 元、人工工资 10 000 000 元,以及用银行存款支付其他费用 30 000 000 元,总计 80 000 000 元。其中,符合资本化条件的支出为 50 000 000 元,2019 年 1 月末,该专利技术已经达到预定用途。假定不考虑相关税费。

微课:无形资产取得业务核算

要求:红星机械有限公司根据以上业务进行账务处理。

【知识准备】

一、无形资产的初始计量

取得的无形资产应当按照成本进行初始计量,即以取得无形资产并使之达到预定用途而发生的全部支出作为无形资产的成本。对于不同来源取得的无形资产,其成本构成不尽相同。

1. 外购的无形资产

外购的无形资产，其成本包括购买价款、相关税费以及直接归属于使该项资产达到预定用途所发生的其他支出。其中，相关税费不包括按照现行增值税制度规定，可以从销项税额中抵扣的增值税进项税额。直接归属于使该项资产达到预定用途所发生的其他支出，包括使无形资产达到预定用途所发生的专业服务费用、测试无形资产是否能够正常发挥作用的费用等，但不包括为引入新产品进行宣传发生的广告费用、管理费用及其他间接费用，也不包括在无形资产已经达到预定用途以后发生的费用。

购买无形资产的价款超过正常信用条件延期支付，实质上具有融资性质的、无形资产的成本应以购买价款的现值为基础确定。实际支付的价款与购买价款的现值之间的差额作为未确认融资费用，在付款期间内采用实际利率法进行摊销，摊销金额除满足借款费用资本化条件应当计入无形资产成本外，还应当在信用期间内确认为财务费用，计入当期损益。

2. 投资者投入的无形资产

投资者投入的无形资产的成本，应当按照投资合同或协议约定的价值确定，在投资合同或协议约定价值不公允的情况下，应按无形资产的公允价值入账。

3. 企业自行研究开发无形资产

对于企业自行研究开发的无形资产，其成本仅包括在满足资本化条件的时点至无形资产达到预定用途前发生的支出总和。对于同一项无形资产在开发过程中达到资本化条件之前已经费用化计入当期损益的支出不再进行调整。

4. 通过非货币性资产交换和债务重组取得的无形资产

通过非货币性资产交换和债务重组取得的无形资产，其成本的确定及具体处理参照"非货币性资产交换"和"债务重组"准则的规定执行。

5. 土地使用权的处理

企业取得的土地使用权，通常应当按照取得时所支付的价款及相关税费确认为无形资产。但属于投资性房地产的土地使用权，应当按投资性房地产进行会计处理。

土地使用权用于自行开发建造厂房等地上建筑物时，土地使用权的账面价值不与地上建筑物合并计算成本，而仍作为无形资产进行核算，土地使用权与地上建筑物分别摊销和计提折旧。但下列情况除外：

（1）房地产开发企业取得的土地使用权用于建造对外出售的房屋建筑物，相关的土地使用权应当计入所建造房屋建筑物的成本。

（2）企业外购房屋建筑物所支付的价款中包括土地使用权和建筑物价格的，应当对实际支付的价款按照合理的方法（例如公允价值相对比例）在土地使用权与地上建筑物之间进行分配；如果确实无法在土地使用权与地上建筑物之间进行合理分配，则应当全部作为固定资产，按照固定资产确认和计量的原则进行会计处理。

企业改变土地使用权的用途，停止自用土地使用权而用于赚取租金或资本增值时，应当将其转为投资性房地产。

二、账户设置

为了核算无形资产的取得情况,需要设置"无形资产""研发支出"账户。

"无形资产"账户核算企业持有的无形资产成本,属于资产类账户,借方登记企业取得无形资产的成本,贷方登记处置无形资产或转出无形资产的成本,期末借方余额反映企业无形资产的成本,该账户按无形资产的项目设置明细账。

"研发支出"账户核算企业进行研究与开发无形资产过程中发生的各项支出,属于成本类账户,借方登记研发过程中发生的各项支出,贷方登记期末转入管理费用的费用化支出或无形资产达到预定可使用状态并转入无形资产的资本化的研发支出,期末贷方余额表示尚未达到预定可使用状态的资本化的研发支出。该账户应按资本化支出和费用化支出设置明细账。

三、业务核算

(一)外购的无形资产

企业购入的无形资产,取得增值税专用发票的,按注明的增值税进项税额,计入"应交税费——应交增值税(进项税额)"账户;取得增值税普通发票的,按注明的价税合计金额作无形资产的成本。购入无形资产时,借记"无形资产""应交税费——应交增值税(进项税额)"账户,贷记"银行存款"等账户。

(二)投资者投入的无形资产

投资者投入的无形资产,应当按照投资合同或协议约定的价值(或公允价值)借记"无形资产""应交税费——应交增值税(进项税额)"账户,按享有注册资本份额的部分贷记"实收资本"账户,按其差额贷记"资本公积"账户。

(三)企业自行研究开发的无形资产

对于企业自行进行的研究开发项目,无形资产准则要求区分研究阶段与开发阶段两个部分来分别进行核算。在实际工作中,关于研究阶段与开发阶段的具体划分,企业应根据自身实际情况以及相关信息加以判断。

1. 研究阶段和开发阶段的划分

(1)研究阶段。

研究是指为获取新的技术和知识等进行的有计划的调查。研究活动举例:意在获取知识而进行的活动;研究成果或其他知识的应用研究、评价和最终选择;材料、设备、产品、工序、系统或服务替代品的研究;新的或经改进的材料、设备、产品、工序、系统或服务的可能替代品的配制、设计、评价和最终选择;等等。

研究阶段基本上是探索性的,是为进一步的开发活动进行资料及相关方面的准备,已经进行的研究活动,将来是否会转入开发、开发后是否会形成无形资产等均具有较大的不确定性,在这一阶段一般不会形成阶段性成果。

(2)开发阶段。

开发是指在进行商业性生产或使用前,将研究成果或其他知识应用于某项计划或设计,以生产出新的或具有实质性改进的材料、装置、产品等。开发活动举例:生产前或使用前的原型和模型的设计、建造和测试；含新技术的工具、夹具、模具和冲模的设计；不具有商业性生产经济规模的试生产设施的设计、建造和运营；新的或改造的材料、设备、产品、工序、系统或服务所选定的替代品的设计、建造和测试；等等。

开发阶段建立在研究阶段基础上，对项目的开发具有针对性，进入开发阶段的研发项目往往形成成果的可能性较大。由于开发阶段相对于研究阶段更进一步，且很大程度上形成一项新产品或新技术的基本条件已经具备，因此此时如果企业能够证明满足无形资产的定义及相关确认条件，则所发生的开发支出可以资本化，确认为无形资产的成本。

2. 研究阶段与开发阶段支出的确认

（1）研究阶段的支出。

考虑研究阶段的探索性及其成果的不确定性，企业无法证明其能够带来未来经济利益的无形资产的存在，因此，对于企业内部研发项目的研究阶段的支出，应当在发生时全部费用化计入当期损益（管理费用）。

（2）开发阶段有关支出。

进入开发阶段的研发项目往往形成成果的可能性较大，因此，如果企业能够证明开发阶段的支出符合无形资产的定义及相关确定条件，则可以将其确认为无形资产。在开发阶段，可以将有关支出资本化，确认为无形资产，但必须同时满足下列条件：完成该无形资产以使其使用或出售在技术上具有可行性；具有完成该无形资产并使用或出售的意图；无形资产产生经济利益的方式，包括能够证明运用该无形资产生产的产品存在市场，无形资产将在内部使用的，应当证明其有用性；有足够的技术、财务资源和其他资源支持，以完成该无形资产的开发，并有能力使用或出售该无形资产；归属于该无形资产开发阶段的支出能够可靠计量。

如果无法区分研究和开发阶段的支出，则应当在发生时费用化，计入当期损益（管理费用）。

3. 内部开发的无形资产的计量

内部开发活动形成的无形资产，其成本由可直接归属于该资产的创造、生产并使该资产能够以管理层预定的方式运作的所有必要支出组成。其成本包括：开发该无形资产时耗费的材料、劳务成本、注册费、在开发该无形资产过程中使用的其他专利权和特许权的摊销、按照借款费用的处理原则可以资本化利息支出等。在开发无形资产过程中发生的，除上述可直接归属于无形资产开发活动之外的其他销售费用、管理费用等间接费用，无形资产达到预定用途前发生的可辨认的无效和初始运作损失，为运行该无形资产发生的培训支出等，不构成无形资产的开发成本。

值得强调的是，内部开发无形资产的成本，仅包括在满足资本化条件的时点至无形资产达到预定用途前发生的支出总和，对于同一项无形资产在开发过程中达到资本化条件之前已经费用化计入当期损益的支出不再进行调整。

4. 内部研究开发费用的账务处理

企业自行开发无形资产发生的研发支出，不满足资本化条件的，借记"研发支出——费用化支出"账户，满足资本化条件的，借记"研发支出——资本化支出"账户，贷记"原材料""银行存款""应付职工薪酬"等账户。自行研究开发无形资产发生的支出取得增值税专用发票可抵扣的进项税额，借记"应交税费——应交增值税（进项税额）"账户。

研究开发项目达到预定用途形成无形资产的，应按"研发支出——资本化支出"账户的余额，借记"无形资产"账户，贷记"研发支出——资本化支出"账户。

期末（月末），应将"研发支出——费用化支出"账户归集的金额转入"管理费用"账户，借记"管理费用"账户，贷记"研发支出——费用化支出"账户。

企业如果确实无法可靠地区分研究阶段的支出和开发阶段的支出，则应将其所发生的研发支出全部费用化，计入当期损益，计入"管理费用"账户的借方。

【任务实施】

任务 5.1.1 2019 年 11 月 5 日，购入一项专利权，支付款项。

借：无形资产　　　　　　　　　　　　　　　　　　　　　300 000
　　应交税费——应交增值税（进项税额）　　　　　　　　 18 000
　　贷：银行存款　　　　　　　　　　　　　　　　　　　318 000

任务 5.1.2 2018 年 12 月发生研发费用。

借：研发支出——费用化支出　　　　　　　　　　　　　2 000 000
　　贷：银行存款等　　　　　　　　　　　　　　　　　2 000 000

2018 年 12 月 31 结转费用化支出。

借：管理费用　　　　　　　　　　　　　　　　　　　　2 000 000
　　贷：研发支出——费用化支出　　　　　　　　　　　2 000 000

2019 年 1 月相关费用发生。

借：研发支出——费用化支出　　　　　　　　　　　　30 000 000
　　　　　　　——资本化支出　　　　　　　　　　　50 000 000
　　贷：原材料　　　　　　　　　　　　　　　　　　40 000 000
　　　　应付职工薪酬　　　　　　　　　　　　　　　10 000 000
　　　　银行存款　　　　　　　　　　　　　　　　　30 000 000

1 月无形资产达到预定可使用状态，并结转费用化支出。

借：管理费用　　　　　　　　　　　　　　　　　　　30 000 000
　　无形资产　　　　　　　　　　　　　　　　　　　50 000 000
　　贷：研发支出——费用化支出　　　　　　　　　　30 000 000
　　　　　　　　——资本化支出　　　　　　　　　　50 000 000

任务 2　无形资产摊销、减值、处置业务核算

微课：无形资产摊销、减值

微课：无形资产处置

【任务导入】

任务 5.2.1　红星机械有限公司 2019 年 4 月 1 日购入一项专利权,发票价格为 360 000 元,增值税税额为 21 600 元,款项已通过银行转账支付。该项专利权法律规定有效期为 20 年,经济使用寿命为 10 年。无形资产摊销方法采用直线法。

任务 5.2.2　红星机械有限公司在 2019 年 4 月 1 日从外单位购入一项商标权,实际成本为 7 000 000 元,经判断该商标权视为使用寿命不确定的无形资产,在使用期间不必摊销。2019 年年末,公司对该项商标进行减值测试,测试表明该商标权已经发生减值,其公允价值为 6 000 000 元。

任务 5.2.3　红星机械有限公司 2019 年 11 月 2 日将一项专利技术出租给另外一个企业使用,该专利技术账面余额为 5 000 000 元,摊销期限为 10 年,出租合同规定,承租方每销售一件用该专利生产的产品,必须付给出租方 10 元专利技术使用费。假定承租方当月销售该产品 10 万件,红星机械有限公司开出增值税专用发票,金额为 1 000 000 元,增值税税额为 60 000 元。

任务 5.2.4　红星机械有限公司 2019 年 12 月 3 日将拥有的一项非专利技术出售,开出增值税专用发票,金额为 8 000 000 元,增值税税额为 480 000 元。该非专利技术的账面余额为 7 000 000 元,累计摊销额为 3 500 000 元,已计提的减值准备为 2 000 000 元。

任务 5.2.5　红星机械有限公司的某项专利技术,其账面余额为 6 000 000 元,摊销期限为 10 年,采用直线法进行摊销,已摊销了 5 年,假定该项专利权的残值为 0,计提的减值准备为 1 600 000 元,2019 年年末因其生产的产品没有市场,故予转销。

要求:红星机械有限公司根据以上业务进行账务处理。

【知识准备】

一、无形资产的摊销

(一)无形资产摊销概述

在无形资产的初始确认和计量后,需对无形资产进行后续计量,使用寿命有限的无形资产,应在其预计的使用寿命内采用系统合理的方法对应摊销金额进行摊销。其中,应摊销金额是指无形资产的成本扣除残值后的金额;已计提减值准备的无形资产,还应扣除已计提的无形资产减值准备累计金额。对于使用寿命不确定的无形资产,在持有期间内不需要摊销。

1. 无形资产使用寿命的确定

无形资产准则规定,企业应当于取得无形资产时分析、判断其使用寿命。无形资产的使用寿命为有限的,应当估计该使用寿命的年限或者构成使用寿命的产量等类似计量单位数量;无法预见无形资产为企业带来经济利益期限的,应当视为使用寿命不确定的无形资产。

无形资产的使用寿命,包括法定寿命和经济寿命两个方面:有些无形资产的使用寿命受法律、规章和合同的限制,称为法定寿命;经济寿命则是指无形资产可以为企业带来经济利益的年限。在估计无形资产的使用寿命时,应当综合考虑各方面相关因素的影响。

无形资产使用寿命的确定原则：

（1）企业持有的无形资产，通常来源于合同性权利或是其他法定权利，而且合同或法律规定有明确的使用年限。来源于合同性权利或其他法定权利的无形资产，其使用寿命不应超过合同性权利或其他法定权利的期限，合同性权利或其他法定权利能够在到期时因续约等延续，且有证据表明企业续约不需要付出大额成本的，续约期应当计入使用寿命。

（2）合同或法律没有规定使用寿命的，企业应当综合各方面因素来判断，以确定无形资产能为企业带来经济利益的期限。例如，聘请相关专家进行论证，与同行业的情况进行比较以及参考企业的历史经验等，以确定无形资产为企业带来未来经济利益的期限。经过上述方法仍无法合理确定无形资产为企业带来经济利益期限的，才能将其作为使用寿命不确定的无形资产。

需要注意的是，技术更新日新月异，使无形资产贬值的风险越来越大，所以新准则要求企业至少应于每年年度终了对无形资产的使用寿命进行复核，如果有证据表明无形资产的使用寿命与以前估计不同，则应当改变摊销期限。对使用寿命不确定的无形资产的使用寿命进行复核，如果有证据表明无形资产的使用寿命是有限的，则应当估计其使用寿命，按使用寿命有限的无形资产的有关规定处理。

2. 无形资产摊销期限、摊销方法

使用寿命有限的无形资产，其应摊销金额应当在其预计使用寿命内系统合理摊销，其摊销期应当自无形资产可供使用时起，到不再作为无形资产确认时止。即无形资产摊销的起始和停止日期为：当月增加可供使用的无形资产，当月开始摊销；当月减少的无形资产当月不再摊销；使用寿命不确定的无形资产不应进行摊销。

企业选择的无形资产摊销方法，应当反映与该项无形资产有关的经济利益的预期实现方式，无法可靠确定预期实现方式的，应当采用年限平均法（直线法）摊销。根据无形资产有关的经济利益的预期实现方式的不同，企业可以选择不同的摊销方法，包括年限平均法（直线法）、双倍余额递减法、年数总和法、生产总量法等，并且摊销方法一致地运用于不同会计期间。

无形资产的摊销金额为其成本扣除预计残值后的金额；已计提减值准备的无形资产，还应扣除已计提的无形资产减值准备累计金额。

3. 无形资产的残值

使用寿命有限的无形资产，其残值应当视为零，但下列情况除外：

（1）第三方承诺在无形资产使用寿命结束时愿意以一定的价格购买该项无形资产。

（2）存在活跃的市场，通过市场可以得到无形资产使用寿命结束时的残值信息，并且从目前情况看，在无形资产使用寿命结束时，该市场还可能存在的情况下，可以预计无形资产的残值。

（二）无形资产摊销业务核算

无形资产摊销额通过"累计摊销"账户反映。"累计摊销"账户核算企业对使用寿命有限的无形资产计提的累计摊销，属于无形资产的调整账户。"累计摊销"账户的贷方登记企业计提的无形资产摊销，借方登记处置无形资产或转出无形资产的累计摊销，期末贷方余额反映企业无形资产的累计摊销额。

无形资产的摊销额一般应计入当期损益。企业管理用的无形资产，其摊销金额计入管理费用；出租的无形资产，其摊销金额计入其他业务成本；但某项无形资产是专门用于生产某种产品或其他资产的，那么若其所包含的经济利益是通过转入所生产的产品或其他资产来实现的，则该无形资产的摊销金额应当计入相关资产的成本。例如，一项专门用于生产某种产品的专利技术，其摊销金额应构成所生产产品成本的一部分，计入制造该产品的制造费用。

企业对无形资产按月摊销时，借记"管理费用——无形资产摊销""其他业务成本""制造费用"等账户，贷记"累计摊销"账户。

二、无形资产减值

无形资产在资产负债表日存在可能发生减值的迹象时，其可收回金额低于账面价值的，企业应当将该无形资产的账面价值减记至可收回金额。减记的金额确认为减值损失，计入当期损益，并计提相应的资产减值准备。

企业计提无形资产减值准备，应当设置"无形资产减值准备"账户，企业按应减记的金额，借记"资产减值损失——计提的无形资产减值准备"账户，贷记"无形资产减值准备"账户。

根据《企业会计准则第8号——资产减值》的规定，无形资产减值损失一经确认，在以后会计期间不得转回。无形资产减值损失确认后，减值资产的应摊销金额应当在未来期间做相应调整，以使该无形资产在剩余使用寿命内，系统地分摊调整后的无形资产账面价值。

三、无形资产处置

无形资产的处置主要是指无形资产对外出租、出售、对外捐赠，或者无法为企业带来未来经济利益时，应予以转销并终止确认。

1. 无形资产出租

无形资产出租是企业将无形资产的所有权让渡给他人，企业仍保留对无形资产的所有权。企业让渡无形资产使用权并收取租金，在满足收入确认条件的情况下，应确认相关的收入和费用。

出租无形资产时，按照开出的增值税专用发票，借记"银行存款"等账户，贷记"其他业务收入""应交税费——应交增值税（销项税额）"等账户；摊销出租无形资产的成本时，借记"其他业务成本"账户，贷记"累计摊销"账户。

2. 无形资产的出售

企业出售无形资产时，应将所取得的价款与该无形资产账面价值以及出售相关税费后的差额作为资产处置损益，并进行会计处理。

出售无形资产时，应按实际收到的金额，借记"银行存款"等账户；按已计提的累计摊销额，借记"累计摊销"账户；原已计提减值准备的，借记"无形资产减值准备"账户,按照实际支付费用的可抵扣进项税额,借记"应交税费——应交增值税(进项税额)"账户,按无形资产账面余额,贷记"无形资产"账户,按开具的增值税发票注明的增值税销项税额,贷记"应交税费——应交增值税(销项税额)"账户,按其差额,借记或贷记"资产处置损益"账户。

3. 无形资产的报废

无形资产报废是指无形资产已被其他新技术替代,不能为企业带来经济利益;或者无形资产不再受到法律保护,且不能给企业带来经济利益等。例如,甲企业的某项无形资产法律保护期限已过,用其生产的产品没有市场,则说明该无形资产无法为企业带来未来经济利益,应予转销。如果无形资产预期不能为企业带来未来经济利益,不再符合无形资产的定义,则应将其转销。

无形资产预期不能为企业带来经济利益的,应按已摊销的累计摊销额,借记"累计摊销"账户;原已计提减值准备的,借记"无形资产减值准备"账户,按其账面余额,贷记"无形资产"账户,按其差额,借记"营业外支出"账户。

【任务实施】

任务 5.2.1 任务分析:无形资产摊销期限自 2019 年 4 月 1 日开始,无形资产的年摊销金额 = 360 000 元/10 = 36 000 元,月摊销金额 = 36 000 元/12 = 3 000 元。

借:管理费用——无形资产摊销   3 000
  贷:累计摊销   3 000

任务 5.2.2 2019 年年末计提减值准备。

借:资产减值损失   1 000 000
  贷:无形资产减值准备   1 000 000

任务 5.2.3 其按照业务进行的账务处理如下。

(1) 2019 年 11 月 2 日,将专利技术出租收取使用费。

借:银行存款   1 060 000
  贷:其他业务收入   1 000 000
    应交税费——应交增值税(销项税额)   60 000

(2) 无形资产摊销。

借:其他业务成本   500 000
  贷:累计摊销   500 000

任务 5.2.4 2019 年 12 月 3 日,非专利技术出售。

借:银行存款   8 480 000
  累计摊销   3 500 000
  无形资产减值准备   2 000 000
  贷:无形资产   7 000 000
    应交税费——应交增值税(销项税额)   480 000
    资产处置损益   6 500 000

任务 5.2.5 无形资产转销。

借:累计摊销   3 000 000
  无形资产减值准备   1 600 000

营业外支出 1 400 000
　贷：无形资产——专利权 6 000 000

项目5 训练

项目六

投资性房地产业务核算

学习目标

知识目标：
1. 掌握投资性房地产的特征和范围。
2. 理解投资性房地产的确认条件。
3. 掌握投资性房地产的初始计量、后续计量、后续支出及处置的核算方法。

能力目标：
能根据投资性房地产业务准确填制记账凭证，登记相关明细账。

知识链接

投资性房地产概述

一、投资性房地产的概念及其特征

（一）投资性房地产的概念

投资性房地产是指为赚取租金或资本增值，或者两者兼有而持有的房地产。房地产通常是土地和房屋及其权属的总称。在我国，土地归国家或集体所有，企业只能取得土地使用权。因此，房地产中的土地是指土地使用权，房屋是指土地上的房屋等建筑物及构筑物。就某些企业而言，投资性房地产属于日常经营性活动，形成的租金收入或转让增值收益确认为企业的主营业务收入，但对于大部分企业而言，属于与经营性活动相关的其他经营活动，形成的租金收入或转让增值收益构成企业的其他业务收入。

（二）投资性房地产的特征

（1）投资性房地产是一种经营活动。

投资性房地产的主要形式是出租建筑物、出租土地使用权，这实质上属于一种让渡资产使用权行为。房地产租金就是让渡资产使用权取得的使用费收入，是企业为完成其经营目标所从事的经营性活动以及与之相关的其他活动形成的经济利益总流入。投资性房地产的另一种形式是持有并准备增值后转让的土地使用权，尽管其增值收益通常与市场供求、经济发展等因素有关，但目的是增值后转让以赚取增值收益，也是企业为完成其经营目标所从事的经营性活动以及与之相关的其他活动形成的经济利益总流入。在我国实务中，持有并准备增值后转让的土地使用权的情况较少。

（2）投资性房地产在用途、状态、目的等方面有别于作为企业生产经营场所的房地产和房地产开发企业用于销售的房地产。

企业持有的房地产除了用作自身管理、生产经营活动场所和对外销售外，出现了将房地产用于赚取租金或增值收益的活动，甚至是个别企业的主营业务。因此，需要将投资性房地产单独作为一项资产核算和反映，与自用的厂房、办公楼（固定资产）、土地使用权（无形资产）等房地产和用于出售的商品房（存货）加以区别，从而更加清晰地反映企业所持有的房地产的构成情况和盈利能力。

（3）投资性房地产有两种后续计量模式。

投资性房地产在后续计量时，通常采用成本模式，满足特定条件的情况下也可以采用公允价值模式。但是，同一企业只能采用一种模式对所有投资性房地产进行后续计量，不得同时采用两种计量模式。

二、投资性房地产的范围

投资性房地产主要包括已出租的土地使用权、持有并准备增值后转让的土地使用权、已出租的建筑物。

（一）已出租的土地使用权

已出租的土地使用权是指企业通过出让或转让方式取得并以经营租赁方式出租的土地使用权。企业计划用于出租但尚未出租的土地使用权，不属于此类。对于以经营租赁方式租入土地使用权再转租给其他单位的，不能确认为投资性房地产。

（二）持有并准备增值后转让的土地使用权

持有并准备增值后转让的土地使用权是指企业通过出让或转让方式取得并准备增值后转让的土地使用权。这类土地使用权很可能给企业带来资本增值收益，符合投资性房地产的定义。按照国家有关规定认定的闲置土地，不属于持有并准备增值后转让的土地使用权，也就不属于投资性房地产。例如，企业取得一项土地使用权后迟迟不动工，准备待增值后转让，按照国家有关规定被认定为闲置土地，则不属于持有并准备增值后转让的土地使用权。

（三）已出租的建筑物

已出租的建筑物是指企业拥有产权并以经营租赁方式出租的建筑物，包括自行建造或开发活动完成后用于出租的建筑物。

企业在判断和确认已出租的建筑物时，应当把握以下要点：

（1）用于出租的建筑物是指企业拥有产权的建筑物。企业以经营租赁方式租入再转租的建筑物不属于投资性房地产。

（2）已出租的建筑物是企业已经与其他方签订了租赁协议，约定以经营租赁方式出租的建筑物。一般应自租赁协议规定的租赁期开始日起，经营租出的建筑物才属于已出租的建筑物。通常情况下，对企业持有以备经营出租的空置建筑物，如董事会或类似机构做出书面决议，明确表明将其用于经营租出且持有意图短期内不再发生变化的，即使尚未签订租赁协议，也应视为投资性房地产。这里的空置建筑物是指企业新购入、自行建造或开发完成但尚未使用的建筑物，以及不再用于日常生产经营活动且经整理后达到可经营出租状态的建筑物。

(3) 企业将建筑物出租，按租赁协议向承租人提供的相关辅助服务在整个协议中不重大的，应当将该建筑物确认为投资性房地产。企业将其办公楼出租，同时向承租人提供维护、保安等日常辅助服务，企业应当将其确认为投资性房地产。

不属于投资性房地产的项目：

1. 自用房地产

自用房地产是指为生产商品、提供劳务或者经营管理而持有的房地产，如企业生产经营用的厂房和办公楼属于固定资产，企业生产经营用的土地使用权属于无形资产。

自用房地产的特征在于服务于企业自身的生产经营，其价值会随着房地产的使用而逐渐转移到企业的产品或服务中去，通过销售商品或提供服务为企业带来经济利益，在产生现金流量的过程中与企业持有的其他资产密切相关。例如，企业出租给本企业职工居住的宿舍，虽然也收取租金，但间接为企业自身的生产经营服务，因此具有自用房地产的性质。

2. 作为存货的房地产

作为存货的房地产通常是指房地产开发企业在正常经营过程中销售的或为销售而正在开发的商品房和土地。这部分房地产属于房地产开发企业的存货，具有存货性质的房地产不属于投资性房地产。

在实务中，存在某项房地产部分自用或作为存货出售、部分用于赚取租金或资本增值的情况。例如，若某项投资性房地产不同用途的部分能够单独计量和出售，则应当分别确认为固定资产（无形资产、存货）和投资性房地产；若不能够单独计量和出售，则应作为固定资产或无形资产核算。

三、投资性房地产的确认

某一资产项目，如果作为投资性房地产加以确认，除需要符合投资性房地产的定义以外，还必须同时满足以下条件：

(1) 与该投资性房地产有关的经济利益很可能流入企业。

(2) 该投资性房地产的成本能够可靠地计量。

对于已出租的房屋建筑物和土地使用权，确认为投资性房地产的时点是租赁期开始日（即房屋建筑物和土地使用权已进入出租状态，开始赚取租金日期），但对企业持有以备经营租赁、可视为投资性房地产的空置建筑物，确认为投资性房地产的时点是企业董事会或类似机构就该事项做出书面决议的日期。对于持有并准备增值后转让的土地使用权，确认为投资性房地产的时点是企业将自用土地使用权停止自用、准备增值后转让的日期。

四、投资性房地产的初始计量

无论投资性房地产采用哪一种后续计量模式，取得时均应按照成本进行初始计量，投资性房地产的取得方式不同，成本的具体构成内容也会不同。

1. 外购的投资性房地产

企业外购的房地产，只有在购入的同时开始对外出租或用于资本增值，才能作为投资性房地产加以确认。

企业购入房地产，自用一段时间之后再改为出租或用于资本增值的，应当将外购的房地产先确认为固定资产或无形资产，租赁期开始日或用于资本增值之日起，才能将固定资产或无形资产转换为投资性房地产。

外购的投资性房地产应当按照取得时的实际成本进行初始计量，其成本包括购买价款、相关税费和可直接归属于该资产的其他支出。企业购入的房地产，部分用于出租（或资本增值）、部分自用；用于出租（或资本增值）的部分应当予以单独确认的，应按照不同部分的公允价值占公允价值总额的比例将成本在不同部分之间进行合理分配。

2. 自行建造的投资性房地产

企业自行建造的房地产，只有在自行建造活动完成（即达到预定可使用状态）的同时开始对外出租或用于资本增值，才能将自行建造的房地产确认为投资性房地产。

自行建造的房地产达到预定可使用状态后一段时间才对外出租或用于资本增值的，应当将自行建造的房地产确认为固定资产、无形资产或存货，自租赁期开始日或用于资本增值之日开始，才能将固定资产或无形资产转换为投资性房地产。

自行建造的投资性房地产，其成本由建造该项资产达到预定可使用状态前发生的必要支出构成，包括土地开发费、建安成本、应予以资本化的借款费用、支付的其他费用和分摊的间接费用等。建造过程中发生的非正常性损失直接计入当期损益，不计入建造成本。

任务1　采用成本模式计量的投资性房地产业务核算

微课：投资性房地产概述和取得

微课：投资性房地产的后续计量

【任务导入】

任务6.1.1　红星机械有限公司2019年5月计划购入一栋写字楼用于对外出租。5月15日，红星机械有限公司与甲公司签订了经营租赁合同，约定自写字楼购买日起将这栋写字楼出租给甲公司，为期5年。6月5日，红星机械有限公司实际购入写字楼，增值税专用发票上注明发票价款共计12 000 000元，增值税额1 080 000元。红星机械有限公司投资性房地产采用成本模式进行后续计量。

任务6.1.2　2019年4月，红星机械有限公司从其他单位购入一块土地的使用权，并在该块土地上开始自行建造三栋厂房。2019年9月5日，三栋厂房同时完工（达到预定可使用状态）。红星机械有限公司同时与乙公司签订了经营租赁合同，将其中的一栋厂房租赁给乙公司使用，即日起租。该块土地的使用权的成本为6 000 000元。三栋厂房的造价均为10 000 000元，能够单独出售。红星机械有限公司投资性房地产采用成本模式进行后续计量。

任务6.1.3　红星机械有限公司拥有一栋办公楼，用于本企业总部办公。2019年5月10日，红星机械有限公司与丙公司签订了经营租赁协议，将这栋办公楼整体出租给丙公司使用，租赁期开始日为2019年6月15日，为期5年。2019年6月15日，这栋办公楼的账面余额为 550 000 000 元，已计提折旧 3 000 000 元。红星机械有限公司投资性房地产采用成本模式进行后续计量。

任务 6.1.4 红星机械有限公司 2019 年 6 月将一栋办公楼出租给丁公司使用，已确认为投资性房地产，采用成本模式进行后续计量。假设该栋办公楼的成本为 18 000 000 元，按照直线法计提折旧，使用寿命为 20 年，预计净残值为零。按照经营租赁合同约定，丁公司每月支付红星机械有限公司租金 80 000 元，增值税税率为 9%。当年 12 月，这栋办公楼发生减值迹象，经减值调试，其可收回金额为 12 000 000 元，此时办公楼的账面价值为 15 000 000 元，以前未计提减值准备。红星机械有限公司投资性房地产采用成本模式进行后续计量。

任务 6.1.5 2019 年 8 月 1 日，红星机械有限公司将出租在外的厂房收回，开始用于本企业生产商品。该项房地产在转换前采用成本模式计量，其账面价值为 28 000 000 元，其中，原价 50 000 000 元，累计已提折旧 22 000 000 元。

任务 6.1.6 2019 年 5 月，红星机械有限公司与 A 企业的一项厂房经营租赁合同即将到期，该厂房按照成本模式进行后续计量，原价为 20 000 000 元，已计提折旧 6 000 000 元。为了提高厂房的租金收入，红星机械有限公司决定在租赁期满后对厂房进行改扩建，并与 A 企业签订了经营租赁合同，约定自改扩建完工时将厂房出租给 A 企业。5 月 15 日，与 A 企业的租赁合同到期，厂房随即进入改扩建工程。12 月 15 日，厂房改扩建工程完工，共发生支出 1 500 000 元，即日按照租赁合同出租给 A 企业。红星机械有限公司投资性房地产采用成本模式进行后续计量。

要求：红星机械有限公司根据以上业务进行账务处理

【知识准备】

根据投资性房地产准则的规定，投资性房地产应当按照成本进行初始确认和计量。在后续计量时，通常应当采用成本模式，满足特定条件的情况下也可以采用公允价值模式。但是，同一企业只能采用一种模式对所有投资性房地产进行后续计量，不得同时采用两种计量模式。

一、账户设置

"投资性房地产"账户，用于核算企业采用成本模式计量的投资性房地产的成本。该账户属于资产类账户，借方登记取得投资性房地产的成本，贷方登记减少的投资性房地产的成本，期末余额在借方，反映投资性房地产的实有成本。该账户按投资性房地产的类别设置明细账。

"投资性房地产累计折旧（摊销）""投资性房地产减值准备"等账户，可比照"累计折旧""累计摊销""固定资产减值准备""无形资产减值准备"等相关账户进行处理。

二、业务核算

（一）投资性房地产的取得

1. 外购投资性房地产

企业外购的房地产，对外出租或用于资本增值的投资时，按照取得的增值税专用发票上的金额，借记"投资性房地产"账户，"应交税费——应交增值税（进项税额）"账户；按实际支付的款项，贷记"银行存款"等账户。

2. 自行建造投资性房地产

企业自行建造的房地产，在自行建造活动完成（即达到预定可使用状态）的同时开始对外出租或用于资本增值时，借记"投资性房地产"账户，贷记"在建工程""无形资产"等账户。

（二）投资性房地产的后续计量

采用成本模式进行后续计量的投资性房地产，应当按照固定资产或无形资产的有关规定，按期（月）计提折旧或摊销，借记"其他业务成本"等账户，贷记"投资性房地产累计折旧（摊销）"账户。取得的租金收入，借记"银行存款"等账户，贷记"其他业务收入"等账户。

投资性房地产存在减值迹象的，还应当适用资产减值的有关规定。经减值测试后确定发生减值的，应当计提减值准备，借记"资产减值损失"账户，贷记"投资性房地产减值准备"账户。对于已经计提减值准备的投资性房地产即使其价值又得以恢复，也不得转回。

（三）投资性房地产的后续支出

1. 资本化的后续支出

与投资性房地产有关的后续支出，满足投资性房地产确认条件的应当计入投资性房地产成本。例如，企业为了提高投资性房地产的使用效能，往往需要对投资性房地产进行改扩建而使其更加坚固耐用，或者通过装修来改善其室内装潢，改扩建或装修支出满足确认条件的，应当将其资本化。企业对某项投资性房地产进行改扩建等再开发且将来仍作为投资性房地产的，再开发期间应继续将其作为投资性房地产，再开发期间不计提折旧或摊销。

投资性房地产转入改扩建工程，借记"投资性房地产——在建""投资性房地产累计折旧"账户，贷记"投资性房地产"账户；发生的后续支出，借记"投资性房地产——在建"账户，贷记"银行存款""应付账款"等账户；改扩建工程完工，借记"投资性房地产"账户，贷记"投资性房地产——在建"账户。

2. 费用化的后续支出

与投资性房地产有关的后续支出，不满足投资性房地产确认条件的，如对企业投资性房地产进行日常维护发生的支出，应当在发生时计入当期损益（其他业务成本），借记"其他业务成本"等账户，贷记"银行存款"等账户。

（四）投资性房地产的转换

房地产的转换是因房地产用途发生改变而对房地产进行的重新分类。企业必须有确凿证据表明房地产用途发生改变，才能将投资性房地产转换为非投资性房地产或者将非投资性房地产转换为投资性房地产。这里的确凿证据主要包括两个方面：一是企业董事会或类似机构应当就改变房地产用途形成正式的书面决议；二是房地产因用途改变而发生实际状态上的改变，如从自用状态改为出租状态。

1. 非投资性房地产转换为投资性房地产

(1) 作为存货的房地产转换为投资性房地产。

作为存货的房地产改为出租，通常指房地产开发企业将其持有的开发产品以经营租赁的方式出租，存货相应地转换为投资性房地产。这种情况下，转换日通常为房地产的租赁期开始日。租赁期开始日是指承租人有权行使其使用租赁资产权利的日期。

企业将作为存货的房地产转换为采用成本模式计量的投资性房地产，应当按该项存货在转换日的账面价值，借记"投资性房地产"账户，原已计提跌价准备的，借记"存货跌价准备"账户；按其账面余额，贷记"开发产品"等账户。

(2) 自用房地产转换为投资性房地产。

自用建筑物停止自用，改为出租。即企业将原本用于生产商品、提供劳务或者经营管理的房地产改用于出租，转换日通常为房地产的租赁期开始日，通常应于租赁期开始日将相应的固定资产或无形资产转换为投资性房地产。

自用土地使用权停止自用，改用于赚取租金或资本增值。即企业将原本用于生产商品、提供劳务或者经营管理的土地使用权改用于赚取租金或资本增值，该土地使用权相应地转化为投资性房地产。在此情况下，转换日为自用土地使用权停止自用后、确定用于赚取资金或资本增值的日期。

企业将自用土地使用权或建筑物转换为以成本模式计量的投资性房地产时，应当按该项建筑物或土地使用权在转换日的原价、累计折旧、减值准备等，分别转入"投资性房地产""投资性房地产累计折旧（摊销）""投资性房地产减值准备"账户，按其账面余额，借记"投资性房地产"账户，贷记"固定资产"或"无形资产"账户；按已计提的折旧或摊销，借记"累计折旧"或"累计摊销"账户，贷记"投资性房地产累计折旧（摊销）"账户；原已计提减值准备的，借记"固定资产减值准备"或"无形资产减值准备"账户，贷记"投资性房地产减值准备"账户。

2. 投资性房地产转换为非投资性房地产

(1) 投资性房地产转换为自用房地产。

投资性房地产转换为自用房地产。即企业将原本用于赚取租金或资本增值的房地产改用于生产商品、提供劳务或者经营管理，投资性房地产相应地转换为固定资产或无形资产。例如，企业将出租的厂房收回，并用于生产本企业的产品。此种情况下，转换日为房地产达到自用状态，企业开始将房地产用于生产商品、提供劳务或者经营管理的日期。

企业将投资性房地产转换为自用房地产时，应当按该项投资性房地产在转换日的账面余额、累计折旧（摊销）、减值准备等，分别转入"固定资产""累计折旧""固定资产减值准备"等账户，按投资性房地产的账面余额，借记"固定资产"或"无形资产"账户，贷记"投资性房地产"账户；按已计提的折旧或摊销，借记"投资性房地产累计折旧（摊销）"账户，贷记"累计折旧"或"累计摊销"账户；原已计提减值准备的，借记"投资性房地产减值准备"账户，贷记"固定资产减值准备"或"无形资产减值准备"账户。

(2) 投资性房地产转换为存货。

若房地产开发企业将用于经营租出的房地产重新开发并用于对外销售，则该房地产从投资性房地产转换为存货。这种情况下，转换日为租赁期届满、企业董事会或类似机构做出书面决议并明确表明将其重新开发用于对外销售的日期。

企业将投资性房地产转换为存货时，应当按照该项投资性房地产在转换日的账面价值来借记"开发产品"账户，按照已计提的折旧或摊销来借记"投资性房地产累计折旧（摊销）"账户，原已计提减值准备的，则借记"投资性房地产减值准备"账户；按其账面余额，贷记"投资性房地产"账户。

（五）投资性房地产的处置

当投资性房地产被处置，或者永久退出使用却不能从其处置中取得经济利益时，应当终止确认该投资性房地产。

企业可以通过对外出售或转让的方式来处置投资性房地产以取得投资收益。对于那些由于使用而不断磨损直至最终报废，或者由于遭受自然灾害等非正常损失而发生毁损的投资性房地产，应当及时进行清理。若企业出售、转让、报废投资性房地产或者发生投资性房地产毁损，则应当将处置收入扣除其账面价值和相关税费后的金额计入当期损益。此外，企业因其他原因，如非货币性资产交易等而减少投资性房地产也属于投资性房地产的处置。

处置采用成本模式计量的投资性房地产时，应当按实际收到的金额，借记"银行存款"等账户，贷记"其他业务收入"等账户；按该项投资性房地产的账面价值，借记"其他业务成本"账户，按其账面余额，贷记"投资性房地产"账户；按照已计提的折旧或摊销，借记"投资性房地产累计折旧（摊销）"账户，原已计提减值准备的，借记"投资性房地产减值准备"账户。

【任务实施】

任务6.1.1 租赁期开始日，6月5日，红星机械有限公司账务处理：

借：投资性房地产——写字楼	12 000 000
应交税费——应交增值税（进项税额）	1 080 000
贷：银行存款	13 080 000

任务6.1.2 租赁期开始日，7月5日，红星机械有限公司账务处理：

土地使用权中的对应部分同时转换为投资性房地产[6 000 000×(1 000÷3 000)=2 000 000元]。

借：投资性房地产——厂房	10 000 000
贷：在建工程	10 000 000
借：投资性房地产——土地使用权	2 000 000
贷：无形资产——土地使用权	2 000 000

任务6.1.3 租赁期开始日，6月15日，红星机械有限公司账务处理：

借：投资性房地产——写字楼	550 000 000
累计折旧	3 000 000
贷：固定资产	550 000 000
投资性房地产累计折旧（摊销）	3 000 000

任务6.1.4 红星机械有限公司账务处理：

（1）计提折旧。

每月计提折旧 18 000 000÷20÷12＝75 000（元）。

借：其他业务成本　　　　　　　　　　　　　　　　　　75 000
　　　贷：投资性房地产累计折旧（摊销）　　　　　　　　　75 000

（2）确认租金收入。

借：银行存款（或其他应收款）　　　　　　　　　　　　87 200
　　　贷：其他业务收入　　　　　　　　　　　　　　　　　80 000
　　　　　应交税费——应交增值税（销项税额）　　　　　　7 200

（3）计提减值准备。

借：资产减值损失　　　　　　　　　　　　　　　　　3 000 000
　　　贷：投资性房地产减值准备　　　　　　　　　　　　3 000 000

任务 6.1.5　红星机械有限公司账务处理：

借：固定资产　　　　　　　　　　　　　　　　　　50 000 000
　　投资性房地产累计折旧（摊销）　　　　　　　　22 000 000
　　　贷：投资性房地产——厂房　　　　　　　　　　50 000 000
　　　　　累计折旧　　　　　　　　　　　　　　　22 000 000

任务 6.1.6　红星机械有限公司账务处理：

（1）2019 年 5 月 15 日，投资性房地产转入改扩建工程。

借：投资性房地产——厂房（在建）　　　　　　　　14 000 000
　　投资性房地产累计折旧　　　　　　　　　　　　6 000 000
　　　贷：投资性房地产——厂房　　　　　　　　　　20 000 000

（2）2019 年 5 月 15 日——12 月 15 日。

借：投资性房地产——厂房（在建）　　　　　　　　1 500 000
　　　贷：银行存款等　　　　　　　　　　　　　　　1 500 000

（3）2019 年 12 月 15 日，改扩建工程完工。

借：投资性房地产——厂房　　　　　　　　　　　　15 500 000
　　　贷：投资性房地产——厂房（在建）　　　　　　15 500 000

任务 2　采用公允价值模式计量的投资性房地产业务核算

微课：投资性房地产的转换

微课：投资性房地产的后续支出及处置

【任务导入】

任务 6.2.1　2019 年 6 月，振华机械有限公司打算搬迁至新建办公楼，由于原办公楼处于商业繁华地段，故振华机械有限公司准备将其出租，以赚取租金收入。2019 年 10 月 30 日，振华机械有限公司完成了搬迁工作，原办公楼停止自用。2019 年 12 月，振华机械有限公司与甲企业签订了租赁协议，将其原办公楼租赁给甲企业使用，租赁期开始日为2020年1月1日，租赁期限为3年。2020年1月1日，该办公楼的公允价值为350 000 000元，其原价为500 000 000元，已提折旧142 500 000元。假设振华机械有限公司对投资性房地产采用公允价值模式计量。

任务6.2.2 环宇地产有限公司为从事房地产经营开发的企业。2019年8月，环宇地产有限公司与乙公司签订租赁协议，约定将环宇公司开发的一栋精装修的写字楼于开发完成的同时开始租赁给乙公司使用，租赁期为10年。当年10月1日，该写字楼开发完成并开始起租，写字楼的造价为90 000 000元。2019年12月31日，该写字楼的公允价值为92 000 000元。假设环宇地产有限公司对投资性房地产采用公允价值模式计量。

任务6.2.3 2019年3月，振华机械有限公司与丙企业的一项厂房经营租赁合同即将到期。为了提高厂房的租金收入，振华机械有限公司决定在租赁期满后对厂房进行改扩建，并与丙企业签订了经营租赁合同，约定自改扩建完工时将厂房出租给丙企业。3月15日，与丙企业的租赁合同到期，厂房随即进入改扩建工程。11月10日，厂房改扩建工程完工，共发生支出1 500 000元，即日按照租赁合同出租给丙企业。3月15日厂房账面余额为12 000 000元，其中成本10 000 000元，累计公允价值变动2 000 000元。假设振华机械有限公司对投资性房地产采用公允价值模式计量。

任务6.2.4 2019年10月15日，振华机械有限公司因租赁期满，将出租的写字楼收回，准备作为办公楼用于本企业的行政管理。2019年12月1日，该写字楼正式开始自用，相应由投资性房地产转换为自用房地产，当日的公允价值为48 000 000元。该项房地产在转换前采用公允价值模式计量，原账面价值为47 500 000元，其中，成本为45 000 000元，公允价值变动为增值2 500 000元。

任务6.2.5 振华机械有限公司与丁企业签订了租赁协议，将其原先自用的一栋写字楼出租给丁企业使用，租赁期开始日为2019年4月15日。2019年4月15日，该写字楼的账面余额500 000 000元，已累计折旧50 000 000元，公允价值为470 000 000元。2019年12月31日，该项投资性房地产的公允价值为480 000 000元。2020年6月租赁期届满，企业收回该项投资性房地产，并以550 000 000元出售，出售款项已收讫。假设振华机械有限公司采用公允价值模式计量，不考虑相关税费。

要求：振华机械有限公司、环宇地产有限公司根据以上业务进行账务处理。

【知识准备】

一、采用公允价值计量的条件和规定

企业只有存在确凿证据表明投资性房地产公允价值能够持续可靠取得的情况下，才能采用公允价值模式对投资性房地产进行后续计量。企业一旦选择采用公允价值计量模式，就应当对其所有投资性房地产采用公允价值模式进行后续计量。

1. 采用公允价值模式进行后续计量的投资性房地产应满足的条件

采用公允价值模式计量投资性房地产，应当同时满足以下两个条件：
（1）投资性房地产所在地有活跃的房地产交易市场。
（2）企业能够从房地产交易市场上取得同类或类似房地产的市场价格及其他相关信息，从而对投资性房地产的公允价值做出科学合理的估计。

这两个条件必须同时具备，缺一不可。

投资性房地产的公允价值是指在公平交易中，熟悉情况的当事人之间自愿进行房地产交换的价格。确定投资性房地产的公允价值时，应当参照活跃市场上同类或类似房地产的现行市场价格（市场公开报价）；无法取得同类或类似房地产现行市场价格的，可以参照活跃市场上同类或类似房地产的最近交易价格，并考虑交易情况、交易日期、所在区域等因素，从而对投资性房地产的公允价值做出合理估计；也可以基于预计未来获得的租金收益和有关现金流量的现值计量。

上述所说"同类或类似"的房地产，对建筑物而言，是指所处地理位置和地理环境相同、性质相同、结构类型相同或相近、新旧程度相同或相近、可使用状况相同或相近的建筑物；对土地使用权而言，是指同一位置区域、所处地理环境相同或相近、可使用状况相同或相近的土地。

2. 采用公允价值模式进行后续计量的投资性房地产应遵循的规定

不对投资性房地产计提折旧或摊销。资产负债表日，企业应当以公允价值为基础调整其公允价值，公允价值与原账面价值之间的差额计入当期损益（公允价值变动损益）。

二、账户设置

"投资性房地产"账户用于核算企业采用公允价值模式计量的投资性房地产的成本及公允价值变动情况，该账户属于资产类账户。

公允价值模式计量下，投资性房地产设置"投资性房地产——成本"明细账和"投资性房地产——公允价值变动"明细账。"投资性房地产——成本"账户，反映投资性房地产的成本变化情况；"投资性房地产——公允价值变动"账户，反映资产负债表日投资性房地产的公允价值与其账面价值的差额。

三、业务核算

（一）投资性房地产的取得

1. 外购投资性房地产

企业外购并对外出租或用于资本增值的投资性房地产时，按照取得的增值税专用发票上的金额，借记"投资性房地产——成本"账户、"应交税费——应交增值税（进项税额）"账户，按实际支付的款项，贷记"银行存款"等账户。

2. 自行建造投资性房地产

企业自行建造的房地产在自行建造活动完成（即达到预定可使用状态）的同时开始对外出租或用于资本增值时，借记"投资性房地产——成本"账户，贷记"在建工程""无形资产"等账户。

（二）投资性房地产的后续计量

投资性房地产采用公允价值模式计量的，不计提折旧或摊销，应当以资产负债表日的公允价值计量。资产负债表日，投资性房地产的公允价值高于其账面余额的差额，借记"投资性房地产——公允价值变动"账户，贷记"公允价值变动损益"账户；公允价值低于其账面余额的差额做相反的分录。

(三) 投资性房地产的后续支出

1. 资本化的后续支出

与投资性房地产有关的后续支出，满足投资性房地产确认条件的应当计入投资性房地产成本。投资性房地产进入改扩建或装修阶段，投资性房地产转入改扩建工程，借记"投资性房地产——在建"账户，贷记"投资性房地产——成本"账户，借记或贷记"投资性房地产——公允价值变动"账户；发生的后续支出，借记"投资性房地产——在建"账户，贷记"银行存款"等账户；改扩建工程完工，借记"投资性房地产——成本"账户，贷记"投资性房地产——在建"账户。

2. 费用化的后续支出

与投资性房地产有关的后续支出，不满足投资性房地产确认条件的应当在发生时计入当期损益，借记"其他业务成本"，贷记"银行存款"等账户。

(四) 投资性房地产的转换

1. 非投资性房地产转换为投资性房地产

（1）作为存货的房地产转换为投资性房地产。

作为存货的房地产改为出租，采用公允价值模式计量时，应当按该项房地产在转换日的公允价值，借记"投资性房地产——成本"账户，原已计提跌价准备的，借记"存货跌价准备"账户，按其账面余额，贷记"开发产品"等账户；同时，转换日的公允价值小于账面价值的，按其差额，借记"公允价值变动损益"账户；转换日的公允价值大于账面价值的，按其差额，贷记"其他综合收益"账户。待该项投资性房地产处置时，因转换计入其他综合收益的部分应转入当期损益。

（2）自用房地产转换为投资性房地产。

企业将自用土地使用权或建筑物转换为以公允价值模式计量的投资性房地产时，应当按该项土地使用权或建筑物在转换日的公允价值，借记"投资性房地产——成本"账户，按已计提的累计摊销或累计折旧，借记"累计摊销"或"累计折旧"账户，原已计提减值准备的，借记"无形资产减值准备""固定资产减值准备"账户，按其账面余额，贷记"固定资产"或"无形资产"账户；同时，转换日的公允价值小于账面价值的，按其差额，借记"公允价值变动损益"账户；转换日的公允价值大于账面价值的，按其差额，贷记"其他综合收益"账户。待该项投资性房地产处置时，因转换计入其他综合收益的部分应转入当期损益。

2. 投资性房地产转换为非投资性房地产

（1）投资性房地产转换为自用房地产。

企业将采用公允价值模式计量的投资性房地产转换为自用房地产时，应当以其转换当日的公允价值作为自用房地产的账面价值，公允价值与原账面价值的差额计入当期损益。

转换日，按该项投资性房地产的公允价值，借记"固定资产"或"无形资产"账户；按该项投资性房地产的成本，贷记"投资性房地产——成本"账户；按该项投资性房地产的累计公允价值变动，贷记或借记"投资性房地产——公允价值变动"账户；按其差额，贷记或借记"公允价值变动损益"账户。

(2) 投资性房地产转换为存货。

企业将采用公允价值模式计量的投资性房地产转换为存货时，应当以其转换当日的公允价值作为存货的账面价值，公允价值与原账面价值的差额计入当期损益。

转换日，按该项投资性房地产的公允价值，借记"开发产品"账户，按该项投资性房地产的成本，贷记"投资性房地产——成本"账户；按该项投资性房地产的累计公允价值变动，贷记或借记"投资性房地产——公允价值变动"账户；按其差额，贷记或借记"公允价值变动损益"账户。

（五）投资性房地产的处置

处置采用公允价值模式计量的投资性房地产时，应当按实际收到的金额，借记"银行存款"等账户，贷记"其他业务收入"账户；按该项投资性房地产的账面余额，借记"其他业务成本"账户；按其成本，贷记"投资性房地产——成本"账户，按其累计公允价值变动，贷记或借记"投资性房地产——公允价值变动"账户。同时结转投资性房地产累计公允价值变动。若存在原转换日计入其他综合收益的金额，也一并结转。

【任务实施】

任务 6.2.1 振华机械有限公司的账务处理：

振华机械有限公司应当于租赁期开始日（2020 年 1 月 1 日）将自用房地产转换为投资性房地产。

借：投资性房地产——成本　　　　　　　　　　350 000 000
　　公允价值变动损益　　　　　　　　　　　　　7 500 000
　　累计折旧　　　　　　　　　　　　　　　　142 500 000
　　贷：固定资产　　　　　　　　　　　　　　　　　　500 000 000

任务 6.2.2 环宇地产有限公司的账务处理：

(1) 2019 年 10 月 1 日，环宇地产有限公司开发完成写字楼并出租。

借：投资性房地产——成本　　　　　　　　　　90 000 000
　　贷：生产成本　　　　　　　　　　　　　　　　　　90 000 000

(2) 2019 年 12 月 31 日，按照公允价值为基础调整其账面价值，公允价值与原账面价值之间的差额计入当期损益

借：投资性房地产——公允价值变动　　　　　　2 000 000
　　贷：公允价值变动损益　　　　　　　　　　　　　　2 000 000

任务 6.2.3 振华机械有限公司的账务处理：

(1) 2019 年 3 月 15 日，投资性房地产转入改扩建工程。

借：投资性房地产——厂房（在建）　　　　　　12 000 000
　　贷：投资性房地产——厂房（成本）　　　　　　　　10 000 000
　　　　　　　　　　　——厂房（公允价值变动）　　　2 000 000

(2) 2019 年 3 月 15 日—11 月 10 日。

借：投资性房地产——厂房（在建）　　　　　　1 500 000
　　贷：银行存款　　　　　　　　　　　　　　　　　　1 500 000

(3) 2019 年 11 月 10 日，改扩建工程完工。

借：投资性房地产——成本 13 500 000
　　贷：投资性房地产——厂房（在建） 13 500 000

任务 6.2.4　振华公司的账务处理：
借：固定资产 48 000 000
　　贷：投资性房地产——成本 45 000 000
　　　　　　　　　　——公允价值变动 2 500 000
　　　　公允价值变动损益 500 000

任务 6.2.5　振华公司的账务处理：
（1）2019 年 4 月 15 日，自用房地产转换为投资性房地产。
借：投资性房地产——成本 470 000 000
　　累计折旧 50 000 000
　　贷：固定资产 500 000 000
　　　　其他综合收益 20 000 000
（2）2019 年 12 月 31 日，公允价值变动。
借：投资性房地产——公允价值变动 10 000 000
　　贷：公允价值变动损益 10 000 000
（3）2020 年 6 月，收回并出售投资性房地产。
借：银行存款 59 950 000
　　贷：其他业务收入 55 000 000
　　　　应交税费——应交增值税（销项税额） 4 950 000
借：公允价值变动损益 10 000 000
　　其他综合收益 20 000 000
　　其他业务成本 450 000 000
　　贷：投资性房地产——成本 470 000 000
　　　　　　　　　　——公允价值变动 10 000 000

项目 6 训练

项目七

金融资产业务核算

学习目标

知识目标：

1. 了解金融资产的含义及类别。
2. 理解以摊余成本计量的金融资产、以公允价值计量且其变动计入其他综合收益的金融资产、以公允价值计量且其变动计入当期损益的金融资产的确认条件。
3. 掌握债权投资、其他债权投资、其他权益性工具投资、交易性金融资产业务的账务处理流程和核算方法。

能力目标：

能根据债权投资、其他债权投资、其他权益性工具投资、交易性金融资产业务准确填制记账凭证，登记相关明细账。

任务1 金融资产认知

文本：投资认知

文本：金融工具

一、金融资产的概念

企业的金融资产是指企业持有的现金、其他方的权益工具以及符合下列条件之一的资产：

（1）从其他方收取现金或其他金融资产的合同权利。例如，企业的银行存款、应收账款、应收票据和贷款等均属于金融资产。预付账款不是金融资产，因其产生的未来经济利益是商品或服务，不是收取现金或其他金融资产的合同权利。

（2）在潜在有利条件下，与其他方交换金融资产或金融负债的合同权利。例如，企业持有的看涨期权或看跌期权等。

（3）将来须用或可用企业自身权益工具进行结算的非衍生工具合同，且企业根据该合同将收到可变数量的自身权益工具。

（4）将来须用或可用企业自身权益工具进行结算的衍生工具合同，但以固定数量的自身权益工具交换固定金额的现金或其他金融资产的衍生工具合同除外。其中，企业自身权益工具，不包括应当按照《企业会计准则第37号——金融工具列报》分类为权益工具的可回售工具和发行方仅在清算时才有义务向另一方按比例交付其净资产的金融工具，也不包括本身就要求在未来收取或交付企业自身权益工具的合同。

企业的金融资产主要包括库存现金、银行存款、应收账款、应收票据、应收利息、应收股利、其他应收款、贷款（金融企业）、垫款、债权投资、股权投资、基金投资等。

二、金融资产的分类

企业应当根据其管理金融资产的业务模式和金融资产的合同现金流量特征，对金融资产进行分类。

管理金融资产的业务模式是指企业如何管理其金融资产以产生现金流量。业务模式决定企业所管理金融资产现金流量的来源是收取合同现金流量、出售金融资产还是两者兼有。业务模式主要有三种：以收取合同现金流量为目标；以收取合同现金流量和出售金融资产为目标；其他业务模式。企业在确定其管理金融资产的业务模式时，应当注意以下几个方面：企业应当在金融资产组合的层次上确定管理金融资产的业务模式，而不必按照单项金融资产逐项确定业务模式；一个企业可能会采用多个业务模式管理其金融资产；企业应当以企业关键管理人员决定的对金融资产进行管理的特定业务目标为基础，确定管理金融资产的业务模式；企业的业务模式并非企业持有金融资产的意图，而是一种客观事实，通常可以从企业为实现其目标而开展的特定活动中得以反映；企业不得以按照合理预期不会发生的情形为基础来确定管理金融资产的业务模式。

合同现金流量特征是指金融工具合同约定的、反映相关金融资产经济特征的现金流量属性。金融资产的合同现金流量仅包括两种：本金的支付；以未偿付本金金额为基础的利息的支付。

企业根据其管理金融资产的业务模式和金融资产的合同现金流量特征将金融资产划分为以下三类：以摊余成本计量的金融资产；以公允价值计量且变动计入其他综合收益的金融资产；以公允价值计量且其变动计入当期损益的金融资产。上述分类一经确定不得随意变更。

1. 以摊余成本计量的金融资产

金融资产同时符合下列条件的，应当分类为以摊余成本计量的金融资产：

（1）企业管理该金融资产的业务模式是以收取合同现金流量为目标。

（2）该金融资产的合同条款规定，在特定日期产生的现金流量，仅为对本金和以未偿付本金金额为基础的利息的支付。

银行向企业客户发放的固定利率贷款，在没有其他特殊安排的情况下，贷款通常可能符合本金加利息的合同现金流量特征。如果银行管理该贷款的业务模式是以收取合同现金流量为目标，则该贷款可以分类为以摊余成本计量的金融资产。普通债券的合同现金流量是到期收回本金并按约定利率在合同期间按时收取固定或浮动利息。在没有其他特殊安排的情况下，普通债券通常可能符合本金加利息的合同现金流量特征。如果企业管理该债券的业务模式是以收取合同现金流量为目标，则该债券可以分类为以摊余成本计量的金融资产。对于企业正常商业往来形成的具有一定信用期限的应收账款，如果企业拟根据应收账款的合同现金流量收取现金，且不打算提前处置应收账款，则该应收账款可以分类为以摊余成本计量的金融资产。

企业应当设置"贷款""应收账款""债权投资"等账户核算以摊余成本计量的金融资产。

2. 以公允价值计量且其变动计入其他综合收益的金融资产

金融资产同时符合下列条件的，应当分类为以公允价值计量且其变动计入其他综合收益的金融资产：

（1）企业管理该金融资产的业务模式既以收取合同现金流量为目标又以出售该金融资产为目标。

（2）该金融资产的合同条款规定，在特定日期产生的现金流量，仅为对本金和以未偿付本金金额为基础的利息的支付。

现金流量并非本金和利息的非交易性权益工具投资，在初始确认时，可直接指定为以公允价值计量且其变动计入其他综合收益的金融资产。该指定一经做出，不得撤销。

企业应当设置"其他债权投资""其他权益工具投资"账户来核算以公允价值计量且其变动计入其他综合收益的金融资产，其中，后者适用于非交易性权益工具投资等。

3. 以公允价值计量且其变动计入当期损益的金融资产

企业分类为以摊余成本计量的金融资产和以公允价值计量且其变动计入其他综合收益的金融资产之外的金融资产，应当分类为以公允价值计量且其变动计入当期损益的金融资产。下列投资产品通常应当分类为以公允价值计量且其变动计入当期损益的金融资产：

（1）股票。股票的合同现金流量源自收取被投资企业未来股利分配以及其清算时获得剩余收益的权利。由于股利及获得剩余收益的权利均不符合本金和利息的定义，因此股票不符合本金加利息的合同现金流量特征。

（2）基金。常见的股票型基金、债券型基金、货币基金或混合基金，一般情况下不符合本金加利息的合同现金流量特征。

（3）可转换债券。可转换债券除按一般债权类投资的特性到期收回本金、获取约定利息或收益外，还嵌入了一项转股权。通过嵌入衍生工具，企业获得的收益在基本借贷安排的基础上，会产生基于其他因素变动的不确定性。由于可转换债券不符合本金加利息的合同现金流量特征，故企业持有的可转换债券投资应当分类为以公允价值计量且其变动计入当期损益的金融资产。

企业应当设置"交易性金融资产"账户来核算以公允价值计量且其变动计入当期损益的金融资产。

4. 金融资产分类的特殊规定

权益工具投资一般不符合本金加利息的合同现金流量的特征，因此应当分类为以公允价值计量且其变动计入当期损益的金融资产。然而在初始确认时，企业可以将非交易性权益工具投资指定为以公允价值计量且其变动计入其他综合收益的金融资产，并按规定确认股利收入。该指定一经做出，不得撤销。企业投资其他上市公司股票或者非上市公司股权的，都可能属于这种情形。

任务2 债权投资业务核算

【任务导入】

2019年1月1日，红星机械有限公司以银行存款20 300 000元购入乙公司当日发行的面值总额为20 000 000元的4年期公司债券，该债券的票面年利率为4.2%，债券合同约定，未来4年，每年年末支付本年度债券利息，本金于债券到期时一次性偿还，乙公司不能提前赎回该债券，红星机械有限公司根据其管理该债券的业务模式和该债券的合同现金流量特征，将该债券分类为以摊余成本计量的金融资产。红星机械有限公司在取得乙公司债券时，计算确定该债券投资的实际年利率为3.79%，红星机械有限公司在每年年末对债券投资的利息收入进行会计处理。

要求：红星机械有限公司对上述业务进行账务处理（"债权投资"账户应写出必要的明细账户）。

【知识准备】

一、债权投资概述

（一）债权投资的确认

债权投资是指到期日固定、回收金额固定或可确定，且企业有明确意图和能力持有至到期的非衍生金融资产。在确认债权投资时应考虑债权投资的特征：

（1）到期日固定、回收金额固定或可确定。"到期日固定、回收金额固定或可确定"是指相关合同明确了投资者在确定的期间内获得或应收取现金流量（例如，债券投资利息和本金等）的金额和时间。

（2）有明确意图持有至到期。"有明确意图持有至到期"是指投资者在取得投资时意图就是明确的，除非遇到一些企业所不能控制、预期不会重复发生且难以合理预计的独立事件，否则将持有至到期。

（3）有能力持有至到期。"有能力持有至到期"是指企业有足够的财务资源，并不受外部因素影响将投资持有至到期。

（二）债权投资的计量

企业取得债权投资时，应当以历史成本，即取得时的公允价值（含相关交易费用），进行初始计量；而在持有期间，采用实际利率法，按摊余成本进行后续计量。

公允价值是指市场参与者在计量日发生的有序交易中，出售一项资产所能收到或者转移一项负债所需支付的价格。金融资产的公允价值，应当以市场交易价格为基础加以确定。

交易费用是指可直接归属于购买、发行或处置金融工具的增量费用。增量费用是指企业没有发生购买、发行或处置相关金融工具的情形就不会发生的费用，包括支付给代理机构、咨询机构、券商、证券交易所、政府有关部门等的手续费、佣金、相关税费以及其他必要支出，不包括债券溢价、折价、融资费用、内部管理成本和持有成本等与交易不直接相关的费用。

1. 实际利率法

实际利率法是指按照金融资产的实际利率计算其摊余成本以及各期利息收入的方法。其中，实际利率是指将金融资产在预计存续期的估计未来现金流量，折现为该金融资产当前账面价值所使用的利率。

2. 摊余成本

金融资产摊余成本是指该金融资产的初始确认金额经下列调整后的结果。其包括：

（1）扣除已偿还的本金。

（2）加上或减去采用实际利率法将该初始确认金额与到期日金额之间的差额进行摊销形成的累计摊销额。

（3）扣除已计提的累计信用减值准备（仅适用于金融资产）。

二、账户设置

"债权投资"账户，核算企业债权投资的摊余成本。其借方登记取得债权投资的投资成本、应计利息及相关的利息调整，贷方登记收回债权投资或其他情况减少的债权投资，本账户期末借方余额反映企业持有的债权投资的摊余成本。本账户可按债权投资的类别和品种，进一步分为"成本""利息调整""应计利息"等明细账户进行明细核算。

"应收利息"账户，核算企业因债券投资应收取的利息。其借方登记企业购入分期付息、到期还本的债券，已到付息期而应收未收的利息，贷方登记实际收到的利息，期末借方余额反映企业尚未收回的债券投资利息。

"债权投资减值准备"账户，核算企业债权投资的减值准备。该账户是债权投资的备抵账户，贷方登记资产负债表日计提的债权投资减值准备，借方登记已计提减值准备的债权投资价值以后又得以恢复、在原已计提的减值准备金额内恢复增加的金额，期末贷方余额反映企业已计提但尚未转销的债权投资减值准备。该账户可按债权投资类别和品种进行明细核算。

在实务中，企业应当设置"债权投资"总账账户，并按投资的债券类别和品种分设"成本""利息调整""应计利息"三个明细账户进行明细核算。该账户期末借方余额表示企业债权投资的摊余成本，也就是说，期末债权投资的摊余成本数量上等于"成本""利息调整""应计利息"三个明细账户余额的代数和，如果持有期间发生减值损失，也要一并扣减。用公式表示为：

摊余成本 = 初始投资成本 − 已偿还本金 ± 利息调整摊销额 − 减值准备

= "债权投资——成本"账户余额 ± "债权投资——利息调整"账户余额 +

"债权投资——应计利息"账户余额 − "债权投资减值准备"账户余额

三、债权投资的会计处理

1. 债权投资的取得

企业取得债权投资时,按购入债券的面值,借记"债权投资——成本"账户,按支付价款中包含的已到付息期但尚未领取的利息金额,借记"应收利息"账户,按实际支付的价款,贷记"银行存款""其他货币资金"等账户,按其差额,借记或贷记"债权投资——利息调整"账户。

借:债权投资——成本【该投资的面值】
　　应收利息【支付价款中包含的已到付息期但尚未领取的利息】
　贷:银行存款
　　　债权投资——利息调整【其差额;或借方】

2. 债权投资的期末计息

资产负债表日,按票面利息,借记"应收利息"账户(分期付息、一次还本债券)或借记"债权投资——应计利息"(一次还本付息债券),按债权投资的摊余成本和实际利率计算确定的实际利息收入,贷记"投资收益"账户,按其差额,借记或贷记"债权投资——利息调整"账户。

借:应收利息【按票面利率计算利息】
　贷:利息收入【期初摊余成本×实际利率计算】
　　　债权投资——利息调整【或借方】

如果为一次还本付息债券投资,则需将上述应收利息替换"债权投资——应计利息"账户。

3. 债权投资的减值

企业应当在资产负债表日对以公允价值计量且其变动计入当期损益以外的金融资产的账面价值进行检查,有客观证据表明该金融资产发生减值的,应当计提减值准备。债权投资发生减值时,应当将该债权投资的账面价值减记至预计未来现金流量现值,并将减记的金额确认为资产减值损失,计入当期损益,借记"信用减值损失"账户,贷记"债权投资减值准备"账户。预计未来现金流量现值,可以按照该债权投资初始确定的实际利率折现,也可以采用合同规定的现行实际利率折现计算。

债权投资确认减值损失后,如有客观证据表明该金融资产价值得以恢复,且客观上与确认该损失后发生的事项有关,原确认的减值损失应当予以转回,计入当期损益。但是,该转回后的账面价值不应超过假定不计提减值准备情况下该债权投资在转回日的摊余成本。

4. 债权投资的出售

出售债权投资时,应按实际收到的金额,借记"银行存款"等账户,按其账面余额,贷记"债权投资——成本"账户、"债权投资——应计利息"账户,贷记或借记"债权投资——利息调整"账户,按其差额,贷记或借记"投资收益"账户。已计提减值准备的,还应同时结转减值准备,借记"债权投资减值准备"账户。

【任务实施】

表 7-1 采用实际利率和摊余成本计算确定利息收入　　　　　　　　单位：元

年份	期初摊余成本①	应收利息②=面值×4.2%	实际利息③=①×3.79%	利息调整摊销④=②-③	期末摊余成本⑤=①-④
2019 年	20 300 000	840 000	769 370	70 630	20 229 370
2020 年	20 229 370	840 000	766 693*	73 307	20 156 063
2021 年	20 156 063	840 000	763 915*	76 085	20 079 978
2022 年	20 079 978	840 000	760 022	79 978**	20 000 000

* 数字四舍五入取整；

** 300 000 - 70 630 - 73 307 - 76 085 = 79 978

红星机械有限公司会计处理过程如下：

（1）2019 年 1 月 1 日购入债券。

　　借：债权投资——成本　　　　　　　　　　　　　　　　　　20 000 000
　　　　债权投资——利息调整　　　　　　　　　　　　　　　　　　300 000
　　　　贷：银行存款　　　　　　　　　　　　　　　　　　　　　20 300 000

（2）2019 年 12 月 31 日，确认乙公司债券实际利息收入、收到债券利息。

　　借：应收利息　　　　　　　　　　　　　　　　　　　　　　　　840 000
　　　　贷：利息收入　　　　　　　　　　　　　　　　　　　　　　　769 370
　　　　　　债权投资——利息调整　　　　　　　　　　　　　　　　　70 630
　　借：银行存款　　　　　　　　　　　　　　　　　　　　　　　　840 000
　　　　贷：应收利息　　　　　　　　　　　　　　　　　　　　　　　840 000

（3）2020 年 12 月 31 日，确认乙公司债券实际利息收入、收到债券利息。

　　借：应收利息　　　　　　　　　　　　　　　　　　　　　　　　840 000
　　　　贷：利息收入　　　　　　　　　　　　　　　　　　　　　　　766 693
　　　　　　债权投资——利息调整　　　　　　　　　　　　　　　　　73 307
　　借：银行存款　　　　　　　　　　　　　　　　　　　　　　　　840 000
　　　　贷：应收利息　　　　　　　　　　　　　　　　　　　　　　　840 000

（4）2021 年 12 月 31 日，确认乙公司债券实际利息收入、收到债券利息。

　　借：应收利息　　　　　　　　　　　　　　　　　　　　　　　　840 000
　　　　贷：利息收入　　　　　　　　　　　　　　　　　　　　　　　763 915
　　　　　　债权投资——利息调整　　　　　　　　　　　　　　　　　76 085
　　借：银行存款　　　　　　　　　　　　　　　　　　　　　　　　840 000
　　　　贷：应收利息　　　　　　　　　　　　　　　　　　　　　　　840 000

（5）2022 年 12 月 31 日，确认乙公司债券实际利息收入、收到债券利息和本金。

　　借：应收利息　　　　　　　　　　　　　　　　　　　　　　　　840 000
　　　　贷：利息收入　　　　　　　　　　　　　　　　　　　　　　　760 022
　　　　　　债权投资——利息调整　　　　　　　　　　　　　　　　　79 978

借：银行存款　　　　　　　　　　　　　　　　　　840 000
　　贷：应收利息　　　　　　　　　　　　　　　　　　840 000
借：银行存款　　　　　　　　　　　　　　　　　　20 000 000
　　贷：债权投资——成本　　　　　　　　　　　　　　20 000 000

拓展：承接上面任务，假设 2020 年 12 月 31 日，红星机械有限公司在收到乙公司债券上年利息后，将该债券全部出售，所得款项 20 250 000 元收存银行。此时，假定不考虑增值税等相关税费及其他因素，红星机械有限公司会计处理过程如下：

2020 年 12 月 31 日，出售债券。
借：银行存款　　　　　　　　　　　　　　　　　　20 500 000
　　贷：债权投资——利息调整　　　　　　　　　　　　156 053
　　　　　　　　——成本　　　　　　　　　　　　　　20 000 000
　　　　投资收益　　　　　　　　　　　　　　　　　　343 947

任务3　其他债权投资和其他权益工具投资业务核算

【任务导入】

任务 7.3.1　红星机械有限公司于 2019 年 7 月 13 日从二级市场收购入 B 公司股票 1 000 000 股，每股市价 15 元，手续费 30 000 元，占 B 公司表决权资本的 1%，红星机械有限公司将其指定为以公允价值计量且其变动计入其他综合收益的非交易性权益工具投资。红星机械有限公司至 2019 年 12 月 31 日仍持有该股票，该股票当时的市价为每股 16 元。2020 年 2 月 1 日，红星机械有限公司将该股票售出，售价为每股 13 元，另支付交易费用 13 000 元。

任务 7.3.2　2019 年 1 月 1 日红星机械有限公司支付价款 10 282 440 元购入某公司发行的 3 年期公司债券，该公司债券的票面总金额 10 000 000 元，票面利率 4%，实际利率为 3%，利息每年支付，本金到期支付。红星机械有限公司将该公司债券划分为以公允价值计量且其变动计入其他综合收益的金融资产。2019 年 12 月 31 日，该债券的市场价格为 10 000 940 元。假定不考虑交易费用和其他因素的影响。

任务 7.3.3　2019 年 5 月 6 日，红星机械有限公司支付价款 10 160 000 元（含交易费用 10 000 元和已宣告发放现金股利 150 000 元），购入乙公司发行的股票 200 万股，占乙公司有表决权股份的 0.5%。红星机械有限公司将其指定为以公允价值计量且其变动计入其他综合收益的非交易性权益工具投资。

2019 年 5 月 10 日，红星机械有限公司收到乙公司发放的现金股利 150 000 元。

2019 年 6 月 30 日，该股票市价为每股 5.2 元。

2019 年 12 月 31 日，红星机械有限公司仍持有该股票；当日，该股票市价为每股 5 元。

2020 年 5 月 9 日，乙公司宣告发放股利 40 000 000 元。

2020 年 5 月 13 日，红星机械有限公司收到乙公司发放的现金股利。

2020 年 5 月 20 日，红星机械有限公司以每股 4.9 元的价格将股票全部转让。

要求：红星机械有限公司根据以上业务进行账务处理。

【知识准备】

一、其他债权投资和其他权益工具投资的概念

其他债权投资和其他权益工具投资通常是指企业初始确认时划分为以公允价值计量且其变动计入其他综合收益的金融资产。比如，企业购入的在活跃市场上有报价的股票、债券和基金等，没有划分为交易性金融资产和债权投资等金融资产的，可确认为其他债权投资和其他权益工具投资。存在活跃市场并有报价的金融资产到底应该划分为哪类金融资产，完全由管理者的意图和金融资产的分类条件决定。相对交易性金融资产而言，其他债权投资和其他权益工具投资的持有意图不明确。

二、账户设置

设置"其他债权投资"账户，该账户属于资产类账户，核算企业分类为以公允价值计量且其变动计入其他综合收益的金融资产。本账户可按金融资产类别和品种，分别以"成本""利息调整""应计利息""公允价值变动"等明细账户进行明细核算。其中，"成本"明细账户核算取得资产时债券的面值；"利息调整"明细账户反映的是债券投资的溢折价以及佣金、手续费等相关费用；"应计利息"明细账户反映的是一次还本付息债券计提的票面利息；"公允价值变动"明细账户反映的是其他债权投资资产负债表日公允价值与账面余额的差额。

设置"其他权益工具投资"账户，该账户属于资产类账户，核算企业指定为以公允价值计量且其变动计入其他综合收益的非交易性权益工具投资。本账户可按其他权益工具投资的类别和品种，分别以"成本""公允价值变动"明细账户进行明细核算。其中，"成本"明细账户核算取得资产时，股权投资的公允价值和相关费用之和；"公允价值变动"明细账户反映的是资产负债表日公允价值与账面余额的差额。

设置"其他综合收益"账户，该账户属于所有者权益类账户，核算企业其他债权投资和其他权益工具投资公允价值变动而形成的应计入所有者权益的利得或损失。该账户的借方登记资产负债表日企业持有的其他债权投资和其他权益工具投资的公允价值低于账面余额的差额；贷方登记资产负债表日企业持有的其他债权投资和其他权益工具投资的公允价值高于账面余额的差额。

三、其他债权投资业务的会计处理

1. 其他债权投资的取得

企业取得其他债权投资时，按购入债券的面值，借记"其他债权投资——成本"账户，按支付价款中包含的已到付息期但尚未领取的利息金额，借记"应收利息"，按实际支付的价款，贷记"银行存款""其他货币资金"等账户，按其差额借记或贷记"其他债权投资——利息调整"账户。

借：其他债权投资——成本【该投资的面值】
　　应收利息【支付价款中包含的已宣告但尚未领取的利息】
　贷：银行存款
　　其他债权投资——利息调整【其差额；或借方】

2. 其他债权投资的持有

(1) 其他债权投资的期末计息。

资产负债表日，其他债权投资为一次还本、分期付息债券投资的，按照票面利率计算的应收利息，借记"应收利息"账户；按持有的其他债权投资的摊余成本和实际利率计算确定的实际利息收入，贷记"投资收益"账户；按其差额，借记或贷记"其他债权投资——利息调整"账户。

资产负债表日，其他债权投资为一次还本付息债券投资的，按照票面利率计算的应收利息，借记"其他债权投资——应计利息"；按其他债权投资的摊余成本和实际利率计算确定的实际利息收入，贷记"投资收益"账户；按其差额，借记或贷记"其他债权投资——利息调整"账户。

借：应收利息【按票面利率计算利息】
　　贷：投资收益【期初摊余成本×实际利率计算】
　　　　其他债权投资——利息调整【或借方】

如果为一次还本付息债券投资，则应将上述应收利息替换成"其他债权投资——应计利息"账户。

(2) 其他债权投资的期末计量。

资产负债表日，其他债权投资应当按照公允价值计量，其他债权投资公允价值变动应当作为其他综合收益，计入所有者权益，不构成当期利润。

资产负债表日，其他债权投资的公允价值高于其账面余额的，按其差额，借记"其他债权投资——公允价值变动"账户，贷记"其他综合收益——其他债权投资公允价值变动"账户；其他债权投资的公允价值低于其账面余额的，编制相反的会计分录。

(3) 其他债权投资的减值。

资产负债表日，确定其他债权投资发生减值的，应当按照减记的金额，借记"信用减值损失"账户，贷记"其他综合收益——信用减值准备"账户。对于已确认减值损失的其他债权投资，在随后会计期间内公允价值上升且客观上与原减值损失事项有关的，应当在原已确认的减值损失范围内按已恢复的金额，借记"其他综合收益——信用减值准备"账户，贷记"信用减值损失"账户。

3. 其他债权投资的出售

出售以公允价值计量且其变动计入其他综合收益的金融资产，应按实际收到的金额，借记"银行存款"等账户，按其账面余额，贷记"其他债权投资——成本、应计利息"账户，贷记或借记"其他债权投资——公允价值变动、利息调整"账户；按应从其他综合收益中转出的公允价值累计变动额，借记或贷记"其他综合收益——其他债权投资公允价值变动"账户；按应从其他综合收益转出的信用减值准备累计金额，贷记或借记"其他综合收益——信用减值准备"；按其差额，贷记或借记"投资收益"账户。

四、其他权益工具投资业务的会计处理

指定为以公允价值计量且其变动计入其他综合收益的非交易性权益工具投资的会计处理，与分类为以公允价值计量且其变动计入其他综合收益的金融资产的会计处理有相同之

处，但也有明显不同。

相同之处在于，公允价值的后续变动计入其他综合收益。不同之处在于，指定为以公允价值计量且其变动计入其他综合收益的非交易性权益工具投资无须计提减值准备，除了获得的股利收入（作为投资成本部分收回的股利收入除外）计入当期损益外，其他相关的利得和损失（包括汇兑损益）均应当计入其他综合收益，且后续不得转入损益；当终止确认时，之前计入其他综合收益的累计利得或损失应当从其他综合收益中转出，计入留存收益。

1. 其他权益工具投资的取得

企业取得其他权益工具投资时，按买价和相关交易费用，借记"其他权益工具投资——成本"账户；按支付价款中包含的已宣告发放尚未发放的现金股利，借记"应收股利"账户，按实际支付的价款，贷记"银行存款""其他货币资金"等账户。

借：其他权益工具投资——成本【公允价值+交易费用】
　　应收股利【已宣告但尚未发放的现金股利】
　贷：银行存款等

2. 其他权益工具投资的持有

（1）被投资单位宣告发放现金股利。

被投资单位宣告发放现金股利时，按享有的份额，借记"应收股利"账户，贷记"投资收益"账户；收到现金股利时，借记"银行存款""其他货币资金"账户，贷记"应收股利"账户。

（2）其他权益工具投资的期末计量。

资产负债表日，指定为以公允价值计量且其变动计入其他综合收益的非交易性权益工具投资的公允价值高于其账面余额的差额，借记"其他权益工具投资——公允价值变动"账户，贷记"其他综合收益——其他权益工具投资公允价值变动"账户。公允价值低于其账面余额的差额做相反的会计分录。

3. 其他权益工具投资的出售

出售以公允价值计量且其变动计入其他综合收益的非交易性权益工具投资时，应按实际收到的金额，借记"银行存款"等账户，按其账面余额，贷记"其他权益工具投资——成本"，贷记或借记"其他权益工具投资——公允价值变动"账户，差额计入留存收益；之前计入其他综合收益（其他综合收益——其他权益工具投资公允价值变动）的累计利得或损失应当从其他综合收益中转出，计入留存收益。

【任务实施】

任务7.3.1 公司账务处理如下：

（1）2019年7月13日，购入股票。

借：其他权益工具投资——成本　　　　　　　　　　　　15 030 000
　贷：银行存款　　　　　　　　　　　　　　　　　　　　　　　15 030 000

（2）2019年12月31日，确认股票价格变动。

借：其他权益工具投资——公允价值变动　　　　　　　　970 000
　贷：其他综合收益——其他权益工具投资公允价值变动　　　　970 000

（3）2020年2月1日，出售股票。

借：银行存款　　　　　　　　　　　　　　　　　　　　　　12 987 000
　　其他综合收益——其他权益工具投资公允价值变动　　　　　970 000
　　盈余公积　　　　　　　　　　　　　　　　　　　　　　　204 300
　　利润分配——未分配利润　　　　　　　　　　　　　　　 1 838 700
　　贷：其他权益工具投资——成本　　　　　　　　　　　　　　　　15 030 000
　　　　　　　　　　　　　——公允价值变动　　　　　　　　　　　　970 000

任务7.3.2　公司账务处理如下：

（1）2019年1月1日，购入债券。

借：其他债权投资——成本　　　　　　　　　　　　　　　10 000 000
　　　　　　　　——利息调整　　　　　　　　　　　　　　　282 440
　　贷：银行存款　　　　　　　　　　　　　　　　　　　　　　　　10 282 440

（2）2019年12月31日，确认利息收入、确认公允价值变动。

　　　　　实际利息 = 1 028.244 × 3% = 30.843 72 ≈ 30.85（万元）
　　　　　年末摊余成本 = 1 028.244 + 30.85 - 40 = 1 019.094（万元）

借：应收利息　　　　　　　　　　　　　　　　　　　　　　　400 000
　　贷：其他债权投资——利息调整　　　　　　　　　　　　　　　　　91 500
　　　　投资收益　　　　　　　　　　　　　　　　　　　　　　　　308 500
借：银行存款　　　　　　　　　　　　　　　　　　　　　　　400 000
　　贷：应收利息　　　　　　　　　　　　　　　　　　　　　　　　400 000
借：其他综合收益　　　　　　　　　　　　　　　　　　　　　190 000
　　贷：其他债权投资——公允价值变动　　　　　　　　　　　　　　190 000

任务7.3.3　公司账务处理如下：

（1）2019年5月6日，购入股票。

借：应收股利　　　　　　　　　　　　　　　　　　　　　　　150 000
　　其他权益工具投资——成本　　　　　　　　　　　　　 10 010 000
　　贷：银行存款　　　　　　　　　　　　　　　　　　　　　　　 10 160 000

（2）2019年5月10日，收到现金股利。

借：银行存款　　　　　　　　　　　　　　　　　　　　　　　150 000
　　贷：应收股利　　　　　　　　　　　　　　　　　　　　　　　　150 000

（3）2019年6月30日，确认股票价格变动。

借：其他权益工具投资——公允价值变动　　　　　　　　　　　390 000
　　贷：其他综合收益——其他权益工具投资公允价值变动　　　　　　390 000

（4）2019年12月31日，确认股票价格变动。

借：其他综合收益——公允价值变动　　　　　　　　　　　　　400 000
　　贷：其他权益工具投资——其他权益工具投资公允价值变动　　　　400 000

（5）2020年5月9日，确认应收现金股利。

借：应收股利　　　　　　　　　　　　　　　　　　　　　　　200 000
　　贷：利息收入　　　　　　　　　　　　　　　　　　　　　　　　200 000

(6) 2020 年 5 月 13 日，收到现金股利。
借：银行存款　　　　　　　　　　　　　　　　　　　　　　200 000
　　贷：应收股利　　　　　　　　　　　　　　　　　　　　　　200 000
(7) 2020 年 5 月 20 日，出售股票。
借：银行存款　　　　　　　　　　　　　　　　　　　　　　9 800 000
　　盈余公积　　　　　　　　　　　　　　　　　　　　　　　21 000
　　利润分配——未分配利润　　　　　　　　　　　　　　　　189 000
　　其他权益工具投资——其他权益工具投资公允价值变动　　　10 000
　　贷：其他权益工具投资——成本　　　　　　　　　　　　　10 010 000
　　　　其他综合收益——公允价值变动　　　　　　　　　　　10 000

任务 4　交易性金融资产业务核算

【任务导入】

任务 7.4.1　红星机械有限公司有闲置资金，故到中泰证券公司开立证券账户，进行股票投资。企业发生业务如下：

(1) 红星机械有限公司 2019 年 6 月 10 日通过证券账户购买 A 公司股票 1 000 000 股，作为交易性金融资产，每股成交价格 5.0 元（其中包含已宣告但尚未发放的现金股利，每股 0.1 元），另支付交易费用 12 500 元，取得的增值税专用发票上注明的增值税额为 7 500 元。企业意欲短期持有，企业将该股票投资分类为以公允价值计量且其变动计入当期损益的金融资产。

(2) 红星机械有限公司于 2019 年 6 月 25 日收到 A 公司发放的现金股利 100 000 元。

(3) 2019 年 6 月 30 日，A 公司股票市价为每股 5.5 元。

(4) 2019 年 8 月 10 日，A 公司宣告发放现金股利，每股 0.1 元。

(5) 2019 年 10 月 25 日，出售当年 6 月 10 日购入的 A 公司股票，每股售价 6.5 元。

要求：根据业务填制记账凭证，登记交易性金融资产明细账。

【知识准备】

一、交易性金融资产概念及特点

企业根据其管理金融资产的业务模式和金融资产的合同现金流量特征将金融资产划分为以下三类：以摊余成本计量的金融资产；以公允价值计量且变动计入其他综合收益的金融资产；以公允价值计量且其变动计入当期损益的金融资产。

以公允价值计量且其变动计入当期损益的金融资产称为"交易性金融资产"，它是企业为了近期内出售而持有的金融资产，如企业以赚取差价为目的从二级市场购入的股票、债券、基金等。交易性金融资产预期能在短期内变现以满足日常经营的需要，因此，在资产负债表中作为流动资产。

二、账户设置

为了核算交易性金融资产的取得、收取现金股利和利息、处置等业务，企业应当设置以下账户：

"交易性金融资产"账户。该账户属于资产类账户，核算企业分类为以公允价值计量且其变动计入当期损益的金融资产，其中包括企业以交易为目的所持有的债券投资、股票投资、基金投资等交易性金融资产的公允价值。本账户的借方登记交易性金融资产的取得成本、资产负债表日其公允价值高于账面余额的差额，贷方登记资产负债表日其公允价值低于账面余额的差额，以及企业出售交易性金融资产时结转的成本和公允价值变动额。本账户按交易性金融资产的类别和品种，进一步分为"成本""公允价值变动"明细账户进行明细核算。

公允价值是指市场参与者在计量日发生的有序交易中，出售一项资产所能收到或者转移一项负债所需支付的价格。金融资产的公允价值，应当以市场交易价格为基础加以确定。

"公允价值变动损益"账户。该账户属于损益类账户，核算企业交易性金融资产等公允价值变动而形成的应计入当期损益的利得或损失。本账户的借方登记资产负债表日企业持有的交易性金融资产等的公允价值低于账面余额的差额；贷方登记资产负债表日企业持有的交易性金融资产等的公允价值高于账面余额的差额。期末，应将本账户的余额转入"本年利润"账户，结转后本账户无余额。

"应收股利"账户。该账户核算企业应收取的现金股利和收取其他单位分配的利润。"应收股利"账户的借方登记应收股利的增加，贷方登记收到的现金股利或利润，期末余额一般在借方，反映企业尚未收到的现金股利或利润。

"应收利息"账户。该账户核算企业根据合同或协议的规定应向债务人收取的利息。"应收利息"账户的借方登记应收利息的增加，贷方登记收到的利息，期末余额一般在借方，反映企业尚未收到的利息。

"投资收益"账户。该账户核算企业持有交易性金融资产等期间内取得的投资收益以及出售交易性金融资产等实现的投资收益或投资损失。"投资收益"账户借方登记企业取得交易性金融资产时支付的交易费用、出售交易性金融资产等发生的投资损失，贷方登记企业持有交易性金融资产等期间内取得的投资收益以及出售交易性金融资产等实现的投资收益。

三、业务核算

1. 交易性金融资产的取得

企业取得交易性金融资产时，应当按照金融资产取得时的公允价值作为其初始入账金额。企业取得交易性金融资产所支付的价款中包含的按已宣告但尚未发放的现金股利或已到付息期但尚未领取的债券利息，应单独确认为应收项目。

企业取得交易性金融资产时所发生的相关交易费用应当在发生时计入当期损益，冲减投资收益，发生交易费用取得增值税专用发票的，进项税额经认证后可从当月销项税额中扣除。交易费用是指可直接归属于购买、发行或处置金融工具的增量费用。增量费用是指企业没有发生购买、发行或处置相关金融工具的情形就不会发生的费用，包括支付给代理机构、咨询公司、券商、证券交易所、政府有关部门等的手续费、佣金、相关税费以及其他必要支出，不包括债券溢价、折价、融资费用、内部管理成本和持有成本等与交易不直接相关的费用。

企业取得交易性金融资产，应当按照金融资产取得时的公允价值，借记"交易性金融资产——成本"账户；按发生的交易费用，借记"投资收益"账户；发生交易费用取得增值税专用发票的，按其注明的增值税进项税额，借记"应交税费——应交增值税（进项税额）"账户；按照实际支付的金额，贷记"其他货币资金"等账户。企业取得交易性金融资产所支付的价款中包含的按已宣告但尚未发放的现金股利或已到付息期但尚未领取的债券利息，应单独确认为应收项目，借记"应收股利"账户或"应收利息"账户。

2. 交易性金融资产的持有

(1) 交易性金融资产的现金股利和利息。

企业持有交易性金融资产期间，对于被投资单位宣告发放的现金股利或已到付息期尚未领取的债券利息，应当确认为应收项目，并计入投资收益，即借记"应收股利"或"应收利息"账户，贷记"投资收益"账户。收到上列现金股利或债券利息的，借记"其他货币资金"等账户，贷记"应收股利（或应收利息）"账户。

需要强调的是，企业只有在同时满足三个条件时，才能确认交易性金融资产所取得的股利收入或利息收入并计入当期损益：一是企业收取股利或利息的权利已经确立（例如被投资单位已宣告）；二是与股利或利息相关的经济利益很可能流入企业；三是股利或利息的金额能够可靠计量。

(2) 交易性金融资产的期末计量。

根据企业会计准则的规定，资产负债表日，交易性金融资产应当按照公允价值计量，公允价值与账面余额之间的差额计入当期损益。

资产负债表日，交易性金融资产的公允价值高于其账面余额时，应按二者之间的差额，借记"交易性金融资产——公允价值变动"账户，贷记"公允价值变动损益"账户。当交易性金融资产的公允价值低于其账面余额时，应按二者之间的差额，借记"公允价值变动损益"账户，贷记"交易性金融资产——公允价值变动"账户。

3. 交易性金融资产的出售

企业出售交易性金融资产时，应当将该交易性金融资产出售时的公允价值与账面余额之间的差额作为投资损益进行会计处理。

企业出售交易性金融资产时，应按实际收到的金额，借记"其他货币资金"等账户，按该金融资产的账面余额的成本部分，贷记"交易性金融资产——成本"账户；按照该金融资产的账面余额的公允价值变动部分，借记或贷记"交易性金融资产——公允价值变动"账户；按其差额，贷记或借记"投资收益"账户。

4. 转让金融商品应交增值税

金融商品转让按照卖出价扣除买入价（不需要扣除已宣告未发放现金股利和已到付息期未领取的利息）后的余额作为销售额计算增值税，即转让金融商品按盈亏相抵后的余额作销售额。若相抵后出现负差，则可结转下一纳税期使其与下期转让金融商品销售额互抵，但年末时仍出现负差的，不得转入下一会计年度。

转让金融产品应交增值税的计算公式为：

$$销项税额 = (转让价 - 买入价) \div (1 + 6\%) \times 6\%$$

转让金融资产当月月末，如产生转让收益，则按应纳税额，借记"投资收益"等账户，贷记"应交税费——转让金融商品应交增值税"账户；如产生转让损失，则按可结转下月抵扣税额，借记"应交税费——转让金融商品应交增值税"账户，贷记"投资收益"等账户。

年末，如果"应交税费——转让金融商品应交增值税"账户有借方余额，则说明本年度的金融商品转让损失无法弥补，且本年度的金融资产转让损失不可转入下年度继续抵减转让金融资产的收益。因此，应借记"投资收益"等账户，贷记"应交税费——转让金融商品应交增值税"账户，将"应交税费——转让金融商品应交增值税"账户的借方余额转出。

【任务实施】

任务 7.4.1 根据相关业务，进行以下会计处理。

(1) 取得交易性金融资产。

借：交易性金融资产——A 公司股票——成本	4 900 000
应收股利——A 公司	100 000
投资收益	12 500
应交税费——应交增值税（进项税额）	7 500
贷：其他货币资金——存出投资款	5 020 000

(2) 收到现金股利。

借：其他货币资金——存出投资款	100 000
贷：应收股利——A 公司	100 000

(3) 2019 年 6 月 30 日，A 公司股票市价为每股 5.5 元。

交易性金融资产的期末计量：

借：交易性金融资产——A 公司股票——公允价值变动	600 000
贷：公允价值变动损益	600 000

(4) 2019 年 8 月 10 日，A 公司宣告发放现金股利每股 0.1 元。

持有期间交易性金融资产的现金股利：

借：应收股利——A 公司	100 000
贷：投资收益	100 000

(5) 2019 年 10 月 25 日，出售当年 6 月 10 日购入的股票，每股售价 6.5 元。

交易性金融资产的处置：

借：其他货币资金——存出投资款	6 500 000
贷：交易性金融资产——A 公司股票——成本	4 900 000
交易性金融资产——A 公司股票——公允价值变动	600 000
投资收益	1 000 000

转让股票应交增值税 = (6 500 000 − 5 000 000) ÷ (1 + 6%) × 6% ≈ 84 905.67(元)

借：投资收益	84 905.67
贷：应交税费——转让金融产品应交增值税	84 905.67

【典型任务举例】

任务 7.4.2 2019 年 1 月 5 日，红星机械有限公司购入乙公司发行的公司债券，面值

20 000 000元，乙公司该批债券于2018年7月1日发行，债券利率为5%，债券利息每半年支付一次。红星机械有限公司购入乙公司债券时将其划分为交易性金融资产，购入时支付价款22 000 000元（其中包含已宣告发放的2018年下半年债券利息500 000元），另支付交易费用200 000元，取得增值税专用发票上的金额为12 000元。2019年1月15日，红星机械有限公司收到2018年下半年债券利息500 000元。2019年6月30日，债券市价为22 100 000元。2019年7月15日，收到上半年债券利息500 000元。2019年8月20日将债券以22 400 000元的价格出售。

2019年1月5日，红星机械有限公司购入乙公司债券。

借：交易性金融资产——成本 21 500 000
    应收利息 500 000
    投资收益 200 000
    应交税费——应交增值税（进项税额） 12 000
  贷：银行存款 22 212 000

2019年1月15日，收到购买价款中包括的已宣告发放的2018年下半年债券利息。

借：银行存款 500 000
  贷：应收利息 500 000

2019年6月30日，确认2019年上半年应收乙公司的债券利息收入。

借：应收利息 500 000
  贷：投资利益 500 000

2019年6月30日，确认债券公允价值变动。

借：交易性金融资产——公允价值变动 600 000
  贷：公允价值变动损益 600 000

2019年7月15日，收到2019年上半年乙公司债券利息。

借：银行存款 500 000
  贷：应收利息 500 000

2019年8月20日。

借：银行存款 22 400 000
  贷：交易性金融资产——成本 21 500 000
              ——公允价值变动 600 000
      投资收益 300 000

转让债券应交增值税 =（22 400 000 - 22 000 000）÷（1 + 6%）× 6% ≈ 22 641.51（元）

借：投资收益 22 641.51
  贷：应交税费——转让金融产品应交增值税 22 641.51

项目7 训练

项目八

长期股权投资业务核算

学习目标

知识目标：
1. 掌握长期股权投资的类型。
2. 掌握长期股权投资初始投资成本的确定方法。
3. 掌握长期股权投资成本法的适用范围及成本法下有关业务的账务处理方法。
4. 掌握长期股权投资权益法的适用范围及权益法下有关业务的账务处理方法。

能力目标：
1. 会计算长期股权投资初始投资成本。
2. 能根据长期股权投资业务熟练编制相关记账凭证并登记相应的明细账。

任务1 长期股权投资认知

一、长期股权投资的概念

股权投资是指形成所有权关系的投资。投资完成后，投资单位与被投资单位形成一种所有权关系，即投资单位拥有被投资单位资产的一定比例的所有权，被投资单位则以独立法人的身份，对被投资者的资产负保值增值的责任。由于投资单位实质上是被投资单位的所有者，因此投资企业要按照投资比例的大小享有被投资单位的经营管理权。投资后，投资单位在资产负债表上表现为一项资产，而被投资单位资产负债表上表现为所有者权益的一个构成部分。长期股权投资是指企业长期持有的、通过对外出让资产而获得被投资单位的股权，成为被投资单位的股东，并按持有的股份享有权利和承担责任的一项非流动资产。

二、长期股权投资的类型

按照对被投资单位产生的影响，长期股权投资可以分为控制型股权投资、共同控制型股权投资、重大影响型股权投资。

1. 控制型股权投资

其是指投资方能够对被投资单位实施控制的权益性投资，即对子公司投资。控制是指投资方拥有对被投资单位的权利，通过参与被投资单位的相关活动而享有可变回报，并且有能力运用对被投资单位的权利来影响其回报金额。相关活动是指被投资方的回报产生重大影响的活动。可变回报是不固定且可能随着被投资方业绩而变化的回报，即投资方自被投资方取得的回报可能会随着被投资方业绩而变动。投资企业能够对被投资单位实施控制的，被投资单位为投资单位的子公司。

控制的定义及判断

2. 共同控制型股权投资

其是指投资方与其他合营方一同对被投资单位实施共同控制的权益性投资，即对合营企业投资。共同控制是指按照相关约定对某项安排所共有的控制，并且安排的相关活动必须经过分享控制权的参与方一致同意后才能决策。投资方对被投资单位具有共同控制权益性投资的，被投资单位为投资方的合营企业。在判断是否存在共同控制时，应当首先判断所有参与方或参与方组合是否集体控制该安排，再判断安排的相关活动的决策是否必须经过这些集体控制该安排的参与方一致同意。如果存在两个或两个以上的组合能够集体控制某项安排，则不构成共同控制。

3. 重大影响型股权投资

其是指投资方对被投资单位具有重大影响的权益性投资，即对联营企业投资。重大影响是指对一个企业的财务和经营政策有参与决策的权利，但并不能够控制或者与其他方一起共同控制这些政策的制定。投资企业对被投资单位具有重大影响的权益性投资，被投资单位为投资方的联营企业。实务中较为常见的重大影响体现为在被投资单位的董事会或类似权力机构中派有代表，通过在被投资单位财务和经营决策制定过程中的发言权实施重大影响。投资企业直接或通过子公司间接拥有被投资单位 20% 或以上至 50% 的表决权资本时，一般认为对被投资单位具有重大影响，除非有明确的证据表明这种情况下不能参与被投资单位的生产经营决策、不形成重大影响。在确定能否对被投资单位施加重大影响时，既要考虑投资方直接或间接持有被投资单位的表决权股份，又要考虑投资方及其他方持有的到期可执行潜在表决权在假定转换为对被投资单位的股权后产生的影响，如被投资单位发行的到期可转换的认股权证、股份期权及可转换公司债券等的影响。

三、长期股权投资的计量

企业在取得长期股权投资时，应按初始投资成本入账。长期股权投资既可以通过企业合并形成，也可以通过支付现金、发行权益证券、投资者投入、债务重组、非货币性资产交换等企业合并以外的其他方式取得。在不同的取得方式下，初始投资成本的确定方法有所不同。企业应当分别按企业合并和非企业合并两种情况来确定长期股权投资的初始投资成本。

（一）企业合并形成的长期股权投资

企业合并是将两个或两个以上单独的企业合并形成一个报告主体的交易或事项。根据参与合并的企业，在合并前后是否受同一方或相同的多方最终控制，分为同一控制下的企业合并与非同一控制下的企业合并。

1. 同一控制下的企业合并

(1) 同一控制下企业合并的特点。

同一控制下的企业合并是指参与合并的各方，在合并前后是否受同一方或相同的多方最终控制，且该控制并非暂时性的。同一控制下企业合并，在合并日取得对其他参与合并企业控制权的一方为合并方，参与合并的其他企业为被合并方。

同一控制下企业合并的特点表现为：将企业合并看作两个或多个参与合并企业权益的重新整合，由于最终控制方的存在，从最终控制方的角度看，该类企业合并一定程度上并不会造成企业集团整体的经济利益流入和流出，最终控制方在合并前后实际控制的经济资源并没有发生变化，所以整个事项从本质上看不属于交易事项，而是企业间资产、负债的重新组合。合并方通过企业合并形成的对被合并方的长期股权投资，其成本代表的是在被合并方账面所有者权益中享有的份额。所以，长期股权投资采用账面价值计量。

(2) 同一控制下企业合并形成的长期股权投资初始成本的确定。

同一控制下企业合并形成的长期股权投资，应当在合并日按照所取得的被合并方在最终控制方合并财务报表中的净资产的账面价值的份额来确定长期股权投资的初始投资成本。被合并方在合并日的净资产账面价值为负数的，长期股权投资成本按零确定，同时在备查簿中予以登记。

合并方以支付现金、转让非现金资产或承担债务方式作为合并对价的，长期股权投资初始投资成本与支付的现金、转让的非现金资产以及所承担的债务账面价值之间的差额，应当调整资本公积（资本溢价或股本溢价）；资本公积不足冲减的，则应调整留存收益。

合并方以发行权益性证券作为合并对价的，按照发行股份的面值总额作股本，长期股权投资的初始投资成本与所发行股份面值总额之间的差额，应当调整资本公积（股本溢价）；资本公积不足冲减的，则应调整留存收益。

合并方发生的审计、法律服务、评估咨询等中介费用以及其他相关管理费用，于发生时计入当期损益。与发行权益性工具作为合并对价直接相关的交易费用，应当冲减资本公积（资本溢价或股本溢价），资本公积（资本溢价或股本溢价）的余额不足冲减的，依次冲减盈余公积和未分配利润。与发行债务性工具作为合并对价直接相关的交易费用，应当计入债务性工具的初始确认金额。

2. 非同一控制下的企业合并

(1) 非同一控制下的企业合并的特点。

非同一控制下的企业合并是指参与合并的各方，在合并前后不属于同一方或相同的多方最终控制的情况下进行的合并。非同一控制下企业合并的特点是：参与合并的一方购买另一方或多方的交易。其中，在购买日取得对其他参与合并企业控制权的一方为购买方，参与合并的其他企业为被购买方。所以，长期股权投资采用公允价值计量。

(2) 非同一控制下企业合并形成的长期股权投资初始成本的确定。

非同一控制下的企业合并中，购买方应当按照确定的企业合并成本来确定长期股权投资的初始投资成本。合并成本包括购买方付出的资产、发生或承担的负债、发行的权益性工具或债务工具的公允价值之和。

购买方为企业合并发生的审计、法律服务、评估咨询等中介费用以及其他相关管理费用，于发生时计入当期损益。购买方作为合并对价发行的权益性工具或债务性工具的交易费用，应当计入权益性工具或债务性工具的初始确认金额。

（二）企业合并以外的其他方式取得的长期股权投资

长期股权投资可以通过不同的方式取得，除企业合并形成的长期股权投资外，其他方式取得的长期股权投资，应当按照以下要求确定初始投资成本：

（1）以支付现金取得的长期股权投资，应当按照实际支付的购买价款来确定初始投资成本，初始投资成本包括与取得长期股权投资直接相关的费用、税金及其他必要支出，但所支付价款中包含的被投资单位已宣告但尚未发放的现金股利或利润应作为应收项目核算，不构成取得长期股权投资的成本。

（2）以发行权益性证券方式取得的长期股权投资，应当按照发行权益性证券的公允价值来确定初始投资成本，但不包括应自被投资单位收取的已宣告但尚未发放的现金股利或利润。为发行权益性证券支付给有关证券承销机构等的手续费、佣金等与权益性证券发行直接相关的费用，不构成取得长期股权投资的成本。该部分费用应自权益性证券的溢价发行收入中扣除，权益性证券的溢价收入不足冲减的，应冲减盈余公积和未分配利润。

（3）以债务重组、非货币性资产交换等方式取得的长期股权投资，其初投资成本应按照《企业会计准则第12号——债务重组》和《企业会计准则第7号——非货币性资产交换》的原则确定。

任务2　成本法下长期股权投资业务核算

【任务导入】

任务8.2.1　2018年1月1日，红星机械有限公司以银行存款购入丙公司51%的股份，准备长期持有，丙公司成为红星机械有限公司的非全资子公司，并且红星机械有限公司和丙公司没有关联关系，共花费12 000 000元。丙公司2018年4月18日宣告分派现金股利2 000 000元。2018年12月31日，该长期股权投资的可收回金额为11 600 000元。2019年6月5日红星机械有限公司出售该长期股权，并收到款项15 000 000元。

要求：红星机械有限公司根据以上业务进行账务处理。

【知识准备】

一、成本法概念及适用范围

（一）成本法的概念

成本法是指长期股权投资按投资成本计价核算的方法。在成本法下，在取得长期股权投资时，长期股权投资按其初始投资成本计价，在持有期间，除了投资企业追加投资或收回投资外，长期股权投资的账面价值应当保持不变，即长期股权投资的价值一经入账，无论被投资单位的生产经营情况如何，是盈利还是亏损，净资产是增加还是减少，投资企业均不改变其长期股权投资的账面价值，仍以初始投资成本来反映企业的长期股权投资。

（二）成本法的适用范围

按照长期股权投资准则的规定，应当采用成本法核算的长期股权投资，主要是企业能够对被投资单位实施控制的投资，即企业对子公司的长期股权投资。

二、账户设置

为了反映长期股权投资的发生、投资额的增减变动、投资的收回以及投资过程中实现的损益，在会计核算上需要设置"长期股权投资""投资收益""长期股权投资减值准备"等账户。

"长期股权投资"账户核算企业长期持有的各种股权性质的投资，包括购入的股票和其他股权投资，借方登记长期股权投资取得时的成本，贷方登记收回长期股权投资的成本。该账户按被投资单位进行明细核算。

"长期股权投资减值准备"账户核算企业长期股权投资发生减值时计提的减值准备。其贷方登记提取的长期股权投资减值准备，借方登记企业处置长期股权投资时结转已计提的长期股权投资减值准备，贷方余额反映企业已经计提但尚未转销的长期股权投资减值准备。

三、成本法的核算程序

1. 取得长期股权投资

企业进行初始投资或追加投资时，按照初始投资或追加投资时的投资成本增加长期股权投资的账面价值，借记"长期股权投资"账户，贷记"银行存款"等账户。如果实际支付的价款中包含已宣告但尚未分派的现金股利或利润，则应借记"应收股利"账户。

2. 长期股权投资持有期间被投资单位宣告分派现金股利或利润

长期股权投资持有期间被投资单位宣告分派现金股利或利润时，投资企业按应享有的份额，确认为当期投资收益，借记"应收股利"账户，贷记"投资收益"账户。

3. 长期股权投资发生减值

资产负债表日，长期股权投资的可收回金额小于账面价值的，应当将该长期股权投资的账面价值减记至可收回金额，减记的金额确认为资产减值损失，计入当期损益，同时计提长期股权投资减值准备。投资企业按照减记的金额借记"资产减值损失——计提的长期股权投资减值准备"账户，贷记"长期股权投资减值准备"账户。

长期股权投资减值损失一经确认，在以后会计期间不得转回。

4. 长期股权投资的处置

处置长期股权投资时，应按实际收到的金额来借记"银行存款"等账户；原已计提减值准备的，借记"长期股权投资减值准备"账户，按其账面余额，贷记"长期股权投资"账户，按尚未领取的现金股利或利润，贷记"应收股利"账户，按其差额，贷记或借记"投资收益"账户。

【任务实施】

任务 8.2.1 任务分析：投资企业直接拥有被投资单位 51% 以上表决权资本，属于控制型的股权投资,长期股权投资采用成本法核算。

(1) 2018年1月1日,购入长期股权投资。

分析:非同一控制下的企业合并中,购买方应当将确定的企业合并成本作为长期股权投资的初始投资成本。合并成本为购买方付出资产的公允价值,即12 000 000元。

借:长期股权投资——丙公司　　　　　　　　　　　12 000 000
　　贷:银行存款　　　　　　　　　　　　　　　　　　　　　12 000 000

(2) 2018年4月18日宣告分派现金股利。

分析:被投资单位宣告分派利润或现金股利时,投资企业按应享有的部分,确认为当期投资收益。

借:应收股利　　　　　　　　　　　　　　　　　　1 020 000
　　贷:投资收益　　　　　　　　　　　　　　　　　　　　　　1 020 000

(3) 2018年12月31日,长期股权投资发生减值。

分析:2018年12月31日,该长期股权投资的可收回金额为11 600 000元,低于长期股权投资的账面价值12 000 000元,按差额计提减值准备。

借:资产减值损失　　　　　　　　　　　　　　　　　400 000
　　贷:长期股权投资减值准备　　　　　　　　　　　　　　　　400 000

(4) 2019年6月5日,出售该长期股权。

借:银行存款　　　　　　　　　　　　　　　　　　15 000 000
　　长期股权投资减值准备　　　　　　　　　　　　　　400 000
　　贷:长期股权投资——丙公司　　　　　　　　　　　　　　12 000 000
　　　　投资收益　　　　　　　　　　　　　　　　　　　　　　3 400 000

【典型业务举例】

任务8.2.2 2018年5月20日,甲公司以一台生产设备为合并对价,取得其母公司控制的乙公司80%的股权,并于当日起能够对乙公司实施控制。合并日,该设备的账面原价为7 000 000元,已提折旧2 000 000元,已提减值准备300 000元,公允价值为8 000 000元,转让动产适用的增值税税率为16%。最终,控制方合并报表中的乙公司的净资产的账面价值为6 000 000元。甲公司与乙公司的会计年度和采用的会计政策相同。投资当日甲公司"资本公积——资本溢价"账户余额为500 000元,"盈余公积"账户余额为200 000元。

甲公司的会计处理如下:

借:固定资产清理　　　　　　　　　　　　　　　　4 700 000
　　累计折旧　　　　　　　　　　　　　　　　　　2 000 000
　　固定资产减值准备　　　　　　　　　　　　　　　300 000
　　贷:固定资产　　　　　　　　　　　　　　　　　　　　　7 000 000
借:长期股权投资　　　　　　　　　　　　　　　　4 800 000
　　资本公积　　　　　　　　　　　　　　　　　　　500 000
　　盈余公积　　　　　　　　　　　　　　　　　　　200 000
　　利润分配——未分配利润　　　　　　　　　　　　480 000

贷：固定资产清理 4 700 000
　　　　应交税费——应交增值税（销项税额） 1 280 000

任务 8.2.3　2018 年 4 月，红日集团公司的子公司利民公司通过增发 40 000 000 股普通股（每股面值 1 元）取得同一集团内 B 公司 60% 的股权，并于当日起对 B 公司实施控制。按照增发前后的平均股价计算，该 40 000 000 股股份的公允价值为 200 000 000 元。合并日，红日集团合并财务报表中 B 公司的账面所有者权益总额为 250 000 000 元，则利民公司长期股权投资的初始投资成本为 150 000 000（250 000 000×60%）元。利民公司做以下会计分录。

　　借：长期股权投资——B 公司 150 000 000
　　贷：股本 40 000 000
　　　　资本公积——股本溢价 110 000 000

任务 8.2.4　2018 年 3 月 31 日，A 公司取得 B 公司 70% 的股权，并于当日起能够对 B 公司实施控制。合并中，A 公司支付的土地使用权的账面价值为 20 000 000 元（成本为 30 000 000 元，累计摊销 10 000 000 元），土地使用权的公允价值为 32 000 000 元。在合并中，A 公司为核实 B 公司的资产价值，聘请专业资产评估机构对 B 公司的资产进行评估，支付评估费用 1 000 000 元。假定合并前 A 公司与 B 公司不存在任何关联方关系，且不考虑相关税费等其他因素影响。要求对 A 公司长期股权投资业务进行账务处理。

分析：在本例中，因 A 公司与 B 公司及其股东在合并前不存在任何关联方关系，故应作为非同一控制下的企业合并处理。

A 公司对于合并形成的对 B 公司的长期股权投资，应按支付对价的公允价值来确定其初始投资成本。A 公司应做以下会计分录。

　　借：长期股权投资 32 000 000
　　　　累计摊销 10 000 000
　　贷：无形资产 30 000 000
　　　　资产处置损益 12 000 000
　　借：管理费用 1 000 000
　　贷：银行存款 1 000 000

任务3　权益法下长期股权投资业务核算

【任务导入】

任务 8.3.1　红星机械有限公司长期股权投资业务如下：

（1）红星机械有限公司于 2018 年 1 月 1 日以 450 000 元购入 A 公司的股票，占 A 公司普通股的 30%，并对 A 公司有重大影响。投资时，A 公司的可辨认净资产的公允价值为 1 500 000 元。

（2）2018 年，A 公司实现净利润 600 000 元。

（3）2019 年 2 月，A 公司宣告分派现金股利 200 000 元。

（4）2019 年 3 月，收到该笔现金股利。

要求：红星机械有限公司对上述经济业务进行账务处理。

【知识准备】

一、长期股权投资权益法的概念及适用范围

权益法是指长期股权投资最初以投资成本计价,以后根据投资企业享有被投资单位所有者权益份额的变动对投资的账面价值进行调整的方法。在权益法下"长期股权投资"账户的账面金额反映的是投资企业在被投资企业所有者权益总额中所占的份额。

长期股权投资准则规定,应当采用权益法来核算的长期股权投资包括两类:一是对合营企业投资;二是对联营企业投资。即投资单位对被投资单位具有共同控制和重大影响时,长期股权投资应采用权益法核算。

二、权益法的账户设置

为了反映和监督长期股权投资的取得、持有和处置情况,企业应当设置"长期股权投资""投资收益""其他综合收益"等账户。

长期股权投资使用权益法对长期股权投资进行核算时,应在"长期股权投资"账户中分设"投资成本""损益调整""其他综合收益""其他权益变动"四个明细账户。"投资成本"账户用于核算长期股权投资的成本及其变动;"损益调整"账户用于核算因被投资单位实现净损益产生的所有者权益的变动;"其他综合收益"账户用于核算因被投资单位实现其他综合收益而产生的所有者权益的变动;"其他权益变动"用于核算因被投资单位除净损益、其他综合收益和利润分配以外的其他因素导致的所有者权益的变动。

三、权益法的核算程序

按照权益法核算的长期股权投资,一般的核算程序为:

1. 取得长期股权投资

初始投资或追加投资时,按照初始投资成本或追加投资的投资成本,增加长期股权投资的账面价值。

对于取得投资时初始投资成本与应享有被投资单位可辨认净资产公允价值份额之间的差额,应分两种情况处理。

(1) 初始投资成本大于取得投资时应享有被投资单位可辨认净资产公允价值份额的,该部分差额是投资企业在取得投资过程中通过作价体现出的与所取得股权份额相对应的商誉价值,这种情况下不要求对长期股权投资的成本进行调整,应借记"长期股权投资——投资成本"账户,贷记"银行存款"等账户。

(2) 初始投资成本小于取得投资时应享有被投资单位可辨认净资产公允价值份额的,两者之间的差额体现为双方在交易作价过程中转让方的让步,该部分经济利益流入应作为收益处理,计入取得投资当期的营业外收入,同时调整增加长期股权投资的账面价值,借记"长期股权投资——投资成本"账户,贷记"银行存款"等账户,按照其差额,贷记"营业外收入"账户。

2. 长期股权投资的持有

(1) 持有期间被投资单位实现净损益(净利润或亏损)。

资产负债表日（一般为年末），投资企业按照享有的被投资单位实现的净损益（净利润或亏损）的份额，确认投资损益，并调整长期股权投资的账面价值。

属于被投资单位当年实现的净利润而影响所有者权益的变动，投资企业应按照所持表决权资本的比例计算应享有的份额，增加长期股权投资的账面价值，同时确认为投资收益，即借记"长期股权投资——损益调整"账户，贷记"投资收益"账户。

属于被投资单位当年发生的净亏损而影响的所有者权益的变动，投资企业应按照所持表决权资本的比例计算应享有的份额，减少长期股权投资的账面价值，同时确认为当期投资损失，即借记"投资收益"账户，贷记"长期股权投资——损益调整"账户。应注意的是，投资企业确认应分担的净亏损，原则上应以长期股权投资的账面价值减记至零为限。

投资方在确认应分担被投资单位的损失时，应按照以下顺序处理：

首先，减记长期股权投资的账面价值。

其次，在长期股权投资的账面价值减记至零的情况下，考虑是否有其他构成长期权益的项目，如果有，则以其他实质上构成对被投资单位长期权益的账面价值为限，继续确认投资损失，冲减长期应收项目等的账面价值。

最后，在其他实质上构成对被投资单位长期权益的价值也减记至零的情况下，如果按照投资合同或协议约定，投资方需要履行其他额外的损失赔偿义务，则需要按预计将承担责任的金额确认预计负债，计入当期投资损失。

除按上述顺序已确认的损失以外仍有额外损失的，应在账外做备查登记，不再予以确认。

上述以"长期股权投资"的账面价值减记至零为限所指的"长期股权投资"账户是由"投资成本""损益调整""其他综合收益""其他权益变动"四个明细账户组成，账面价值减记至零即意味着"长期股权投资"的四个明细账户余额合计为零。

（2）被投资单位宣告分派利润或现金股利。

被投资单位宣告分派利润或现金股利时，投资企业按持股比例计算应分得的部分，一般应冲减长期股权投资的账面价值。

被投资单位宣告分派利润或现金股利时，因为投资企业的长期股权投资的账面价值中已经包含应享有的被投资单位净损益的份额，而被投资单位宣告分派利润或现金股利必然使净损益减少，因此，投资企业按持股比例计算的应分得的利润或现金股利冲减长期股权投资的账面价值，即借记"应收股利"账户，贷记"长期股权投资——损益调整"账户。

收到被投资单位发放的股票股利，不进行账务处理，但应在备查簿中登记。

（3）被投资单位其他综合收益的变动。

投资企业在持有长期股权投资期间，被投资单位其他综合收益发生变动时，投资企业应当按照应享有或应分担的被投资单位其他综合收益的份额，确认其他综合收益，同时调整长期股权投资的账面价值。借记"长期股权投资——其他综合收益"账户，贷记"其他综合收益"账户；或做相反的会计分录。

（4）被投资单位除净损益、其他综合收益和利润分配以外的所有者权益其他变动。

投资企业对于被投资单位除净损益、其他综合收益和利润分配以外的所有者权益其他变动的因素，主要包括被投资单位接受其他股东的资本性投入、被投资单位发行可分离交易的可转换债券中包含的权益成分、以权益结算的股份支付、其他股东对被投资单位增资导致投资方持股比例变动等。投资方应按所持股比例计算应享有的份额，调整长期股权投资的账面价值，同时计入资本公积（其他资本公积），并在被查账簿中予以登记，借记"长期股权投资——其他权益变动"账户，贷记"资本公积——其他资本公积"账户，或做相反的会计分录。投资方在后续处置股权投资但对剩余股权仍采用权益法核算时，应按处置比例将这部分资本公积转入当期投资收益。对剩余股权终止权益法核算时，将这部分资本公积全部转入当期损益。应当按照持股比例计算应享有的份额，投资企业应当调整长期股权投资的账面价值并计入所有者权益。

3. 长期股权投资的减值

资产负债表日，长期股权投资发生减值时，应当按照其可收回金额低于账面价值的差额计提长期股权投资减值准备，借记"资产减值损失——计提的长期股权投资减值准备"账户，贷记"长期股权投资减值准备"账户。

4. 长期股权投资的处置

处置长期股权投资时，应按实际收到的金额，借记"银行存款"等账户；原已计提减值准备的，借记"长期股权投资减值准备"账户，按其账面余额，贷记"长期股权投资"账户，按尚未领取的现金股利或利润，贷记"应收股利"账户，按其差额，贷记或借记"投资收益"账户。

处置采用权益法核算的长期股权投资时，应当采用与被投资单位直接处置相关资产或负债相同的基础，对相关的其他综合收益进行会计处理。按照上述原则可以转入当期损益的其他综合收益，应按结转长期股权投资的投资成本比例结转原计入"其他综合收益"账户的金额，借记"其他综合收益"账户，贷记"投资收益"账户；或做相反的会计分录。

在处置采用权益法核算的长期股权投资时，还应按结转长期股权投资的投资成本比例结转原计入"资本公积——其他资本公积"账户的金额，借记"资本公积——其他资本公积"账户，贷记"投资收益"账户；或做相反的会计分录。

【任务实施】

任务 8.3.1 红星机械有限公司应进行以下会计处理。

（1）根据上述资料，初始投资成本等于应享有 A 公司可辨认净资产的份额，红星机械有限公司应编制以下会计分录。

借：长期股权投资——A 公司（投资成本）　　　　　450 000
　　贷：银行存款　　　　　　　　　　　　　　　　　　　450 000

（2）2018 年，A 公司实现净利润 600 000 元，红星机械有限公司应享有的净损益份额 = 600 000 元 × 30% = 180 000 元，编制以下会计分录。

借：长期股权投资——A 公司（损益调整）　　　　　180 000
　　贷：投资收益　　　　　　　　　　　　　　　　　　　180 000

（3）2019 年 2 月份 A 公司宣告分派现金股利 200 000 元，红星机械有限公司应享有现金股利的份额 = 200 000 元 × 30% = 60 000 元，编制以下会计分录。

借：应收股利　　　　　　　　　　　　　　　　　　　60 000
　　贷：长期股权投资——A 公司（损益调整）　　　　　　60 000

(4) 2019 年 3 月份收到该笔现金股利时,编制以下会计分录。

借:银行存款　　　　　　　　　　　　　　　　　　　　　　60 000
　　贷:应收股利　　　　　　　　　　　　　　　　　　　　　　　60 000

【典型任务举例】

任务 8.3.1　红星机械有限公司 2019 年 10 月 25 日取得 B 公司 30%的股权,支付价款 30 000 000 元;取得投资时,被投资单位账面所有者权益总额为 75 000 000 元(假定被投资单位各项可辨认资产、负债的公允价值与其账面价值相同)。

分析:在取得 B 公司的股权后,能够对 B 公司施加重大影响,故对该投资采用权益法核算。长期股权投资的初始投资成本 30 000 000 元大于取得投资时应享有被投资单位可辨认净资产公允价值的份额 22 500 000(7 500×30%)元,该差额不调整长期股权投资的账面价值。取得投资时,红星机械有限公司应进行以下账务处理。

借:长期股权投资——B 公司(投资成本)　　　　　　　　　30 000 000
　　贷:银行存款　　　　　　　　　　　　　　　　　　　　　　30 000 000

假定本例中取得投资时被投资单位可辨认净资产的公允价值为 120 000 000 元,红星机械有限公司按持股比例 30%计算确定应享有 36 000 000 元,则初始投资成本与应享有被投资单位可辨认净资产公允价值份额之间的差额 6 000 000 元应计入取得投资当期的营业外收入。

借:长期股权投资——B 公司(投资成本)　　　　　　　　　36 000 000
　　贷:银行存款　　　　　　　　　　　　　　　　　　　　　　30 000 000
　　　　营业外收入　　　　　　　　　　　　　　　　　　　　　6 000 000

任务 8.3.2　红星机械有限公司持有乙公司 30%的股份,能够对乙公司施加重大影响。当期,乙公司因持有的以公允价值计量且其变动计入其他综合收益的金融资产计入其他综合收益的金额为 12 000 000 元。假定红星机械有限公司与乙公司适用的会计政策、会计期间相同,投资时乙公司有关资产、负债的公允价值与其账面价值亦相同。红星机械有限公司在确认应享有被投资单位所有者权益的变动时,进行以下会计分录。

借:长期股权投资——乙公司(其他综合收益)　　　　　　　3 600 000
　　贷:其他综合收益　　　　　　　　　　　　　　　　　　　　3 600 000

任务 8.3.3　红星机械有限公司原持有 C 企业 40%的股权,2019 年 12 月 20 日,红星机械有限公司决定出售其持有的 C 企业股权的 1/4。出售时,红星机械有限公司账面上对 C 企业长期股权投资的账面价值构成为:投资成本 12 000 000 元,损益调整(借方)3 200 000 元,其他权益变动 2 000 000 元(借方),出售取得价款 4 700 000 元。红星机械有限公司出售时进行以下账务处理。

借:银行存款　　　　　　　　　　　　　　　　　　　　　　4 700 000
　　贷:长期股权投资——C 公司(投资成本)　　　　　　　　3 000 000
　　　　　　　　　　——C 公司(损益调整)　　　　　　　　800 000
　　　　　　　　　　——C 公司(其他权益变动)　　　　　　500 000
　　　　投资收益　　　　　　　　　　　　　　　　　　　　　400 000

同时,根据长期股权投资准则规定,还应将之前因其他权益变动计入原计"资本公积——其他资本公积"的部分,按所售比例转入"投资收益"账户。

借：资本公积——其他资本公积　　　　　　　　　　　　　500 000
　　贷：投资收益　　　　　　　　　　　　　　　　　　　　　　500 000

项目 8 训练

项目九

借款业务核算

学习目标

知识目标：

1. 掌握短期借款的取得、期末计息及本息归还的账务处理流程和核算方法。

2. 理解长期借款的种类，掌握长期借款的取得、期末计息、归还的账务处理流程和核算方法。

3. 理解应付债券的种类，掌握应付债券的取得、期末计息、归还的账务处理流程和核算方法。

能力目标：

1. 会计算借款利息。

2. 能准确填制借款单据、利息计算表等单据。

3. 能根据短期借款、长期借款、应付债券等业务熟练编制相关的记账凭证并登记相应的明细账。

任务1　短期借款业务核算

【任务导入】

红星机械有限公司于2019年7月1日分别从工商银行和建设银行借入临时借款400 000元，年利率6%、期限为6个月。

（1）从工商银行借入400 000元，利息于每月月末支付，期满一次归还本金。

（2）从建设银行借入400 000元，红星机械有限公司与银行签订了借款合同为按季支付利息，到期归还本金。

要求：红星机械有限公司根据以上业务进行账务处理。

文本：银行流动资金贷款业务

【知识准备】

一、短期借款概述

短期借款是指企业向银行或其他金融机构等借入的期限在一年以下（含一年）的各种人民币及外币借款。短期借款一般是企业为了满足正常生产经营所需的资金或者是为了抵偿某项债务而从银行、其他非银行金融机构或其他单位和个人借入的款项。

企业各种短期借款，均应按期结算或支付利息。由于短期借款期限在一年以内，且数额不大，因此其利息一般采取单利计算。其计算公式为：

借款利息 = 借款本金 × 借款利率 × 借款期限

企业短期借款的利息有三种结算支付方法：按月计算，通过预提方式计入当期损益，按季度与银行办理结算；按月计算并支付；利息在借款到期时连同本金一起归还。

二、账户设置

为了总括的核算和监督短期借款的取得和偿还情况，企业应设置"短期借款"账户。该账户属负债类账户，贷方登记企业取得的借款本金，借方登记企业偿还的借款本金。期末贷方余额表示期末尚未偿还的借款本金，列示在资产负债表负债方的流动负债项下。为了反映和监督各种短期借款的取得和归还业务，该账户还应按贷款银行设置明细账户，并按借款种类和币种进行明细分类核算。

对短期借款利息，应设置"财务费用"账户核算。该账户的借方登记利息费用的发生，贷方登记期末结转至"本年利润"账户的金额。

"应付利息"账户核算企业按照合同约定应支付的利息，包括短期借款、分期付息到期还本的长期借款、企业债券等应支付的利息。其贷方登记资产负债表日计算确定的利息费用，借方登记实际支付的利息，期末贷方余额反映企业应付未付的利息。本账户可按债权人进行明细核算。

三、业务核算

1. 短期借款的取得

企业取得短期借款时，借记"银行存款"账户，贷记"短期借款"账户。

2. 短期借款的利息

短期借款的利息，作为财务费用，计入当期损益。其核算方法应分不同情况处理。

（1）如果企业的短期借款利息按月支付，或者利息是在借款到期归还本金时一并支付，但是数额不大的，则可以在实际支付或收到银行的计息通知时，直接借记"财务费用"账户，贷记"银行存款"账户。

（2）如果短期借款的利息按期支付（如按季、半年），或者利息是在借款到期归还本金时一并支付，并且数额较大的，为了正确计算各期损益，可以采用预提的办法，按月预提计入当月的财务费用。预提时，按预提的借款利息，借记"财务费用"账户，贷记"应付利息"账户；实际支付利息时，借记"应付利息"账户，贷记"银行存款"账户。

3. 短期借款的归还

企业到期偿还本金时，借记"短期借款"账户，贷记"银行存款"账户。

【任务实施】

（1）取得借款并存入银行。

借：银行存款　　　　　　　　　　　　　　　　　　　　　　　400 000
　　贷：短期借款——工商银行　　　　　　　　　　　　　　　　　　400 000

每月支付借款利息：月利息额=400 000×6%÷12=2 000（元）

借：财务费用　　　　　　　　　　　　　　　　　　　　　　　　2 000
　　贷：银行存款　　　　　　　　　　　　　　　　　　　　　　　　2 000

借款期满归还本金。

借：短期借款——工商银行　　　　　　　　　　　　　　　　　400 000
　　贷：银行存款　　　　　　　　　　　　　　　　　　　　　　　400 000

（2）取得借款存入银行的账务处理同上，7月、8月、10月、11月，每月末计提借款利息。

借：财务费用　　　　　　　　　　　　　　　　　　　　　　　　2 000
　　贷：应付利息　　　　　　　　　　　　　　　　　　　　　　　　2 000

9月，实际支付本季度借款利息6 000元。

借：应付利息　　　　　　　　　　　　　　　　　　　　　　　　4 000
　　财务费用　　　　　　　　　　　　　　　　　　　　　　　　2 000
　　贷：银行存款　　　　　　　　　　　　　　　　　　　　　　　6 000

12月31日支付本金和第四季度利息。

借：应付利息　　　　　　　　　　　　　　　　　　　　　　　　4 000
　　财务费用　　　　　　　　　　　　　　　　　　　　　　　　2 000
　　短期借款——建设银行　　　　　　　　　　　　　　　　　　400 000
　　贷：银行存款　　　　　　　　　　　　　　　　　　　　　　406 000

任务2　长期借款业务核算

【任务导入】

任务9.2.1　红星机械有限公司于2019年1月1日从银行借入3 600 000元，期限2年，年利率为10%，到期一次还本，年末付息，不计复利。该借款用于新建办公楼，建造期限一年。

要求：红星机械有限公司对取得借款、每月计提借款利息、到期支付长期借款本金和利息业务进行账务处理。

文本：借款费用的处理

【知识准备】

一、长期借款概述

长期借款是指企业从银行或其他金融机构借入的期限在一年以上（不含一年）的各项借款。企业举借长期借款主要用于固定资产的购建、改扩建工程等，是企业非流动负债的重要组成部分。与短期借款相比，长期借款数额大、偿还期限长，其借款费用需要根据权责发生制的要求，按期预提计入所构建资产的成本或直接计入当期财务费用。

长期借款是目前我国企业获得非流动负债资金的主要筹资方式，他的债权人为银行或其他金融机构，具有还款期限长、利率相对短期借款要高、风险相对较大、有助于企业资金周转等特点。

二、账户设置

为了核算企业向银行或其他金融机构借入的长期借款，企业应当设置"长期借款"账户。该账户属负债类账户，贷方反映企业借入的各项长期借款的本金及应计利息，借方反映企业归还的各项长期借款的本息，期末贷方余额反映企业尚未偿还的长期借款。该账户应按贷款的单位和贷款的种类设置明细账户，分"本金""应计利息"和"利息调整"进行明细核算。

三、业务核算

1. 长期借款取得的核算

企业取得长期借款时，应按实际收到的金额，借记"银行存款"账户，贷记"长期借款——本金"账户；如存在差额，则还应借记"长期借款——利息调整"账户。

2. 长期借款利息的核算

长期借款利息可根据借款合同规定，采用分期支付或到期还本时一次支付，不论是分期支付还是到期一次支付，均应按权责发生制原则，将应由本期负担的长期借款利息计提入账。

企业在资产负债表日，按照长期借款的摊余成本和实际利率计算确定长期借款的利息费用，实际利率与合同利率差异较小的，也可以采用合同利率计算确定利息费用。按合同利率计算确定应付未付的利息，如果属于分期付息，则应计入"应付利息"账户；如果属于到期一次还本付息，则应计入"长期借款（应计利息）"账户。

长期借款在资产负债表日按照实际利率法计算确定的利息费用，应当按以下原则计入有关成本、费用。属于筹建期间非资本化的利息费用，计入管理费用；属于生产经营期间的利息费用，计入财务费用；属于购建固定资产、无形资产等符合资本化条件资产的利息费用，按照借款费用准则，分别计入相关资产成本和财务费用。其会计处理为：借记"在建工程""制造费用""财务费用""研发支出"等账户；按合同利率计算确定的应付未付利息，贷记"应付利息"账户或"长期借款——应计利息"账户；按其差额贷记"长期借款——利息调整"账户。

3. 长期借款归还的核算

企业偿还长期借款本金时，借记"长期借款——本金"账户，贷记"银行存款"账户。同时，存在利息调整余额的，借记或贷记"在建工程""制造费用""财务费用""研发支出"等账户，贷记或借记"长期借款——利息调整"账户。

【任务实施】

任务9.2.1 红星机械有限公司账务处理如下：

（1）红星机械有限公司取得借款。

借：银行存款　　　　　　　　　　　　　　　　　　　　　　3 600 000

  贷：长期借款——本金   3 600 000

（2）2019 年红星机械有限公司每月计提借款利息。

    每月利息金额 = 3 600 000 × 10% ÷ 12 = 30 000（元）

借：在建工程——办公楼   30 000

  贷：应付利息   30 000

（3）2020 年红星机械有限公司每月计提借款利息。

借：财务费用   30 000

  贷：应付利息   30 000

（4）红星机械有限公司于 2021 年 1 月 1 日支付长期借款本金。

借：长期借款——本金   3 600 000

  贷：银行存款   3 600 000

【典型任务举例】

  任务 9.2.2 腾飞公司于 2018 年 10 月 30 日从银行借入资金 4 000 000 元，期限为 3 年，年利率为 8.4%（到期一次还本，年末付息，不计复利），所借款项已存入银行。A 企业用该借款于当日购买不需安装设备一台，价款 3 000 000 元，增值税为 480 000 元。腾飞公司的账务处理如下：

（1）腾飞公司于 2018 年 10 月 30 日取得借款。

借：银行存款   4 000 000

  贷：长期借款——本金   4 000 000

（2）支付设备款、运杂费及保险费等。

借：固定资产   3 000 000

  应交税费——应交增值税（进项税额）   480 000

  贷：银行存款   3 480 000

（3）腾飞公司于 2018 年 11 月 30 日计提长期借款利息。

借：财务费用   28 000

  贷：应付利息   28 000

2018 年 11 月 30 日计提长期借款利息 = 4 000 000 × 8.4% ÷ 12 = 28 000（元）

2018 年 12 月 31 日支付长期借款利息。

借：财务费用   28 000

  应付利息   28 000

  贷：银行存款   56 000

（4）腾飞公司于 2019 年 1 月 31 日计提长期借款利息。

借：财务费用   28 000

  贷：应付利息   28 000

2019 年 2 月—2019 年 11 月计提长期借款利息，会计分录同上。

2019 年 12 月 31 日，支付长期借款利息。

借：财务费用   28 000

  应付利息   308 000

  贷：银行存款   336 000

2020年1月—2020年12月同2019年账务处理。
2021年1—9月。
  借：财务费用   28 000
    贷：应付利息   28 000
（5）2021年10月30日，腾飞公司偿还该笔银行借款本息。
  借：财务费用   28 000
    长期借款——本金   4 000 000
    应付利息   252 000
    贷：银行存款   4 280 000

任务3 应付债券业务核算

【任务导入】

任务9.3.1 红星机械有限公司2018年1月1日发行面值为1 000 000元、票面利率为10%的4年期企业债券，用于企业生产经营活动，每年1月1日和7月1日各付息一次（半年付息），到期一次性还本。若当时发行的市场利率分别为10%、8%，计算债券的发行价格，并进行账务处理。

任务9.3.2 2018年12月31日，红星机械有限公司经批准发行5年期一次性还本分期付息的公司债券10 000 000元，债券利息在每年12月31日支付，票面利率为6%。假定债券发行时的市场利率为5%。计算债券发行价格，并进行账务处理。

【知识准备】

应付债券是指企业为筹集长期资金而依照法定程序发行的、约定在一定时间内还本付息的有价证券。通常企业发行的债券期限都在一年以上，属于企业长期资金筹集方式的一种，它构成了企业的非流动负债。

一、债券的发行价格

债券的发行价格的高低一般取决于债券票面金额、债券票面利率、发行时的市场利率以及债券期限的长短。债券的发行价格主要取决于债券发行时的市场利率。所谓市场利率，是指债券发行时金融市场上资金供求双方竞争形成的利率。由于企业发行债券时票面利率既可能等于也可能高于或低于市场利率，因此企业债券的发行方式有三种，即面值发行、溢价发行和折价发行。

（1）面值发行。当企业债券的票面利率与发行时的市场利率相同时，债券发行价格等于债券面值，即按面值发行。

（2）溢价发行。当企业债券的票面利率高于发行时的市场利率时，债券发行价格就会高于债券面值，即溢价发行。债券发行价格高于债券面值的差额称为债券溢价。溢价发行时，债券溢价实质上是发行企业对债权人以后多付利息而事先得到的补偿，也是对债券利息费用的一项调整，因而不能将债券溢价视为发行时的收益，而是应在债券还款期限内，通过分期摊销陆续冲减企业债券的利息费用。

（3）折价发行。当企业债券的票面利率低于发行时的市场利率时，债券发行价格就会低于债券面值，即折价发行。债券发行价格低于债券面值的差额称为债券折价。债券折价实质上是发行企业对债权人以后少付利息预先给投资者的补偿，也是对债券利息费用的一项调整。企业的债券折价应在债券还款期限内分期摊销，陆续增加企业债券的利息费用。

债券发行价格是到期偿还的债券面值按发行时的市场利率折算的复利现值与债券按票面利率计算的各期利息按市场利率折算的年金现值之和。其计算式为：

债券发行价格 = 债券面值按市场利率的折现值 + 每期债券利息按市场利率的折现值

债券面值按市场利率的折现值 = 债券面值 × 复利现值系数

每期债券利息按市场利率的折现值 = 每个付息期的利息额（年金）× 年金现值系数

上述复利现值系数、年现金值系数均可查表得到。

二、业务核算

为了总括核算和监督债券发行与偿还情况，应设置"应付债券"账户。"应付债券"账户属负债类账户，核算企业为筹集长期资金而发行债券的本金和利息。该账户贷方登记企业发行债券的面值、溢价、应计利息和折价的摊销额，借方登记偿还的债券本息，折价、溢价的摊销额，余额在贷方，表示尚未偿还的债券的摊余成本和应计利息。在该账户下应设置"面值""利息调整"和"应计利息"等明细账户进行明细核算。

企业在发行债券时，应将发行债券的票面金额、票面利率、还本期限与方式、发行总额、发行日期和编号、委托代售部门、转换股份等情况在备查簿中进行登记。

1. 债券发行的核算

企业发行的一般公司债券，无论是按面值发行，还是溢价发行或折价发行，均按债券面值计入"应付债券"账户的"面值"明细账户，实际收到的款项与面值的差额，计入"利息调整"明细账户。企业发行债券时，按实际收到的款项，借记"银行存款"等账户；按债券票面金额，贷记"应付债券——面值"账户；按实际收到的款项与票面价值之间的差额，贷记或借记"应付债券——利息调整"账户。

发行债券时会涉及诸如委托他人代销债券支付的手续费或佣金、债券印刷费，以及相关的律师费、注册会计师审计费、广告费等发行费用。这些费用是企业发行债券必要的开支，其金额也往往较大。其处理原则是：如果发行费用大于发行期间冻结资金所产生的利息收入，则按发行费用扣除发行期间冻结资金所产生的利息收入后的差额，根据发行债券筹集资金的用途，按借款费用的处理原则分别计入财务费用或相关资产成本。如果发行费用小于发行期间冻结资金所产生的利息收入，则按该项利息收入扣除发行费用后的差额，视同发行债券的溢价收入在债券存续期间于计提利息时摊销，分别冲减财务费用或相关资产成本。

2. 计提债券利息费用及摊销债券溢折价

企业债券的付息有两种方式：一种是分期付息，到期还本；另一种是到期一次还本付息。企业发行债券后，发行企业应按照面值和票面利率计算应付利息，按照摊余成本和实际利率计算确认利息费用，并在债券存续期内采用实际利率法摊销溢折价。

实际利率法是指按应付债券的实际利率计算其摊余成本及各期利息费用的方法；实际利率是指应付债券在债券存续期内的未来现金流量，折现为该债券当前账面价值所使用的利率。实际利率与票面利率差异较小的，也可以采用票面利率计算确定的利息费用。

债券票面利息 = 债券面值 × 票面利率

债券利息费用 = 应付债券的期初摊余成本 × 实际利率

摊销的利息调整 = 债券票面利息 − 债券利息费用

资产负债表日，对于分期付息、一次还本的债券，企业应按应付债券的摊余成本和实际利率计算确定的债券利息费用，借记"在建工程""研发支出""制造费用""财务费用"等账户，按票面利率计算确定的应付未付利息，贷记"应付利息"账户，按其差额，借记或贷记"应付债券——利息调整"账户。

对于一次还本付息的债券，应于资产负债表日按摊余成本和实际利率计算确定的债券利息费用，借记"在建工程""研发支出""制造费用""财务费用"等账户，按票面利率计算确定的应付未付利息，贷记"应付债券——应计利息"账户，按其差额，借记或贷记"应付债券——利息调整"账户。

3. 债券清偿的核算

对于分期付息、一次还本的债券，在每期支付利息时，借记"应付利息"账户，贷记"银行存款"账户。债券到期偿还本金及支付最后一期利息时，借记"应付债券——面值""在建工程""制造费用""财务费用"等账户，贷记"银行存款"账户，按借贷双方之间的差额，借记或贷记"应付债券——利息调整"账户。

对于一次还本付息的债券，企业应于债券到期支付债券本息时，借记"应付债券——面值""应付债券——应计利息"账户，贷记"银行存款"账户。

【任务实施】

任务9.3.1 当市场利率为8%时：

债券发行价格 = 1 000 000 × 0.730 69 + 50 000 × 6.732 74 = 1 067 327(元)

（1）该公司2018年1月1日按面值发行债券时，应做以下会计分录。

借：银行存款　　　　　　　　　　　　　　　　　　　　1 000 000

　　贷：应付债券——面值　　　　　　　　　　　　　　　　　1 000 000

（2）该公司2018年1月1日溢价发行债券时，应做以下会计分录。

借：银行存款　　　　　　　　　　　　　　　　　　　　1 067 327

　　贷：应付债券——面值　　　　　　　　　　　　　　　　　1 000 000

　　　　　——利息调整　　　　　　　　　　　　　　　　　　　67 327

任务9.3.2 红星机械有限公司该批债券实际发行价格为：

10 000 000 × 0.783 5 + 10 000 000 × 6% × 4.329 5 = 10 432 700（元）

红星机械有限公司根据上述资料，采用实际利率法和摊余成本计算确定的利息费用，如表9−1所示。

表9−1　债券溢价摊销表（实际利率法）　　　　　　　　　单位：元

付息日期	应付利息 ① = 面值×6%	利息费用 ② = 上期④×5%	摊销的利息调整 ③ = ① − ②	摊余成本 ④ = 上期④ − ③
2018年12月31日				10 432 700.00

续表

付息日期	应付利息 ①＝面值×6%	利息费用 ②＝上期④×5%	摊销的利息调整 ③＝①－②	摊余成本 ④＝上期④－③
2019年12月31日	600 000	521 635.00	78 365.00	10 354 335.00
2020年12月31日	600 000	517 716.75	82 283.25	10 272 051.75
2021年12月31日	600 000	513 602.59	86 397.41	10 185 654.34
2022年12月31日	600 000	509 282.72	90 717.28	10 094 937.06
2023年12月31日	600 000	505 062.94	94 937.06	10 000 000.00

根据表9－1中的资料，红星机械有限公司应做以下会计分录。

(1) 2018年12月31日，发行债券。

借：银行存款　　　　　　　　　　　　　　　　　10 432 700
　　贷：应付债券——面值　　　　　　　　　　　　10 000 000
　　　　　　　　——利息调整　　　　　　　　　　　　432 700

(2) 2019年12月31日，确认利息费用。

借：财务费用　　　　　　　　　　　　　　　　　　521 635
　　应付债券——利息调整　　　　　　　　　　　　　78 365
　　贷：应付利息　　　　　　　　　　　　　　　　　600 000

2020年、2021年、2022年确认利息费用的会计处理参照2019年。

(3) 2023年12月31日归还债券本金及最后一期利息费用。

借：财务费用　　　　　　　　　　　　　　　　　505 062.94
　　应付债券——面值　　　　　　　　　　　　　10 000 000
　　　　　　——利息调整　　　　　　　　　　　　94 937.06
　　贷：银行存款　　　　　　　　　　　　　　　10 600 000

项目9 训练

项目十

职工薪酬和应交税费业务核算

学习目标

知识目标：
1. 了解职工薪酬的含义及内容。
2. 掌握职工薪酬业务的账务处理方法。
3. 了解增值税、消费税、其他税费的征税范围及税额计算。
4. 掌握应交增值税、应交消费税、应交其他税费有关业务的账务处理方法。

能力目标：
1. 能根据职工薪酬业务填制有关的原始凭证、记账凭证，登记有关明细账。
2. 会计算增值税、消费税、其他税费的应纳税额。
3. 能根据应交税费有关业务填制有关的记账凭证，登记有关的明细账。

任务1 应付职工薪酬业务核算

【任务导入】

任务10.1.1 红星机械有限公司2019年10月末编制工资结算汇总表，如表10-1所示；根据工资结算汇总表编制工资费用分配表，如表10-2所示；根据工资费用分配表分配10月份的工资。

表10-1 工资结算汇总表 2019年10月   单位：元

项目		基本工资	综合奖金	岗位津贴	应发工资	代扣款项					实发工资
						养老保险 8%	医疗保险 2%	失业保险 0.3%	住房公积金 5%	小计	
一车间	工人	280 000	60 000	80 000	420 000	33 600	8 400	1 260	21 000	64 260	355 740
	管理人员	49 000		10 000	59 000	4 720	1 180	177	2 950	9 027	49 973
二车间	工人	250 000	50 000	60 000	360 000	28 800	7 200	1 080	18 000	55 080	304 920
	管理人员	44 000		8 000	52 000	4 160	1 040	156	2 600	7 956	44 044
运输车队		55 000	10 000	8 000	73 000	5 840	1 460	219	3 650	11 169	61 831

续表

| 项目 | 基本工资 | 综合奖金 | 岗位津贴 | 应发工资 | 代扣款项 ||||| 实发工资 |
					养老保险 8%	医疗保险 2%	失业保险 0.3%	住房公积金 5%	小计	
机修车间	40 000	8 000	7 000	55 000	4 400	1 100	165	2 750	8 415	46 585
厂部	150 000		6 000	156 000	12 480	3 120	468	7 800	23 868	132 132
合计	868 000	128 000	179 000	1 175 000	94 000	23 500	3 525	58 750	179 775	995 225

表 10-2 工资费用分配表　　2019年10月　　单位：元

应借账户	项目	分配标准（工时）	分配率	分配金额	备注
基本生产成本	（一车间）A 型电机	3 000	0.6	252 000	
	（一车间）B 型电机	2 000	0.4	168 000	
	小计	5 000		420 000	
基本生产成本	（二车间）A 型电机	2 000	2/3	240 000	
	（二车间）B 型电机	1 000	1/3	120 000	
	小计	3 000		360 000	
制造费用	一车间			59 000	
	二车间			52 000	
辅助生产成本	运输车队			73 000	
	机修车间			55 000	
	小计			128 000	
管理费用				156 000	
合计				1 175 000	

任务 10.1.2 红星机械有限公司社会保险费及住房公积金缴费比例如表 10-3 所示，2019 年 10 月末根据费用分配表编制医疗保险、工伤保险、生育保险、住房公积金、工会经费、职工教育经费、养老保险、失业保险计提表（工会经费提取比例为 2%，职工教育经费提取比例为 1.5%），计提表如表 10-4 所示。

表 10-3 红星机械有限公司社会保险费及住房公积金缴费比例

缴费项目	单位交纳比例/%	个人交纳比例/%
养老保险	20	8
医疗保险	9	2
工伤保险	1	0
失业保险	0.7	0.3
生育保险	1	0
住房公积金	5	5

表10-4　医疗保险、工伤保险、生育保险、住房公积金、工会经费、职工教育经费、养老保险、失业保险计提表

2019年10月

单位：元

应借账户	项目	工资总额	医疗保险 企业9%	工伤保险 企业1%	生育保险 企业1%	住房公积金 企业5%	工会经费 企业2%	职工教育经费 企业1.5%	养老保险 企业20%	失业保险 企业0.7%	企业承担合计
基本生产成本	（一车间）A型电机	252 000	22 680	2 520	2 520	12 600	5 040	3 780	50 400	1 764	101 304
	（一车间）B型电机	168 000	15 120	1 680	1 680	8 400	3 360	2 520	33 600	1 176	67 536
	小计	420 000	37 800	4 200	4 200	21 000	8 400	6 300	84 000	2 940	168 840
基本生产成本	（二车间）A型电机	240 000	21 600	2 400	2 400	12 000	4 800	3 600	48 000	1 680	96 480
	（二车间）B型电机	120 000	10 800	1 200	1 200	6 000	2 400	1 800	24 000	840	48 240
	小计	360 000	32 400	3 600	3 600	18 000	7 200	5 400	72 000	2 520	144 720
制造费用	一车间	59 000	5 310	590	590	2 950	1 180	885	11 800	413	23 718
	二车间	52 000	4 680	520	520	2 600	1 040	780	10 400	364	20 904
辅助生产成本	运输车队	73 000	6 570	730	730	3 650	1 460	1 095	14 600	511	29 346
	机修车间	55 000	4 950	550	550	2 750	1 100	825	11 000	385	22 110
	小计	128 000	11 520	1 280	1 280	6 400	2 560	1 920	2 560	896	51 456
管理费用		156 000	14 040	1 560	1 560	7 800	3 120	2 340	31 200	1 092	62 712
合计		1 175 000	105 750	11 750	11 750	58 750	23 500	17 625	235 000	8 225	472 350

任务10.1.3 红星机械有限公司2019年11月15日根据工资单和工资结算汇总表结算10月应付职工工资总额1 175 000元，代扣养老保险、医疗保险、失业保险和住房公积金179 775元，工资通过银行转账方式支付。

任务10.1.4 红星机械有限公司11月20日用现金支付职工张某生活困难补助1 000元。

任务10.1.5 红星机械有限公司11月25日向工会拨交工会经费。

要求：红星机械有限公司根据以上经济业务填制记账凭证，登记相关明细账。

知识链接

职工薪酬概述

一、职工薪酬的概念

职工薪酬是指企业为获得职工提供的服务或解除劳动关系而给予的各种形式的报酬或补偿。职工薪酬由企业根据职工的劳动成果及相关规定定期结算并支付。在实务中，职工薪酬的结算在前，实际支付在后，两者存在一定的时间差。应付而未付的职工薪酬构成企业的一项流动负债。职工薪酬包括短期薪酬、离职后福利、辞退福利和其他长期职工福利。企业提供给职工配偶、子女、受赡养人、已故员工遗属及其他受益人等的福利，也属于职工薪酬。

这里所指的"职工"，主要包括三类人员：一是指与企业订立劳动合同的所有人员，含全职、兼职和临时职工；二是指虽未与企业订立劳动合同但由企业正式任命的人员，如董事会成员、监事会成员和内部审计委员会成员等；三是指虽未与企业订立劳动合同或未由其正式任命，但向企业所提供服务与职工所提供服务类似的人员，也属于职工的范畴，包括通过企业与劳务中介公司签订用工合同而向企业提供服务的人员。

二、职工薪酬的内容

职工薪酬主要包括以下内容：

（一）短期薪酬

短期薪酬是指企业预期在职工提供相关服务的年度报告期间结束后12个月内将全部予以支付的职工薪酬，因解除与职工的劳动关系给予的补偿除外。因解除与职工的劳动关系给予的补偿属于辞退福利的范畴。短期薪酬主要包括：

（1）职工工资、奖金、津贴和补贴，是指企业按照构成工资总额的计时工资、计件工资、支付给职工的超额劳动报酬等的劳动报酬，为了补偿职工特殊或额外的劳动消耗和因其他特殊原因支付给职工的津贴，以及为了保证职工工资水平不受物价影响而支付给职工的物价补贴等。其中，企业按照短期奖金计划向职工发放的奖金属于短期薪酬，按照长期奖金计划向职工发放的奖金属于其他长期职工福利。

（2）职工福利费，是指企业向职工提供的生活困难补助、丧葬补助、抚恤费、职工异地安家费、防暑降温费等职工福利支出。

（3）医疗保险费、工伤保险费和生育保险费等社会保险费，是指企业按照国家规定的基准和比例计算，向社会保险经办机构缴存的医疗保险费、工伤保险费和生育保险费。

（4）住房公积金，是指企业按照国家规定的基准和比例计算，向住房公积金管理机构缴存的住房公积金。

（5）工会经费和职工教育经费，是指企业为了改善职工文化生活、为职工学习先进技术和提高文化水平和业务素质，用于开展工会活动和职工教育及职业技能培训等相关支出。

（6）短期带薪缺勤，是指职工虽然缺勤但企业仍向其支付报酬的安排，包括年休假、病假、婚假、产假、丧假、探亲假等。长期带薪缺勤属于其他长期职工福利。

（7）短期利润分享计划，是指因职工提供服务而与职工达成的基于利润或其他经营成果提供薪酬的协议。长期利润分享计划属于其他长期职工福利。

（8）非货币性福利，包括企业以自产产品或外购商品发放给职工作为福利或企业将自有资产或租赁资产提供给职工无偿使用等。

（9）其他短期薪酬，是指除上述薪酬以外的其他为获得职工提供的服务而给予的短期薪酬。

（二）离职后福利

离职后福利是指企业为获得职工提供的服务而在职工退休或与企业解除劳动关系后，提供的各种形式的报酬和福利，属于短期薪酬和辞退福利的除外。离职后福利计划，是指企业与职工就离职后福利达成的协议，或者企业为向职工提供离职后福利制定的规章或办法等。离职后福利计划按照企业承担的风险和义务情况，可以分为设定提存计划和设定受益计划。其中，设定提存计划是指企业向独立的基金缴存固定费用后，不再承担进一步支付义务的离职后福利计划；设定受益计划是指除设定提存计划以外的离职后福利计划。

（三）辞退福利

辞退福利是指企业在职工劳动合同到期之前解除与职工的劳动关系，或者为鼓励职工自愿接受裁减而给予职工的补偿。

辞退福利是在职工与企业签订的劳动合同到期前，企业根据法律与职工本人或职工代表（如工会）签订的协议，或者基于商业惯例，承诺当其提前终止对职工的雇佣关系时支付的补偿，引发补偿的事项是辞退。因此，企业应当在辞退职工时进行辞退福利的确认和计量。辞退福利通常采取解除劳动关系时一次性支付补偿的方式，也采取在职工不再为企业带来经济利益后，将职工工资支付到辞退后未来某一期间的方式。

（四）其他长期职工福利

其他长期职工福利是指除短期薪酬、离职后福利、辞退福利之外所有的职工薪酬，包括长期带薪缺勤、长期残疾福利、长期利润分享计划等。

【知识准备】

一、应付职工薪酬的账户设置

企业应当设置"应付职工薪酬"账户，用来核算企业根据有关规定应付给职工各种薪酬的提取、结算、使用等情况。该账户属负债类账户，贷方登记已分配计入有关成本费用账户的职工薪酬的数额，借方登记企业支付和按规定交纳的职工薪酬，以及从职工薪酬中扣还的各种款项（代垫的家属医药费、个人所得税）等，该账户期末贷方余额反映企业应付未付的职工薪酬。

"应付职工薪酬"账户应按照"工资""职工福利费""社会保险费""住房公积金"

"工会经费和职工教育经费""非货币性福利""带薪缺勤""利润分享计划""设定提存计划""设定收益计划任务""辞退福利"等职工薪酬项目设置明细账户，进行明细核算。

二、短期薪酬业务核算

(一) 短期薪酬的确认与计量

1. 短期薪酬的确认原则

企业应当在职工为其提供服务的会计期间，将实际发生的短期薪酬确认为负债，并计入当期损益或资产成本。即根据职工服务的受益对象，分别进行下列情况处理：

(1) 应由生产产品、提供劳务负担的职工薪酬，计入产品成本或劳务成本。

(2) 应由在建工程、无形资产负担的职工薪酬，计入建造固定资产或无形资产成本。

(3) 上述两项之外的其他职工薪酬，计入当期损益。

2. 短期薪酬的计量

(1) 货币性职工薪酬。

①企业发生的职工工资、津贴和补贴等短期薪酬，应当根据职工提供服务的情况和工资标准等计算应计入职工薪翻的工资总额，并按照受益对象计入当期损益或相关资产成本；

②企业发生的职工福利费，应当在实际发生时根据实际发生额计入当期损益或相关资产成本；

③企业为职工交纳的医疗保险费、工伤保险费、生育保险费等社会保险费和住房公积金，应当在职工为其提供服务的会计期间，根据规定的计提基础和计提比例计算确定相应的职工薪酬金额，并确认相应负债，计入当期损益或相关资产成本；

④企业按规定提取的工会经费和职工教育经费，应当在职工提供服务的会计期间，分别按照国家规定的职工工资总额的2%和1.5%的计提标准，计量应付职工薪酬（工会经费、职工教育经费）义务金额，并按受益对象计入当期损益或相关资产成本；从业人员技术要求高、培训任务重、经济效益好的企业，可根据国家相关规定，按照职工工资总额的2.5%计量应承担的职工教育经费薪酬义务，并按受益对象计入当期损益或相关资产成本。

(2) 非货币性职工薪酬。

①企业以其自产产品作为非货币性福利发放给职工的，应当根据受益对象按照该产品的公允价值和相关税费，计入相关资产成本或当期损益，同时确认应付职工薪酬。相关收入的确认、销售成本的结转以及相关税费的处理，与企业正常商品销售的会计处理相同；

②企业以外购的商品作为非货币性福利提供给职工的，应当按照该商品的公允价值和相关税费确定职工薪酬的金额，并计入当期损益或相关资产成本；

③企业将拥有的房屋等资产无偿提供给职工使用的，应当根据受益对象，将该住房每期应计提的折旧计入相关资产成本或当期损益，同时确认应付职工薪酬；

④企业租赁住房等资产供职工无偿使用的，应当根据受益对象，将每期应付的租金计入相关资产成本或当期损益，并确认应付职工薪酬。

另外，对于难以认定受益对象的非货币性福利，应直接计入当期损益，并确认应付职工薪酬。

(3) 带薪缺勤。

根据带薪权利能否结转下期使用，带薪缺勤可以分为两类：非累积带薪缺勤和累积带薪缺勤。

非累积带薪缺勤是指带薪缺勤权利不能结转下期的带薪缺勤，本期尚未用完的带薪缺勤权利将予以取消，并且职工离开企业时也无权获得现金支付。企业应当在职工实际发生缺勤的会计期间确认与非累积带薪缺勤相关的职工薪酬。

累积带薪缺勤是指带薪缺勤权利可以结转下期的带薪缺勤，本期尚未用完的带薪缺勤权利可以在未来期间使用。企业应当在职工提供服务从而增加了其未来享有的带薪缺勤权利时，确认与累积带薪缺勤相关的职工薪酬，并以累积未行使权利而增加的预期支付金额计量。

(二) 工资的核算

1. 工资总额及组成

工资总额是企业在一定时期内支付给本单位全部职工的劳动报酬总和。根据国家有关规定，工资总额由以下六部分组成：

(1) 计时工资，是指按计时工资标准（包括地区生活补贴）和职工的实际工作时间支付给职工的劳动报酬。工资标准也称工资率，是指每个职工在单位时间（月、日、小时）内应得的工资额。

(2) 计件工资，是指根据规定的计件单价和每个工人或每个班组集体完成合格品产量计算支付给职工的劳动报酬。

(3) 奖金，是指支付给职工的超额劳动报酬和增收节支的劳动报酬，如生产奖、节约奖、劳动竞赛奖等；

(4) 津贴和补贴，是指为补偿职工特殊或额外劳动消耗或其他原因支付给职工的津贴，以及为保证职工工资水平不受特殊条件影响而支付给职工的补贴，如野外津贴、高空津贴、井下津贴、夜餐津贴、物价补贴等。

(5) 加班加点工资，是指按规定支付给职工在法定工作时间以外从事劳动的报酬，如节日加班工资等。

(6) 特殊情况下支付的工资，是指根据国家法令规定，支付给职工的某些非工作时间的劳动报酬，如病假工资、产假工资、探亲假工资等。

2. 工资核算的原始凭证

职工工资核算的原始凭证主要包括工资卡、考勤记录、产量记录、工资单、工资汇总表等。工资卡主要记录职工的工资级别和工资标准，反映每个职工的基本情况。考勤记录是登记出勤和缺勤时间及其情况的原始记录，是计算计时工资的主要依据，也是计算计件工资的依据之一。产量记录是登记产品生产工人或生产小组在出勤时间内完成产品的数量、质量和耗用工时的原始记录。工资单（又称工资结算单、工资表、工资计算表等）是据以向每个职工发放工资和津贴的原始记录。工资汇总表是据以提供企业各部门工资类别并作为发放工资、进行工资分配、提供资料的原始记录。在上列五项原始记录中，前三项既是工资核算的主要原始记录，也是编制工资单的主要依据；工资单是前三项原始记录的货币表现，是工资发放的原始依据；工资汇总表是根据工资单汇总编制的，是编制工资发放付款记账凭证和工资分配转账记账凭证的重要依据。

3. 应付职工工资的计算

应付职工工资是计算实发工资的基础。企业在计算出应付工资以后，再减去各种代扣款项，即为实发工资。应付工资、实发工资的计算公式为：

$$应付工资 = 计时工资 + 计件工资 + 经常性奖金 + 工资性津贴$$

$$实发工资 = 应付工资 - 代扣款项合计$$

4. 应付职工工资的账务处理

为了反映企业与职工工资的结算及分配情况，会计上应在"应付职工薪酬"账户下设置"工资"明细账户。该明细账户集中核算应付给职工的工资总额，凡属工资总额的各项内容，不论是否在当月支付，都应通过本明细账户核算。该明细账户贷方登记应付给职工的工资，借方登记实际支付给职工的工资及代扣款项。如果企业当月的应付工资在当月支付，则该明细账户的借方与贷方金额一致，该明细账户月末没有余额；如果企业当月的应付工资在下月支付，则该明细账户月末有贷方余额，表示尚未支付的工资数额。

企业根据考勤记录、工时记录、产量记录等工资标准，编制"工资结算单"并计算各种工资，财会部门应将"工资结算单"进行汇总，编制"工资结算汇总表"。在此基础上，扣除应由职工个人负担而需要由企业代扣代缴的款项，如企业为职工代垫的水电费、由企业代扣代缴的个人所得税、社会保险费、住房公积金等，余额即为职工的实得工资。

对企业本月应发放的工资，在月份终了要编制"工资分配表"进行分配。其中，生产工人工资计入"生产成本"账户，车间管理人员工资计入"制造费用"账户，企业管理部门人员工资计入"管理费用"账户，销售机构人员工资计入"销售费用"账户，应由在建工程、研发支出负担的人员工资计入"在建工程""研发支出"账户。

在实务中，企业一般在每月发放工资前，根据"工资费用分配汇总表"中的"实发金额"栏的合计数，通过开户银行支付给职工或从开户银行提取现金，然后向职工发放。企业按照有关规定向职工支付工资、奖金、津贴、补贴等，借记"应付职工薪酬——工资"账户，贷记"银行存款""库存现金""其他应收款""应交税费——应交个人所得税"等账户。

（三）职工福利费的核算

为了反映职工福利费的支付与分配情况，企业应在"应付职工薪酬"账户下设置"职工福利费"明细账户。

（1）职工福利费的支出。企业发生职工福利费支出时，应借记"应付职工薪酬——职工福利费"账户，贷记有关账户。

（2）职工福利费的分配。月末，企业应按照用途对实际发生的职工福利费支出进行分配，借记"生产成本""制造费用""管理费用""销售费用""在建工程"和"研发支出"等账户，贷记"应付职工薪酬——职工福利费"账户。

（四）社会保险费和住房公积金的核算

社会保险费是指按国家规定由企业和职工共同负担的医疗保险费、由企业负担的工伤保险费和生育保险费等费用。住房公积金是按照国家规定由企业和职工共同负担用于解决职工住房问题的费用。为了反映社会保险费和住房公积金的提取和交纳情况，企业应在

"应付职工薪酬"账户下设置"社会保险费"和"住房公积金"明细账户。

应由职工个人负担的社会保险费和住房公积金，属于职工工资的组成部分，应根据职工工资的一定比例计算，并在职工工资中扣除，借记"应付职工薪酬——工资"账户，贷记"应付职工薪酬——社会保险费（或住房公积金）"账户。

由企业负担的社会保险费和住房公积金，应在职工为其提供服务的会计期同，根据职工工资的一定比例计算，并按照规定的用途进行分配，借记"生产成本""制造费用""管理费用""销售费用""在建工程"和"研发支出"等账户，贷记"应付职工薪酬——社会保险费（或住房公积金）"账户。

企业交纳社会保险费和住房公积金时，借记"应付职工薪酬——社会保险费"和"应付职工薪酬——住房公积金"账户。

（五）工会经费和职工教育经费的核算

工会经费和职工教育经费是根据国家规定的标准从成本费用中提取的金额。为了反映工会经费和职工教育经费的提取和使用情况，企业应在"应付职工薪酬"账户下设置"工会经费"和"职工教育经费"明细账户。

企业计提工会经费和职工教育经费时，应根据职工工资的一定比例计算，按职工工资的用途进行分配，借记"生产成本""制造费用""管理费用""销售费用""在建工程"和"研发支出"等账户，贷记"应付职工薪酬——工会经费"（或职工教育经费）账户。

企业支付工会经费和职工教育经费用于工会活动和培训时，应借记"应付职工薪酬——工会经费（或职工教育经费）"，贷记"银行存款"账户。

（六）短期带薪缺勤

对于职工带薪缺勤，企业应当根据其性质及职工享有的权利，分为累积带薪缺勤和非累积带薪缺勤两类。企业应当将累积带薪缺勤和非累积带薪缺勤分别进行会计处理。如果带薪缺勤属于长期带薪缺勤的，企业应当作为其他长期职工福利处理。

（1）累积带薪缺勤，是指带薪权利可以结转下期的带薪缺勤，本期尚未用完的带薪缺勤权利可以在未来期间使用。企业应当在职工提供了服务从而增加了其未来享有的带薪缺勤权利时，确认与累积带薪缺勤相关的职工薪酬，并以累积未行使权利而增加的预期支付金额计量。确认累积带薪缺勤时，借记"管理费用"等账户，贷记"应付职工薪酬——带薪缺勤——短期带薪缺勤——累积带薪缺勤"账户。

（2）非累积带薪缺勤，是指带薪权利不能结转下期的带薪缺勤，本期尚未用完的带薪缺勤权利将予以取消，并且职工离开企业时也无权获得现金支付。我国企业职工休婚假、产假、丧假、探亲假、病假期间的工资通常属于非累积带薪缺勤。由于职工提供服务本身不能增加其能够享受的福利金额，企业在职工未缺勤时不应当计提相关费用和负债，因此企业应当在职工实际发生缺勤的会计期间确认与非累积带薪缺勤相关的职工薪酬。

企业确认职工享有的与非累积带薪缺勤权利相关的薪酬，视同职工出勤确认的当期损益或相关资产成本。通常情况下，与非累积带薪缺勤相关的职工薪酬已经包括在企业每期向职工发放的工资等薪酬中，因此，不必额外做相应的账务处理。

（七）非货币性福利的核算

为了反映非货币性福利的支付和分配情况，企业应在"应付职工薪酬"账户下设置

"非货币性福利"明细账户。

(1) 企业以其自产产品或外购商品发放给职工作为非货币性福利。企业以其自产产品发放给职工作为非货币性福利的，应当作为正常商品销售处理，按照该产品的公允价值加相关税费确定非货币性福利金额，借记"应付职工薪酬——非货币性福利"账户，贷记"主营业务收入""应交税费——应交增值税（销项税额）"账户。以外购商品发放给职工作为非货币性福利的，应当按照该商品的公允价值加相关税费来确定非货币性福利金额。

(2) 企业无偿向职工提供住房等资产使用。企业应当根据该住房每期应计提的折旧确定非货币性福利金额，借记"应付职工薪酬——非货币性福利"账户，贷记"累计折旧"账户。租赁住房等资产供职工无偿使用的，企业应当根据每期应付的租金确定非货币性福利金额，借记"应付职工薪酬——非货币福利"账户，贷记"银行存款"等账户。

(3) 企业应按照受益对象对实际发生的非货币性福利进行分配，借记"生产成本""制造费用""管理费用""销售费用""在建工程"和"研发支出"等账户，贷记"应付职工——非货币性福利"账户。难以认定受益对象的非货币性福利，直接计入当期损益和应付职工薪酬。

三、离职后福利业务核算

离职后福利是指企业与职工就离职后福利达成的协议，或者企业为向职工提供离职后福利而制定的规章或办法。企业应当按照企业承担的风险和义务情况，将离职后福利计划分类为设定提存计划和设定受益计划（这里只介绍设定提存计划）。企业应当在职工提供服务的会计期间对离职后福利进行确认和计量。

对于设定提存计划，企业应当根据在资产负债表日为换取职工在会计期间提供的服务而应向单独主体缴存的提存金，确认为职工薪酬负债，并计入当期损益或者相关资产成本，借记"生产成本""制造费用""管理费用""销售费用"等账户，贷记"应付职工薪酬——设定提存计划"账户。

四、辞退福利业务核算

企业向职工提供辞退福利的，应当在企业不能单方面撤回因解除劳动关系计划或裁减建议所提供的辞退福利时、企业确认涉及支付辞退福利的重组相关的成本或费用时两者孰早日，确认辞退福利产生的职工薪酬负债，并计入当期损益（管理费用）。

企业有详细、正式的重组计划并且该重组计划已对外公告时，表明已经承担了重组义务。重组计划包括重组涉及的业务、主要地点、需要补偿的职工人数及其岗位性质、预计重组支出、计划实施时间等。

实施职工内部退休计划的，企业应当比照辞退福利处理。在内退计划符合本准则规定的确认条件时，企业应当按照内退计划规定，将自职工停止提供服务日至正常退休日期间，企业拟支付的内退职工工资和交纳的社会保险费等确认为应付职工薪酬，一次性计入当期损益，不能在职工内退后各期分期确认因支付内退职工工资和为其交纳社会保险费等产生的义务。

企业应当按照辞退计划条款的规定，合理预计并确认辞退福利产生的职工薪酬负债，并具体考虑下列情况。

(1) 对于职工没有选择权的辞退计划,企业应当根据计划条款规定拟解除劳动关系的职工数量、每一职位的辞退补偿等确认职工薪酬负债。

(2) 对于自愿接受裁减建议的辞退计划,由于接受裁减的职工数量不确定,企业应当根据《企业会计准则第 13 号——或有事项》规定,预计将会接受裁减建议的职工数量,根据预计的职工数量和每一职位的辞退补偿等确认职工薪酬负债。

(3) 对于辞退福利预期在其确认的年度报告期间期末后 12 个月内完全支付的辞退福利,企业应当适用短期薪酬的相关规定。

(4) 对于辞退福利预期在年度报告期间期末后 12 个月内不能完全支付的辞退福利,企业应当适用准则关于其他长期职工福利的相关规定,即实质性辞退工作在一年内实施完毕但补偿款项超过一年支付的辞退计划,企业应当选择恰当的折现率,以折现后的金额计量应计入当期损益的辞退福利金额。

【任务实施】

任务 10.1.1 根据工资费用分配表(见表 10-2)分配工资时,编制以下会计分录。

借:基本生产成本——(一车间)A 型电机　　　　252 000
　　　　　　　　——(一车间)B 型电机　　　　168 000
　　　　　　　　——(二车间)A 型电机　　　　240 000
　　　　　　　　——(二车间)B 型电机　　　　120 000
　　制造费用——一车间　　　　　　　　　　　　 59 000
　　　　　　——二车间　　　　　　　　　　　　 52 000
　　辅助生产成本——运输车队　　　　　　　　　 73 000
　　　　　　　　——机修车间　　　　　　　　　 55 000
　　管理费用——薪酬　　　　　　　　　　　　　156 000
　　　贷:应付职工薪酬——工资　　　　　　　　　　　　1 175 000

任务 10.1.2 根据医疗保险、工伤保险、生育保险、住房公积金、工会经费、职工教育经费、养老保险、失业保险计提表 10-4,编制以下会计分录。

借:基本生产成本——(一车间)A 型电机　　　　101 304
　　　　　　　　——(一车间)B 型电机　　　　 67 536
　　　　　　　　——(二车间)A 型电机　　　　 96 480
　　　　　　　　——(二车间)B 型电机　　　　 48 240
　　制造费用——一车间　　　　　　　　　　　　 23 718
　　　　　　——二车间　　　　　　　　　　　　 20 904
　　辅助生产成本——运输车队　　　　　　　　　 29 346
　　　　　　　　——机修车间　　　　　　　　　 22 110
　　管理费用　　　　　　　　　　　　　　　　　 62 712
　　　贷:应付职工薪酬——社会保险费(医疗保险)　　　105 750
　　　　　应付职工薪酬——社会保险费(工伤保险)　　　 11 750
　　　　　应付职工薪酬——社会保险费(生育保险)　　　 11 750
　　　　　应付职工薪酬——住房公积金　　　　　　　　 58 750
　　　　　应付职工薪酬——设定提存计划(养老保险)　　235 000

　　　　　应付职工薪酬——设定提存计划（失业保险）　　　　　　　8 225
　　　　　应付职工薪酬——工会经费　　　　　　　　　　　　　　23 500
　　　　　　　　　　　——职工教育经费　　　　　　　　　　　　17 625

任务 10.1.3　发放工资代扣代缴社会保险及住房公积金时，编制以下会计分录。
借：应付职工薪酬——工资　　　　　　　　　　　　　　　　1 175 000
　　贷：银行存款　　　　　　　　　　　　　　　　　　　　　　995 225
　　　　其他应付款——养老保险费　　　　　　　　　　　　　　94 000
　　　　　　　　　　——医疗保险费　　　　　　　　　　　　　23 500
　　　　　　　　　　——失业保险费　　　　　　　　　　　　　 3 525
　　　　　　　　　　——住房公积金　　　　　　　　　　　　　58 750

任务 10.1.4　企业应做以下会计分录。
借：应付职工薪酬——职工福利费　　　　　　　　　　　　　　1 000
　　贷：库存现金　　　　　　　　　　　　　　　　　　　　　　 1 000
借：管理费用　　　　　　　　　　　　　　　　　　　　　　　 1 000
　　贷：应付职工薪酬——职工福利费　　　　　　　　　　　　　 1 000

任务 10.1.5　企业应做以下会计分录。
借：应付职工薪酬——工会经费　　　　　　　　　　　　　　　23 500
　　贷：银行存款　　　　　　　　　　　　　　　　　　　　　　23 500

【典型任务举例】

任务 10.1.6　华立公司 2018 年 9 月，为了能够在下一年度顺利实施转产，公司管理层制订了一项辞退计划，计划规定，从 2019 年 1 月 1 日起，企业将以职工自愿方式，辞退其生产车间的职工。辞退计划的详细内容，包括拟辞退的职工所在部门、数量、各级别职工能够获得的补偿以及计划大体实施的时间等均已与职工沟通，并达成一致意见，辞退计划已于 2018 年 12 月 10 日经董事会正式批准，辞退计划将于下一个年度内实施完毕。该项辞退计划的详细内容如表 10-5 所示。

表 10-5　辞退计划的详细内容

所属部门	职位	辞退数量/人	工龄/年	每人补偿额/万元
生产车间	车间主任 副主任	10	1~10	10
			10~20	20
			20~30	30
	高级技工	50	1~10	8
			10~20	18
			20~30	28
	一般技工	100	1~10	5
			10~20	15
			20~30	25
合计		160		

2018 年 12 月 31 日，企业预计各级别职工拟接受辞退职工数量的最佳估计数（最可能发生数）及其应支付的补偿如表 10-6 所示。

表 10-6 辞退职工数量及应支付的补偿

所属部门	职位	辞退数量/人	工龄/年	接受数量/人	每人补偿额/万元	补偿金额/万元
生产车间	车间主任副主任	10	1~10	5	10	50
			10~20	2	20	40
			20~30	1	30	30
	高级技工	50	1~10	20	8	160
			10~20	10	18	180
			20~30	5	28	140
	一般技工	100	1~10	50	5	250
			10~20	20	15	300
			20~30	10	25	250
合计		160		123		1 400

按照《企业会计准则第 13 号—或有事项》有关计算最佳估计数的方法，预计接受辞退的职工数量可以根据最可能发生的数量确定。根据表 10-6，愿意接受辞退职工的最可能数量为 123 名，预计补偿总额为 14 000 000 元，则企业在 2018 年（辞退计划是 2018 年 12 月 10 日由董事会批准的）应做以下账务处理。

借：管理费用　　　　　　　　　　　　　　　　　　　　　　14 000 000
　　贷：应付职工薪酬——辞退福利　　　　　　　　　　　　　14 000 000

任务 10.1.7　甲公司从 2019 年起开始实行累积带薪缺勤制度。公司财务部门的一名出纳每个工作日的标准工资为 200 元。根据公司相关制度规定：该出纳每年有 5 天的带薪休假。对其当年未使用的休假，可以无限期向后结转，而且在其离开公司时以现金结算。2019 年，该出纳实际休假 3 天。

分析：在本例中，由于甲公司实行累积带薪缺勤制度，而且可以无限期向后结转，因而甲公司应当于期末确认该职工未使用的累积带薪缺勤。

该出纳未使用的累积带薪缺勤 = (5 - 3) × 200 = 400（元）

2019 年 12 月 31 日，甲公司确认该出纳累积带薪缺勤时应当编制的会计分录为：

借：管理费用　　　　　　　　　　　　　　　　　　　　　　　　　400
　　贷：应付职工薪酬——累积带薪缺勤　　　　　　　　　　　　　　400

任务 10.1.8　B 公司是一家空调生产企业，有职工 500 名，其中一线生产工人 390 名，总部管理人员 110 名。2018 年 10 月，此公司决定以其生产的空调作为福利发放给职工。该空调单位成本为 3 000 元，单位计税价格（公允价值）为 4 000 元，适用的增值税税率为 16%。B 公司应做以下账务处理。

（1）决定发放非货币性福利：

```
借：生产成本                                    1 809 600
    管理费用                                      510 400
    贷：应付职工薪酬——非货币性福利              2 320 000
```

（2）实际发放非货币性福利。

```
借：应付职工薪酬——非货币性福利              2 320 000
    贷：主营业务收入                            2 000 000
        应缴税费——应缴增值税（销项税额）        320 000
借：主营业务成本                              1 500 000
    贷：库存商品                                1 500 000
```

任务10.1.9 C公司决定为每一部门经理提供轿车免费使用，同时为每位副总裁租赁一套住房免费使用。C公司部门经理共有30名，副总裁共有5名。假定每辆轿车月折旧额为2 000元，每套住房月租金为3 000元。C公司每个月应做以下账务处理。

（1）计提轿车折旧：

```
借：管理费用                                      60 000
    贷：应付职工薪酬——非货币性福利                  60 000
借：应付职工薪酬——非货币性福利                    60 000
    贷：累计折旧                                    60 000
```

（2）确认住房租金费用：

```
借：管理费用                                      15 000
    贷：应付职工薪酬——非货币性福利                  15 000
借：应付职工薪酬——非货币性福利                    15 000
    贷：银行存款                                    15 000
```

任务10.1.10 2018年7月，甲公司当月应发工资为15 600 000元。其中，生产部门生产工人工资10 000 000元；生产部门管理人员工资2 000 000元；管理部门管理人员工资3 600 000元。

根据甲公司所在地政府规定，社会保险费和住房公积金甲公司交纳比例为：医疗保险费为10%，工伤保险和生育保险均为1%，住房公积金为20%，养老保险为18%，失业保险为0.7%。甲公司分别按照职工工资总额的2%和1.5%计提工会经费和职工教育经费。假定不考虑其他因素以及所得税影响。

根据上述资料，甲公司计算其2018年7月份的职工薪酬金额如下：

应当计入生产成本的职工薪酬金额 = 10 000 000 + 10 000 000 × (10% + 8% + 1% + 1% + 18% + 0.7% + 2% + 1.5%) = 14 220 000(元)

应当计入制造费用的职工薪酬金额 = 2 000 000 + 2 000 000 × (10% + 8% + 1% + 1% + 18% + 0.7% + 2% + 1.5%) = 2 844 000(元)

应当计入管理费用的职工薪酬金额 = 3 600 000 + 3 600 000 × (10% + 8% + 1% + 1% + 18% + 0.7% + 2% + 1.5%) = 5 119 200(元)

甲公司有关账务处理如下：

```
借：生产成本                                 14 220 000
    制造费用                                  2 844 000
```

管理费用	5 119 200
贷：应付职工薪酬——工资	15 600 000
应付职工薪酬——社会保险费（医疗保险）	1 560 000
应付职工薪酬——社会保险费（工伤保险）	156 000
应付职工薪酬——社会保险费（生育保险）	156 000
应付职工薪酬——住房公积金	1 248 000
应付职工薪酬——设定提存计划（养老保险）	2 808 000
应付职工薪酬——设定提存计划（失业保险）	109 200
应付职工薪酬——工会经费	312 000
应付职工薪酬——职工教育经费	234 000

任务2　应交税费业务核算

【任务导入】

任务10.2.1　2019年8月10日，红星机械有限公司购入一批库存材料，取得增值税专用发票注明价款为20 000元，增值税税额为2 600元（当月已认证），材料验收入库，款项已用银行存款支付，采用实际成本法对存货进行核算。8月26日，该批库存材料因管理不善全部被盗。

任务10.2.2　2019年9月12日，红星机械有限公司交纳上月未交纳的增值税65 000元，9月购进材料等发生的进项税额合计为196 325元，增值税进项税额转出合计数为35 000元，9月份发生增值税销项税额为625 000元，9月份公司实际交纳当月增值税税款400 000元。

任务10.2.3　2019年10月份，红星机械有限公司实际交纳增值税250 000元，实际交纳消费税60 000元，公司适用的城市维护建设税税率为7%，教育费附加征收比率为3%。

要求：红星机械有限公司根据以上业务进行账务处理。

【知识准备】

企业根据税法规定应交纳的各种税费，主要有增值税、消费税、企业所得税、资源税、城镇土地使用税、城市维护建设税、印花税、土地增值税、房产税、车船税、车辆购置税、耕地占用税、契税等。

一、应交增值税

（一）增值税认知

1. 增值税征税范围和纳税义务人

增值税是以商品（含应税劳务、应税行为）在流转过程中实现的增值额作为计税依据而征收的一种流转税。按照我国增值税法的规定，在我国境内销售货物或加工修理修配劳务（以下简称劳务）、服务、无形资产、不动产以及进口货物的单位和个人为增值税的纳税人。提供加工、修理修配劳务简称"应税劳务"；销售应税服务、无形资产和不动产简称"应税行为";"服务"是指提供交通运输服务、建筑服务、邮政服务、电信服务、金融服务、现代服务、生活服务。

根据纳税人的经营规模以及会计核算健全程度的不同,增值税纳税人分为一般纳税人和小规模纳税人两类。

一般纳税人是指年纳税销售额超过财政部、国家税务总局规定标准的增值税纳税人。小规模纳税人是指年应税销售额未超过规定标准,并且会计核算不健全,不能够提供准确税务资料的增值税纳税人。小规模纳税人会计核算健全,能够提供准确税务资料的,可以向税务机关申请登记为一般纳税人,不再作为小规模纳税人。

2. 增值税的计税方法

增值税的计税方法分为一般计税方法和简易计税方法。

(1) 一般计税方法。

增值税的一般计税方法是先按当期销售额和适用的税率计算出销项税额,然后以该销项税额对当期购进项目支付的税额(即进项税额)进行抵扣,应纳税额的计算公式为:

$$应纳税额 = 当期销项税额 - 当期进项税额$$

当期销项税额指纳税人当期销售货物、加工修理修配劳务、服务、无形资产、不动产时,按照销售额和适用税率计算并向购买方收取的增值税税款。其中,销售额是指纳税人销售货物、加工修理修配劳务、服务、无形资产、不动产向购买方收取的全部价款和价外费用,但是不包括收取的销项税额。价外费用包括价外向购买方收取的包装费、包装物租金、运输装卸费等各种性质的价外收费。当期销项税额的计算公式为:

$$销项税额 = 销售额 \times 增值税税率$$

当期进项税额指纳税人购进货物、加工修理修配劳务、服务、无形资产或者不动产,支付或者负担的增值税税额。下列进项税额准予从销项税额中抵扣:

①从销售方取得的增值税专用发票(含税控机动车销售统一发票,下同)上注明的增值税额;

②从海关取得的海关进口增值税专用缴款书上注明的增值税额;

③购进农产品,取得增值税专用发票或海关进口增值税专用缴款书的,以增值税专用发票或海关进口增值税专用缴款书上注明的增值税额为进项税额;从按简易计税方法以3%征收率计算交纳增值税的小规模纳税人取得增值税专用发票的,以增值税专用发票上注明的金额和9%的扣除率计算进项税额;取得(开具)农产品销售发票或收购发票的,以农产品收购发票或销售发票上注明的农产品买价和9%的扣除率计算进项税额;纳税人购进用于生产或者委托加工13%税率货物的农产品,按照农产品收购发票或者销售发票上注明的农产品买价和10%的扣除率计算进项税额;

④从境外单位或者个人购进劳务、服务、无形资产或者不动产,从税务机关或者扣缴义务人取得的代扣代缴税款的完税凭证上注明的增值税额;

⑤一般纳税人支付的道路、桥、闸通信费,凭取得的通行费发票上注明的收费金额和规定的方法计算的可抵扣的增值税进项税额。

当期销项税额小于当期进项税额不足抵扣时,其不足部分可以结转下期继续抵扣。

对于增值税一般纳税人,我国增值税的税率分为13%、9%、6%和零税率。

(2) 简易计税方法。

增值税的简易计税方法是按照销售额与征收率的乘积计算应纳税额，不得抵扣进项税额，应纳税额的计算公式为：

$$应纳税额 = 销售额 \times 征收率$$

式中，销售额不包括其应纳税额。如果纳税人采用销售额和应纳税额合并定价方法，则应将销售额还原为不含税销售额来计算，计算公式为：

$$销售额 = 含税销售额 \div (1 + 征收率)$$

采用简易计税方式的增值税征收率为3%，国家另有规定除外。

需要说明的是，一般纳税人一般采用一般计税方法；小规模纳税人一般采用简易计税方法；一般纳税人发生财政部和国家税务总局规定的特定应税行为，可以选择适用简易计税方法计税（一经选择，36个月内不得变更），但是不得抵扣进项税额。

3. 增值税专用发票使用规定

增值税专用发票是增值税一般纳税人发生应税销售行为开具的发票，是购买方支付增值税额并可按照增值税有关规定据以抵扣增值税进项税额的凭证。一般纳税人应通过增值税防伪税控系统使用专用发票。使用包括领购、开具、缴销、认证、稽核比对专用发票及其相应的数据电文。

（二）一般纳税人的账务处理

1. 增值税核算应设置的账户

为了核算企业应交增值税的发生、抵扣、交纳、退税及转出等情况，一般纳税人应在"应交税费"账户下设置"应交增值税""未交增值税""预交增值税""待抵扣进项税额""待认证进项税额""待转销项税额""简易计税""转让金融产品应交增值税""代扣代缴增值税"等明细账户。

（1）"应交增值税"明细账户，核算一般纳税人进项税额、销项税额抵减，已交税金、转出未交增值税、减免税款、出口抵减内销产品应纳税额、销项税额、出口退税、进项税额转出、转出多交增值税等情况。该明细账设置以下专栏："进项税额"专栏，记录一般纳税人购进货物、加工修理修配劳务、服务、无形资产或不动产而支付或负担的、准予从当期销项税额中抵扣的增值税税额；"销项税额抵减"专栏，记录一般纳税人按照现行增值税制度规定应扣减销售额而减少的销项税额；"已交税金"专栏，记录一般纳税人当月已交应交增值税税额；"转出未交增值税"和"转出多交增值税"专栏，分别记录一般纳税人月度终了转出当月应交未交或多交的增值税额；"减免税款"专栏，记录一般纳税人按现行增值税制度规定准予减免的增值税税额；"出口抵减内销产品应纳税额"专栏，记录实行"免、抵、退"办法的，一般纳税人按规定计算的出口货物的进项税额来抵减内销产品的应纳税额；"销项税额"专栏，记录一般纳税人销售货物、加工修理修配劳务、服务、无形资产或不动产应收取的增值税税额；"出口退税"专栏，记录一般纳税人出口货物、加工修理修配劳务、服务、无形资产按规定退回的增值税税额；"进项税额转出"专栏，记录一般纳税人购进货物、加工修理修配劳务、服务、无形资产或不动产等发生非正常损失以及其他原因而不应从销项税额中抵扣，按规定转出的进项税额。

（2）"未交增值税"明细账户，核算一般纳税人月度终了从"应交增值税"或"预交增值税"明细账户转入当月应交未交、多交或预交的增值税税额,以及当月交的以前期间未交的增值税税额。

(3)"预交增值税"明细账户,核算一般纳税人转让不动产,提供不动产经营租赁服务,提供建筑服务,采用预收款方式销售自行开发的房地产项目等,以及其他按现行增值税制度规定应预交的增值税税额。

(4)"待抵扣进项税额"明细账户,核算一般纳税人已取得增值税扣税凭证并经税务机关认证,按照现行增值税制度规定准予以后期间从销项税额中抵扣的进项税额。

(5)"待认证进项税额"明细账户,核算一般纳税人由于未经税务机关认证而不得从当期销项税额中抵扣的进项税额,包括一般纳税人已取得增值税扣税凭证、按照现行增值税制度规定准予从销项税额中抵扣,但尚未经税务机关认证的进项税额;一般纳税人已申请稽核但尚未取得稽核相符结果的海关进口增值税缴款书进项税额。

(6)"待转销项税额"明细账户,核算一般纳税人销售货物、加工修理修配劳务、服务、无形资产或不动产,已确认相关收入(或利得)但尚未发生增值税纳税义务而需于以后期间确认为销项税额的增值税税额。

(7)"简易计税"明细账户,核算一般纳税人采用简易计税方法发生的增值税计提、扣减、预交、交纳等业务。

(8)"转让金融产品应交增值税"明细账户,核算增值税纳税人转让金融产品发生的增值税税额。

(9)"代扣代交增值税"明细账户,核算纳税人购进在境内未设经营机构的境外单位或个人在境内的应税行为代扣代交的增值税。

2. 一般纳税人增值税业务核算

(1)进项税额。

一般纳税人购进货物、加工修理修配劳务、服务、无形资产或不动产,按应计入相关成本费用或资产的金额,借记"材料采购""在途物资""原材料""库存商品""生产成本""固定资产""无形资产""管理费用"等账户,按当月已认证的可抵扣的增值税税额,借记"应交税费——应交增值税(进项税额)"账户,按当月未认证的可抵扣增值税税额,借记"应交税费——待认证进项税额"账户,按应付或实际支付的金额贷记"应付账款""应付票据""银行存款"等账户。购进货物等发生的退货,应根据税务机关开具的红字增值税专用发票编制相反的会计分录,如原增值税专用发票未做认证,应将发票退回并做相反的会计分录。

企业购进农产品(除取得增值税专用发票或者海关进口增值税专用交款书外),按照农产品收购发票或者销售发票上注明的农产品买价和9%的扣除率计算的进项税额;购进用于生产销售或委托加工13%税率货物的农产品,按照农产品收购发票或者销售发票上注明的农产品买价和10%的扣除率计算的进项税额,借记"应交税费——应交增值税(进项税额)"账户,按农产品买价扣除进项税额后的差额,借记"材料采购""在途物资""原材料""库存商品"等账户,按照应付或实际支付的价款,贷记"应付账款""应付票据""银行存款"等账户。

企业购入材料、商品等不能取得增值税专用发票的,发生的增值税应计入材料采购成本,借记"材料采购""在途物资""原材料""库存商品"等账户,贷记"银行存款"

等账户。

(2) 进项税额转出。

企业已单独确认进项税额的购进货物、加工修理修配劳务、服务、无形资产或者不动产，但事后改变用途（如用于简易计税方法计税项目、免征增值税项目、非增值税应税项目等）或发生非正常损失，原计入进项税额、待抵扣进项税额、待认证进项税额，按现行增值税制度规定不得从销项税额中抵扣。非正常损失是指因管理不善而造成货物被盗、丢失、霉烂变质，以及因违反法律法规而造成货物或者不动产被依法没收、销毁、拆除的情形。

企业因发生非正常损失或改变用途等，原已计入进项税额、待抵扣进项税额或待认证进项税额，但按现行增值税制度规定不得从销项税额中抵扣的，应借记"待处理财产损溢""应付职工薪酬""固定资产"等账户，贷记"应交税费——应交增值税（进项税额转出）""应交税费——待抵扣进项税额"或"应交税费——待认证进项税额"账户。

(3) 销项税额。

①企业销售货物、加工修理修配劳务、服务、无形资产、不动产。

企业销售货物、加工修理修配劳务、服务、无形资产、不动产，应当按应收或已收的金额借记"应收账款""应收票据""银行存款"等账户，按取得的收益金额贷记"主营业务收入""其他业务收入""固定资产清理"等账户，按现行增值税制度规定计算的销项税额（或采用简易计税方法计算的应交增值税额），贷记"应交税费——应交增值税（销项税额）"或"应交税费——简易计税"账户。

企业销售货物等发生销售退回的，应根据税务机关开具的红字增值税专用发票做相反的会计分录。会计上收入或利得确认时点早于增值税纳税义务发生时点的，应将相关销项税额计入"应交税费——待转销项税额"账户，待实际发生纳税义务时再转入"应交税费——应交增值税（销项税额）"或"应交税费——简易计税"账户。增值税纳税义务发生时点早于会计上收入或利得确认时点的，应将应纳增值税额贷记"应交税费——应交增值税（销项税额）"或"应交税费——简易计税"账户，确认收入或利得时，应按扣除增值税销项税额后的金额确认收入。

②视同销售。

企业发生下列交易或事项的，应视同销售处理，计算应交增值税，主要事项有：将货物交付其他单位或者个人代销；销售代销货物；设有两个以上机构并实行统一核算的纳税人，将货物从一个机构移送其他机构用于销售，但相关机构设在同一县（市）的除外；将自产、委托加工的货物用于集体福利或个人消费；将自产、委托加工或购进的货物作为投资，提供给其他单位或个体工商户；将自产、委托加工或购进的货物分配给股东或投资者；将自产、委托加工或购进的货物无偿赠送给其他单位或个人。

企业应当根据视同销售的具体内容，按照现行增值税制度规定计算的销项税额（或采用简易计税方法计算的应纳增值税额），借记"长期股权投资""应付职工薪酬""利润分配""营业外支出"等账户，贷记"应交税费——应交增值税（销项税额）"或"应交税费——简易计税"账户。

(4) 交增值税。

企业交的当月应交的增值税，借记"应交税费——应交增值税（已交税金）"账户，贷记"银行存款"账户；企业交纳以前期间未交的增值税，借记"应交税费——未交增值税"账户，贷记"银行存款"账户。

（5）月末转出多交增值税和未交增值税。

月度终了，企业应当将当月应交未交或多交的增值税，从"应交增值税"明细账户转入"未交增值税"明细账户。对于当月应交未交的增值税，借记"应交税费——应交增值税（转出未交增值税）"账户，贷记"应交税费——未交增值税"账户；对于当月多交的增值税，借记"应交税费——未交增值税"账户，贷记"应交税费——应交增值税（转出多交增值税）"账户。

（三）小规模纳税人账务处理

小规模纳税人核算增值税采用简化的方法，即购进货物、应税劳务或应税行为，取得增值税专用发票上注明的增值税，一律不予抵扣，直接计入相关成本费用或资产。小规模纳税人销售货物、应税服务和应税行为时，按照不含税的销售额和规定的增值税征收率计算应交的增值税（即应纳税额），但不得开具增值税专用发票。

一般情况下，小规模纳税人采用销售额和应纳税额合并定价的方法，并向客户结算款项，小规模纳税人销售货物、应税劳务或应税行为后，应进行价税分离来确定不含税的销售额并计算应纳税额。其计算公式如下：

$$不含税销售额 = 含税销售额 \div (1 + 征收率)$$

$$应纳税额 = 不含税销售额 \times 征收率$$

小规模纳税人在进行账务处理时，应在"应交税费"账户下设置"应交增值税"明细账户，该明细账户不再设置增值税专栏。"应交税费——应交增值税"账户，贷方登记应交纳的增值税，借方登记已交纳的增值税，期末贷方余额反映小规模纳税人尚未交的增值税，期末借方余额反映小规模纳税人多交的增值税。

小规模纳税人购进货物、加工修理修配劳务、服务、无形资产或不动产，按应计入相关成本费用或资产的金额（包括支付的增值税），借记"材料采购""在途物资""原材料""库存商品""生产成本""固定资产""无形资产""管理费用"等账户，按应付或实际支付的金额贷记"应付账款""应付票据""银行存款"等账户。

小规模纳税人销售货物、加工修理修配劳务、服务、无形资产、不动产，应当按全部价款（包括应交的增值税）借记"应收账款""应收票据""银行存款"等账户，按不含税的销售额贷记"主营业务收入""其他业务收入""固定资产清理"等账户，按应交的增值税税额贷记"应交税费——应交增值税"账户。

二、应交消费税

（一）消费税认知

1. 消费税的概念及纳税人

消费税是指在我国境内生产、委托加工和进口应税消费品的单位和个人，按其流转额在特定环节征收的一种间接税。消费税对特定的某些消费品和消费行为征税。在境内生产、委托加工和进口规定的消费品的单位和个人，以及国务院确定的销售规定的消费品的其他单位和个人，为消费税的纳税人。

2. 消费税计税方法和计税依据

(1) 从价定率（大部分应税消费品适用）。

$$应纳税额 = 销售额 \times 比例税率$$

销售额是指销售应税消费品向购买方收取的全部价款和价外费用，不包括增值税。

(2) 从量定额（啤酒、黄酒和成品油）。

$$应纳税额 = 销售数量 \times 单位税额$$

销售数量的确定：销售应税消费品的，为销售数量；自产自用应税消费品的，为移送使用数量；委托加工应税消费品的，为纳税人收回的应税消费品数量；进口应税消费品的，为海关核定的应税消费品进口征税数量。

(3) 复合计征（白酒、卷烟生产销售、卷烟批发）。

$$应纳税额 = 销售额 \times 比例税率 + 销售数量 \times 单位税额$$

（二）消费税业务账务处理

企业应在"应交税费"账户下设置"应交消费税"明细账户，核算企业应交消费税的发生、交纳情况。该账户贷方登记应交的消费税，借方登记已交消费税，期末贷方余额反映企业尚未交的消费税，期末借方余额反映企业多交的消费税。

1. 生产后直接销售的应税消费品

纳税人生产的应税消费品，于纳税人销售时纳税。企业销售应税消费品应交消费税时，借记"税金及附加"账户，贷记"应交税费——应交消费税"账户。

2. 自产自用的应税消费品

自产自用的应税消费品用于连续生产应税消费品，移送环节不纳税（生产出的最终应税消费品销售时纳税）；用于其他方面的移送使用时纳税。用于其他方面是指纳税人将自产的应税消费品用于生产非应税消费品、在建工程、管理部门、非生产机构、提供劳务、馈赠、赞助、集资、广告、样品、职工福利、奖励等方面。用于其他方面的，于移送使用时，按照纳税人生产的同类消费品的销售价格计算纳税；没有同类消费品销售价格的，按照组成计税价格计算纳税。

企业将生产的应税消费品用于在建工程等非生产机构时，按规定应交纳的消费税借记"在建工程"等账户，贷记"应交税费——应交消费税"账户。

3. 委托加工应税消费品

由委托方提供原料和主要材料，受托方只收取加工费和代垫部分辅助材料加工的应税消费品按委托加工应税消费品计算消费税。

委托加工应税消费品，一般由受托方代收代缴消费税。委托方支付给受托方的消费税，分不同情况分别进行账务处理。

(1) 委托加工物资收回后，直接用于销售的，应将向受托方代收代缴的消费税计入委托加工物资的成本，借记"委托加工物资"等账户，贷记"应付账款""银行存款"等账户。

(2) 委托加工物资收回后用于连续生产应税消费品的，按规定准予抵扣的，应按以由受托方代收代缴的消费税，借记"应交税费——应交消费税"账户，贷记"应付账款"

"银行存款"等账户,待用委托加工的应税消费品生产出应纳消费税的产品销售时,再交消费税。

4. 进口应税消费品

单位和个人进口应税消费品,于报关进口时交消费税。进口环节交的消费税由海关代征。进口应税消费品应交的消费税按照组成计税价格和规定的税率计算消费税,计入该项进口物资的成本。借记"在途物资""材料采购""原材料""库存商品"等账户,贷记"银行存款"等账户。

三、应交其他税费

应交其他税费是指除上述应交税费以外的应交税费,包括应交资源税、应交城市维护建设税、应交教育费附加、应交土地增值税、应交房产税、应交土地使用税、应交车船税、应交个人所得税等。企业应当在"应交税费"账户下设置相应的明细账户进行核算,贷方登记应交纳的有关税费,借方登记已交纳的有关税费,期末贷方余额表示尚未交纳的有关税费。

(一) 应交资源税

资源税是对在我国境内开采矿产品或者盐的单位和个人征收的一种税。对外销售应税产品应交纳的资源税应计入"税金及附加"账户,借记"税金及附加"账户,贷记"应交税费——应交资源税"账户;资产自用应税产品应交纳的资源税应计入"生产成本""制造费用"等账户,借记"生产成本""制造费用"等账户,贷记"应交税费——应交资源税"账户。

(二) 应交城市维护建设税

城市维护建设税是以增值税和消费税为计税依据而征收的一种税,其纳税人为交增值税和消费税的单位和个人,以纳税人实际交的增值税和消费税税额为计税依据,并分别与两项税金同时交,税率与纳税人所在地不同,从1%~7%不等。应纳税额计算公式为:

$$应纳税额 = (实际交纳的增值税 + 实际交纳的消费税) \times 适用税率$$

企业按规定计算出应交纳的城市维护建设税,借记"税金及附加"账户,贷记"应交税费——应交城市维护建设税"账户。交城市维护建设税时,借记"应交税费——应交城市维护建设税"账户,贷记"银行存款"账户。

(三) 应交教育费附加

教育费附加是指为了加快发展地方教育事业,扩大地方教育经费资金来源而向企业征收的附加费用。教育费附加以纳税人实际交纳的增值税和消费税税额为计税依据,按一定比例与增值税、消费税两项税金同时交。

$$应交教育费附加 = (应交增值税 + 应交消费税) \times 3\%$$

企业按规定计算出应交纳的教育费附加,借记"税金及附加"账户,贷记"应交税费——应交教育费附加"账户。交教育费附加时,借记"应交税费——应交教育费附加"账户,贷记"银行存款"账户。

(四) 应交土地增值税

土地增值税是对转让国有土地使用权、地上的建筑物及其附着物(以下简称转让房地产）并取得增值性收入的单位和个人征收的一种税。

土地增值税以纳税人转让房地产所取得的增值额为计税依据，再按照超率累进税率计算应纳税额。土地增值税采用四级超率累进税率，其中最低税率为30%，最高税率为60%。转让房地产的增值额是转让收入减去税法规定扣除项目金额后的余额，其中，转让收入包括货币收入、实物收入和其他收入；扣除项目，主要包括取得土地使用权所支付的金额、开发土地的成本及费用、新建房及配套设施的成本及费用、与转让房地产有关的税金、旧房及建筑物的评估价格、财政部规定的其他扣除项目等。

企业对房地产核算方法的不同，企业应交土地增值税的账务处理也有所不同。

（1）企业转让的土地使用权以及地上的建筑物及其附着物一并在"固定资产"账户核算的，转让时应交的土地增值税，借记"固定资产清理"账户，贷记"应交税费——应交土地增值税"账户。

（2）转让的土地使用权在"无形资产"账户核算的，借记"银行存款""累计摊销""无形资产减值准备"账户，按应交的土地增值税，贷记"应交税费——应交土地增值税"账户。同时冲销土地使用权的账面价值，贷记"无形资产"账户，按其差额借记或贷记"资产处置损益"账户。

（3）房地产开发经营企业销售房地产应交纳的土地增值税，借记"税金及附加"账户，贷记"应交税费——应交土地增值税"账户。按税法规定预交或交纳土地增值税时，借记"应交税费——应交土地增值税"账户，贷记"银行存款"账户。

（五）应交房产税、应交城镇土地使用税、应交车船税、应交印花税、应交矿产资源补偿费

房产税是国家对在城市、县城、建制镇和工矿区征收的由产权所有人交的一种税。房产税依照房产原值一次减除10%~30%后的余额计算交。没有房产原值作为依据的，由房产所在地税务机关参考同类房产核定；房产出租的，以房产租金收入为房产税的计税依据。

城镇土地使用税是以城市、县城、建制镇、工矿区范围内使用土地的单位和个人为纳税人，以其实际占用的土地面积和规定税额计算征收的一种税。

车船税是由拥有并且使用车辆、船舶的单位和个人按照定额税率计算交纳的一种税。

印花税是对经济活动和经济交往中书立、领受、使用的应税经济凭证所征收的一种税。

矿产资源补偿费是对在我国领域和管辖海域开采矿产资源而征收的费用。其按照矿产品销售收入的一定比例计征，由采矿人交。

企业应交的房产税、城镇土地使用税、车船税、印花税、矿产资源补偿费计入"税金及附加"账户，借记"税金及附加"账户，贷记"应交税费——应交房产税、应交城镇土地使用税、应交车船税、应交矿产资源补偿费"账户。

企业应交的印花税计入"税金及附加"账户，借记"税金及附加"账户，贷记"银行存款""库存现金"账户。需要说明的是，应交的印花税不通过"应交税费"账户核算。

（六）应交契税、耕地占用税、车辆购置税

契税是以所有权发生转移变动的不动产为征税对象，向产权承受人征收的一种财

产税。

耕地占用税是对占用耕地建房或者从事其他非农业建设的单位和个人，依据其实际占用耕地面积，按照规定税额一次性征收的一种税。

车辆购置税是对在境内购置规定车辆的单位和个人征收的一种税。

企业应交的契税、耕地占用税、车辆购置税不通过"应交税费"账户核算，而是在交税款时，直接计入有关资产的成本。

（七）应交个人所得税

企业职工按规定应交的个人所得税通常由单位代扣代交。企业按规定计算的代扣代交的职工个人所得税，借记"应付职工薪酬"账户，贷记"应交税费——应交个人所得税"账户，企业交纳个人所得税时，借记"应交税费——应交个人所得税"账户，贷记"银行存款"等账户。

【任务实施】

任务 10.2.1 任务分析：存货因管理不善被盗属于非正常损失，按现行增值税制度规定不得从销项税额中抵扣。红星机械有限公司应编制以下会计分录：

（1）8月10日购入库存材料。

借：原材料	20 000	
应交税费——应交增值税（进项税额）	2 600	
贷：银行存款		22 600

（2）8月26日因管理不善被盗。

借：待处理财产损溢——待处理流动资产损溢	22 600	
贷：原材料		20 000
应交税费——应交增值税（进项税额转出）		2 600

任务 10.2.2 此时，红星机械有限公司做以下会计处理：

$$9月应交增值税 = 625\ 000 + 35\ 000 - 196\ 325 = 463\ 675(元)$$
$$9月未交增值税 = 463\ 675 - 400\ 000 = 63\ 675(元)$$

（1）2019年9月12日交上月未交的增值税65 000元时，应编制以下会计分录：

借：应交税费——未交增值税	65 000	
贷：银行存款		65 000

（2）2019年9月交当月增值税400 000元，应编制以下会计分录：

借：应交税费——应交增值税（已交税金）	400 000	
贷：银行存款		400 000

（3）2019年9月将未交的增值税63 675元进行转账，应编制以下会计分录：

借：应交税费——应交增值税（转出未交增值税）	63 675	
贷：应交税费——未交增值税		63 675

任务 10.2.3 此时，应编制的会计分录如下：

$$9月应交城市维护建设税 = (250\ 000 + 60\ 000) \times 7\% = 21\ 700(元)$$
$$9月应交教育费附加 = (250\ 000 + 60\ 000) \times 3\% = 9\ 300(元)$$

（1）2019年10月，红星机械有限公司应编制以下会计分录：

借：税金及附加	31 000	

贷：应交税费——应交城市维护建设税 21 700
           ——应交教育费附加 9 300
（2）用银行存款交应交城市维护建设税、应交教育费附加时，应编制以下会计分录：
借：应交税费——应交城市维护建设税 21 700
         ——应交教育费附加 9 300
   贷：银行存款 31 000

项目 10 训练

项目十一

所有者权益业务核算

学习目标

知识目标：

1. 熟悉实收资本管理的规定，掌握实收资本业务的账务处理方法。
2. 熟悉资本公积的来源及管理规定，掌握资本公积业务的账务处理方法。
3. 熟悉留存收益的内容及管理的规定，掌握盈余公积业务的账务处理方法。

能力目标：

1. 能根据审核无误的原始凭证准确进行实收资本和资本公积业务记账凭证的填制，根据记账凭证准确登记实收资本、股本、资本公积明细账。
2. 能根据审核无误的原始凭证准确进行盈余公积和未分配利润业务记账凭证的填制，根据记账凭证准确登记本年利润、利润分配、盈余公积明细账。

知识链接

所有者权益

一、所有者权益的概念

所有者权益是指企业资产扣除负债后由所有者享有的剩余权益。公司的所有者权益又称为股东权益。所有者权益是所有者对企业资产的剩余索取权，它是企业资产中扣除债权人权益后应由所有者享有的部分，既可反映所有者投入资本的保值增值情况，又体现了保护债权人权益的理念。

所有者权益具有以下特征：除非发生减资、清算或分派现金股利，否则企业不需要偿还所有者权益；企业清算时，只有在清偿所有的负债后，所有者权益才返还给所有者；所有者凭借所有者权益能够参与企业利润的分配。

所有者权益的来源包括所有者投入的资本、其他综合收益、留存收益等，通常由实收资本（或股本）、其他权益工具、资本公积、其他综合收益、专项储备、留存收益构成。

二、所有者权益的来源

(一) 所有者投入的资本

企业要开展经营活动，必须有充足的资金作保证，这就需要通过一定的渠道筹集资金。企业对外筹资有两个渠道，即按出资者所拥有的权益的不同可分为权益性筹资和债务性筹资。权益性筹资是企业通过发行股票、直接吸收投资等方式向企业的所有者筹集生产经营所需资金。权益性筹资一般不用还本，因而称之为企业的自有资金或权益资金。这部分资金即为所有者投入的资本。企业采用吸收自有资金的方式筹集资金，财务风险小，但付出的资金成本相对较高。债务性筹资是企业通过发行债券、向银行借款、融资租赁等方式筹集资金。企业采用债务性筹资方式筹集的资金，到期要归还本金和利息，因而财务风险比较大，但付出的资金成本较低。所以每一个企业在筹集资金时，往往同时运用权益性筹资和债务性筹资两个渠道。

所有者投入资本中构成企业注册资本或股本部分的金额作为实收资本或股本，投入资本超过注册资本或者股本部分的金额，计入资本公积（资本溢价或股本溢价）。

(二) 直接计入所有者权益的利得和损失

直接计入所有者权益的利得和损失是指不应计入当期损益、会导致所有者权益发生增减变动的、与所有者投入资本或者向所有者分配利润无关的利得或者损失。

利得是指由企业非日常活动所形成的、会导致所有者权益增加的、与所有者投入资本无关的经济利益的流入。损失是指由企业非日常活动所发生的、会导致所有者权益减少的、与向所有者分配利润无关的经济利益的流出。直接计入所有者权益的利得和损失包括资本公积（其他资本公积）和其他综合收益。

(三) 留存收益

留存收益是指企业通过生产经营取得收益后按照规定留给企业用于扩大再生产或以后年度分配的利润，包括盈余公积和未分配利润两部分。

任务1　实收资本（或股本）业务核算

【任务导入】

任务 11.1.1　红星机械有限公司发生以下经济业务：

(1) 红星机械有限公司接受 A 公司现金投资 1 000 000 元，已全部存入银行。

(2) 红星机械有限公司接受 B 公司一台不需要安装设备的投资，该设备双方确认的价值为 200 000 元，增值税进项税额为 26 000 元（由投资方支付税款，并提供或开具增值税专用发票），经约定，红星公司实收资本的入账金额为 232 000 元，合同约定的固定资产价值与公允价值相符。

(3) 红星机械有限公司接受 C 公司以一项专利进行的投资，该专利投资合同约定价值为 100 000 元，增值税进项税额为 6 000 元（由投资方支付税款，并提供或开具增值税专用发票），合同约定的资产价值与公允价值相符，实收资本按合同约定价值入账，不考虑其他因素。

要求：红星机械有限公司根据以上业务填制记账凭证，登记实收资本明细账。

【知识准备】

一、实收资本（或股本）概述

1. 实收资本的概念

实收资本是指企业按照企业章程或合同、协议的约定，接受投资者投入企业的资本。实收资本的构成比例或股东的股份比例，既是确定所有者在企业所有者权益中份额的基础，也是企业据以进行利润分配或股利分配的主要依据。

2. 实收资本（或股本）的有关规定

《中华人民共和国公司法》（以下简称《公司法》）规定，股东可以用货币出资，也可以用实物、知识产权、土地使用权等可以用货币估价并可以依法转让的非货币财产作价出资；但是，法律、行政法规规定不得作为出资的财产除外，如股东不得以劳务、信用、自然人姓名、商誉、特许经营权或者设定担保的财产等作价出资。企业应当对作为出资的非货币财产评估作价，核实财产，不得高估或者低估作价。法律、行政法规对评估作价有规定的，从其规定。

股东应当按期足额交纳公司章程中规定的各自认缴的出资额。股东以货币出资的，应当将货币出资足额存入有限责任公司在银行开设的账户；以非货币财产出资的，应当依法办理其财产权的转移手续。股东不按照前款规定交纳出资的，除应当向公司足额交纳外，还应当向已按期足额交纳出资的股东承担违约责任。

企业收到所有者投入企业的资本后，应根据有关的原始凭证（如投资清单、银行通知单等），分别以不同的出资方式进行会计处理。

二、账户设置

由于企业组织形式不同，所有者投入资本的会计核算方法也不同，故除股份有限公司对股东投入资本应设置"股本"账户外，其他企业应设置"实收资本"账户，核算企业实际收到投资者投入的资本。

"实收资本"账户属所有者权益类账户，用来核算股份有限公司以外的其他类企业实际收到的投资者投入的资本，贷方登记企业收到投资者符合注册资本的出资额，借方登记按法定程序报经批准减少的注册资本额，期末余额在贷方，反映投资者投入资本的实际数额。为了反映每个投资者投入资本的实际情况，该账户应按投资者设置明细账，进行明细分类核算。

"股本"账户属所有者权益类账户，用来核算股份有限公司在核定的股本总额及核定的股份总额范围内实际发行股票的数额。贷方登记已发行的股票面值，借方登记经批准核销的股票面值，期末余额在贷方，反映发行在外的股票面值。"股本"应当按照股票的类别设置明细账进行明细核算。

三、业务核算

（一）接受现金资产投资

1. 股份有限公司以外的企业接受现金资产投资

企业接受现金投资时，应以实际收到的金额，借记"银行存款"等账户，按投资合同或协议约定的投资者在企业注册资本中所占的份额，贷记"实收资本"账户，企业实际收到的金额超过投资者在企业注册资本中所占的份额部分，贷记"资本公积——资本溢价"账户。

2. 股份有限公司发行股票

股份有限公司接受股东投入的资本，按照投资合同或协议约定的价值计入相应的资产账户，同时应按其在股本中所占的份额，计入"股本"账户。企业收到股东出资超过其在股本中所占份额的部分，作为股本溢价，计入"资本公积（资本溢价）"账户。

（1）平价发行股票的核算。

发行股票是股份有限公司为筹集大量的自有资金而采用的方式。股份有限公司的全部资本由等额股份构成并通过发行股票筹集资本，股东以其所持股份对公司承担有限责任，公司以其全部资产对公司债务承担责任。我国有关法律规定，股份有限公司应当在核定的股本总额及核定的股份总额的范围内发行股票。股票的面值与股份总数的乘积即为公司股本，股本等于股份有限公司的注册资本。为了如实反映股份有限公司的股本情况，应设置"股本"账户进行核算。

平价发行股票是指股份有限公司按股票的面值发行股票。当公司发行股票收到现金等资产时，应按照实际收到的金额，借记"银行存款"等账户，按照票面值和核定股份总额的乘积计算的金额，贷记"股本"账户；股份有限公司发行股票发生的手续费、佣金等发行费用，减去发行股票冻结资金期间产生的利息收入后的余额，依次冲减盈余公积和未分配利润。

（2）溢价发行股票的核算。

溢价发行股票是指股份有限公司按高于股票面值的价格发行股票。当公司发行股票收到现金等资产时，应按照实际收到的金额，借记"银行存款"等账户，按股票面值和核定股份总额的乘积计算的金额，贷记"股本"账户，多余部分贷记"资本公积（股本溢价）"账户；股份有限公司发行股票支付的手续费或佣金等发行费用，减去发行股票冻结资金期间产生的利息收入后的余额，首先冲抵资本公积（股本溢价），溢价不足抵扣的部分冲减盈余公积和未分配利润。

（二）接受非现金资产投资

1. 接受投入固定资产

企业接受投资者作价投入的房屋、建筑物、机器设备等固定资产，应将投资合同或协议约定的价值（不公允的除外）作为固定资产的入账价值，将投资合同或协议约定的投资者在企业注册资本或股本中所占份额的部分作为"实收资本"或"股本"入账，投资合同或协议约定的价值超过投资者在企业注册资本或股本中所占份额的部分，计入"资本公积（资本溢价或股本溢价）"账户。

2. 接受投入材料物资

企业接受投资者作价投入的材料物资，应将投资合同或协议约定的价值（不公允的除外）作为材料物资的入账价值，将投资合同或协议约定的投资者在企业注册资本或股本中所占份额的部分作为"实收资本"或"股本"入账，投资合同或协议约定的价值超过投资者在企业注册资本或股本中所占份额的部分，计入"资本公积（资本溢价或股本溢价）"账户。

3. 接受投入无形资产

企业接受投资者作价投入的无形资产，应将投资合同或协议约定的价值（不公允的除外）作为无形资产的入账价值，将投资合同或协议约定的投资者在企业注册资本或股本中所占份额的部分作为"实收资本"或"股本"入账，投资合同或协议约定的价值超过投资者在企业注册资本或股本中所占份额的部分，计入"资本公积（资本溢价或股本溢价）"账户。

（三）实收资本（或股本）增减变动

一般情况下，企业的实收资本应相对保持不变，但在某些特定情况下，企业实收资本也可能发生增减变化。《中华人民共和国企业法人登记管理条例》规定，除国家另有规定外，企业的注册资金应当与实收资本相一致。企业法人实收资本比原注册资金数额增加或者减少超过20%时，应持资金使用证明或者验资证明，向原登记主管机关申请变更登记。如擅自改变注册资本或抽逃资金，则要受到工商行政管理部门的处罚。

1. 实收资本（股本）的增加

一般企业增加资本的条件主要有三个途径：一是接受投资者追加投资；二是将资本公积转增资本；三是将盈余公积转增资本。

企业按规定接受投资者追加投资时，其核算方法与投资者初次投入时相同。用资本公积转增资本时，借记"资本公积（资本溢价或股本溢价）"账户，贷记"实收资本（或股本）"账户。用盈余公积转增资本时，借记"盈余公积"账户，贷记"实收资本（或股本）"账户。

需要注意的是，由于资本公积和盈余公积均属于所有者权益，故用其转增资本时，独资企业直接结转即可，股份有限公司和有限责任公司应按照原投资者各自出资比例相应增加各投资者的出资额。

2. 实收资本（股本）的减少

企业减少实收资本应按法定程序报经批准。有限责任公司减少资本时，借记"实收资本"账户，贷记"库存现金""银行存款"等账户。

股份有限公司采用收购本公司股票方式减资的，通过"库存股"账户核算回购股份的金额。减资时，按股票面值和注销股数计算的股票面值总额，借记"股本"账户，按注销库存股的账面余额，贷记"库存股"账户，按其差额借记"资本公积——股本溢价"账户。股本溢价不足冲减的，应借记"盈余公积""利润分配——未分配利润"账户。如果购回股票支付的价款低于面值总额，则应按股票面值总额借记"股本"账户，按所注销的库存股账面余额，贷记"库存股"账户，按其差额贷记"资本公积——股本溢价"账户。

知识链接

库存股

库存股账户核算企业收购的尚未转让或注销的本公司股份金额，属于所有者权益类账户。库存股是所有者权益抵减账户。

企业为减少注册资本而收购该公司股份的，应按实际支付的金额，借记本账户，贷记"银行存款"等账户。

企业转让库存股，应按实际收到的金额，借记"银行存款"等账户，按转让库存股的账面余额，贷记本账户，按其差额，贷记"资本公积——股本溢价"账户；如为借方差额，则借记"资本公积——股本溢价"账户，股本溢价不足冲减的，应依次冲减盈余公积、未分配利润，借记"盈余公积""利润分配——未分配利润"账户。

企业注销库存股，应按股票面值和注销股数计算的股票面值总额，借记"股本"账户；按注销库存股的账面余额，贷记本账户；按其差额，借记"资本公积——股本溢价"账户，股本溢价不足冲减的，应依次冲减盈余公积、未分配利润，借记"盈余公积""利润分配——未分配利润"账户。

【任务实施】

任务 11.1.1 红星机械有限公司应进行以下会计处理。

（1）任务分析：红星机械有限公司接受现金投资 1 000 000 元。已全部存入银行，根据银行的收款通知等凭证，编制以下会计分录。

借：银行存款　　　　　　　　　　　　　　　　1 000 000
　　贷：实收资本——A 公司　　　　　　　　　　　　1 000 000

（2）任务分析：红星机械有限公司接受非现金资产投资，合同约定价值与公允价值相符，该进项税额允许抵扣，根据有关资产评估报告及实物转移凭证等，编制以下会计分录。

借：固定资产　　　　　　　　　　　　　　　　200 000
　　应交税费——应交增值税（进项税额）　　　　26 000
　　贷：实收资本——B 公司　　　　　　　　　　　　226 000

（3）任务分析：红星机械有限公司接受非现金资产投资，合同约定的资产价值与公允价值相符，该进项税额允许抵扣，根据有关的资产评估报告等凭证，编制以下会计分录。

借：无形资产——专利权　　　　　　　　　　　100 000
　　应交税费——应交增值税（进项税额）　　　　6 000
　　贷：实收资本——C 公司　　　　　　　　　　　　106 000

【典型任务举例】

任务 11.1.2 振华科技股份有限公司经股东大会批准，以现金回购本公司股票 55 000 股并注销，收购价格为每股 2 元。公司原发行股票每股面值 1 元，发行价格 2 元。该企业资本公积 60 000 元，提取的盈余公积 200 000 元，未分配利润 300 000 元。

根据以上资料，振华公司编制的会计分录如下：

（1）回购本公司股票。

借：库存股　　　　　　　　　　　　　　　　　110 000
　　贷：银行存款　　　　　　　　　　　　　　　　　110 000

（2）注销本公司股票。

借：股本　　　　　　　　　　　　　　　　　　55 000
　　资本公积——股本溢价　　　　　　　　　　　55 000
　　贷：库存股　　　　　　　　　　　　　　　　　110 000

假如振华公司以每股 3 元价格收购，则编制会计分录如下：

（1）回购本公司股票。

借：库存股　　　　　　　　　　　　　　　　　165 000
　　贷：银行存款　　　　　　　　　　　　　　　　　165 000

（2）注销本公司股票。

借：股本　　　　　　　　　　　　　　　　　　55 000
　　资本公积——股本溢价　　　　　　　　　　　60 000
　　盈余公积　　　　　　　　　　　　　　　　　50 000
　　贷：库存股　　　　　　　　　　　　　　　　　165 000

任务2　资本公积业务核算

【任务导入】

任务 11.2.1　红星机械有限公司因扩大经营规模需要，经批准，按原出资比例将资本公积 1 000 000 元转增资本。其中，甲投资人的投资比例为 25%，乙投资人的投资比例为 35%，丙投资人的投资比例为 40%。

要求：根据以上业务填制记账凭证，登记相关明细账。

【知识准备】

一、资本公积概述

（一）资本公积的定义

资本公积是企业收到投资者出资额超出其在注册资本（或股本）中所占份额的部分，以及其他资本公积等。资本公积是所有者权益的组成部分，不构成实收资本；它是一种准资本，是资本的一种储备形式。资本公积包括资本溢价（或股本溢价）和其他资本公积等。

（二）资本公积的来源与用途

资本公积的来源有投资者超额缴入资本（资本溢价）、溢价发行股票（股本溢价）和其他资本公积。

资本溢价是指投资者缴付企业的出资额大于其在注册资本中所拥有的份额的数额。股本溢价是指股份有限公司溢价发行股票时实际收到的款项超过股票面值总额的数额。其他资本公积是指除资本溢价（股本溢价）、净损益、其他综合收益和利润分配以外所有者权益的其他变动。例如，企业的长期股权投资采用权益法核算时，因被投资单位除净损益、其他综合收益和利润分配以外所有者权益的其他变动（主要包括被投资单位接受其他股东的资本性投入、被投资单位发行可分离交易的可转换债券中包含的权益成分、以权益结算的股份支付、其他股东对被投资单位增资导致投资方持股比例变动等），投资企业按应享有份额而增加或减少的资本公积，直接计入投资方所有者权益（资本公积——其他资本公积）。

《公司法》规定，资本公积主要用来转增资本（或股本），资本公积由全体股东享有。资本公积在转增资本时，按各个股东在实收资本中所占的投资比例计算的金额，分别转增各个股东的投资金额。

（三）资本公积与实收资本（或股本）、留存收益、其他综合收益的区别

1. 资本公积与实收资本（或股本）的区别

（1）从来源和性质看。实收资本（或股本）是指投资者按照企业章程或合同的规定，实际投入企业并依法进行注册的资本，它体现了企业所有者对企业的基本产权关系。资本公积是投资者的出资额超出其在注册资本中所占份额的部分以及其他资本公积，它不直接表明所有者对企业的产权关系。

（2）从用途看，实收资本（或股本）的构成比例是确定所有者参与企业财务经营决策的基础，也是企业进行利润分配或股利分配的依据，同时还是企业清算时确定所有者对净资产的要求权的依据，资本公积的用途主要是转增资本（或股本）。资本公积不体现所有者的占有比例，也不能作为所有者参与企业财务经营决策或进行利润分配（或股利分配）的依据。

2. 资本公积与留存收益的区别

资本公积的来源不是企业实现的利润，主要来自资本溢价（或股本溢价）等，留存收益是企业从历年实现的利润中提取或形成的留存于企业的内部积累，来源于企业生产经营活动实现的利润。

3. 资本公积及与其他综合收益的区别

其他综合收益是指企业根据企业会计准则规定，未在当期损益中确认的各项利得和损失，资本公积和其他综合收益都会引起企业所有者权益发生增减变动，资本公积不会影响企业的损益，而部分其他综合收益，则在满足企业会计准则规定的条件时，可以重分类进损益，从而成为企业利润的一部分。

二、账户设置

为核算资本公积的增减变动情况，应设置"资本公积"账户。该账户属于所有者权益类账户，贷方登记资本公积的增加数，借方登记资本公积的减少数，期末余额在贷方，表示资本公积的结存数额。该账户分别设置"资本溢价（股本溢价）""其他资本公积"明细账户，进行明细核算。

三、业务核算

（一）资本溢价（或股本溢价）

1. 资本溢价

除股份有限公司的其他类型的企业，在企业创立时，投资者认缴的出资额与注册资本一致，一般不会产生资本溢价。但在企业重组或有新的投资者加入时，为了维护原有投资者的权益，新加入的投资者的出资额，不一定全部作为实收资本处理。这是因为，企业创建时的资金投入和企业已经走向经营正规时期的资金投入，即使在数量上相等，其盈利能力却不一致；当企业进入正常生产经营阶段，资本利润率一般要高于创立阶段。另外，企业可能有一定的内部积累，如从净利润中提取的盈余公积、未分配利润等，新加入的投资者加入企业后，与原投资者一样有权参与原有留存收益的分配，所以，只有新加入的投资者要大于实收资本，才能维护原投资者的已有权益。投资者多交的部分就形成了资本溢价。投资者的出资额按其持股比例计算的部分，应计入"实收资本"账户，超出部分计入"资本公积——资本溢价"账户。借记"银行存款"等账户，贷记"实收资本"账户，差额贷记"资本公积——资本溢价"账户。

2. 股本溢价

股份有限公司是以发行股票的方式筹集股本的，股票可以按面值发行，也可以按溢价发行，我国目前不允许折价发行。在股票溢价发行时，公司发行股票的收入，相当于股票面值部分计入"股本"账户，超过股票面值的溢价收入计入"资本公积——股本溢价"账户。企业发行股票时，借记"银行存款"等账户，贷记"股本"账户，贷记"资本公积——股本溢价"。与发行权益性证券直接相关的手续费、佣金等交易费用，如果是溢价发行股票，应从溢价中冲减资本公积（股本溢价），借记"资本公积——股本溢价"等账户，贷记"银行存款"等账户，无溢价发行股票或溢价金额不足以抵减的，应将不足抵减的部分冲减盈余公积和未分配利润。

（二）其他资本公积

其他资本公积是指企业的长期股权投资采用权益法核算时，在持股比例不变的情况下，被投资单位除净损益、其他综合收益和利润分配以外所有者权益的其他变动，投资企业按应享有份额而增加或减少的资本公积。在处置长期股权投资时，应转销与该笔投资相关的其他资本公积。会计处理为：借记"长期股权投资——其他权益变动"账户，贷记"资本公积——其他资本公积"账户；或做相反的会计分录。

（三）资本公积转增资本

经股东大会或类似机构决议，用资本公积转增资本时，应冲减资本公积，同时按照转增资本前的实收资本或股本的结构或比例，将转增的金额计入"实收资本（或股本）"账户下各所有者的明细分类账。转增资本时，借记"资本公积"账户，贷记"实收资本（股本）"账户。

【任务实施】

任务 11.2.1 根据以上资料，红星公司资本公积转增实收资本时，应按比例转增，编制以下会计分录。

借：资本公积　　　　　　　　　　　　　　　　　　　1 000 000
　　贷：实收资本——甲　　　　　　　　　　　　250 000（1 000 000×25%）
　　　　　　　　——乙　　　　　　　　　　　　350 000（1 000 000×35%）
　　　　　　　　——丙　　　　　　　　　　　　400 000（1 000 000×40%）

【典型任务举例】

任务 11.2.2　腾飞股份有限公司首次发行普通股 50 000 000 股，每股面值 1 元，每股发行价格为 5 元。腾飞公司以银行存款支付发行手续费、咨询费等费用共计 7 000 000 元。假定发行收入已全部收到，发行费用已全部支付，不考虑其他因素，该公司应编制以下会计分录。

(1) 收到发行收入时的会计分录。

借：银行存款　　　　　　　　　　　　　　　　　　250 000 000
　　贷：股本　　　　　　　　　　　　　　　　　　 50 000 000
　　　　资本公积——股本溢价　　　　　　　　　　200 000 000

(2) 支付发行费用时的会计分录。

借：资本公积——股本溢价　　　　　　　　　　　　　7 000 000
　　贷：银行存款　　　　　　　　　　　　　　　　　7 000 000

任务 11.2.3　腾飞股份有限公司持有甲公司 30% 的股份。采用权益法对长期股权投资进行核算。2018 年甲公司资本公积增加 1 000 000 元，腾飞公司享有的份额为 300 000 元。腾飞公司做以下会计分录。

借：长期股权投资——其他权益变动　　　　　　　　　　300 000
　　贷：资本公积——其他资本公积　　　　　　　　　　300 000

任务 11.2.4　宏伟有限责任公司由 A、B、C 3 位出资者各出资 1 000 000 元设立，设立时的实收资本为 3 000 000 元，经过 3 年的经营，该公司的留存收益为 1 500 000 元，此时，有 D 投资者愿意出资 1 800 000 元（仅占公司股份的 25%）。

实收资本总额 = 300 000 ÷ 0.75 = 400 000（元）
D 出资者实收资本入账金额 = 400 000 − 300 000 = 100 000（元）

此时，编制以下会计分录。

借：银行存款　　　　　　　　　　　　　　　　　　　1 800 000
　　贷：实收资本——D 出资者　　　　　　　　　　　1 000 000
　　　　资本公积——资本溢价　　　　　　　　　　　　800 000

任务3　留存收益业务核算

【任务导入】

任务 11.3.1　红星机械有限公司 2019 年年末以盈余公积 100 000 元弥补企业以前年度亏损。

任务 11.3.2　红星机械有限公司 2019 年度净利润为 860 000 元，按 10% 提取法定盈余公积金，提取任意盈余公积 100 000 元，向投资者分配利润 300 000 万元。

任务 11.3.3 依据任务 3.1 和任务 3.2，红星机械有限公司 2019 年年末将"利润分配"账户中除"未分配利润"以外的其他各明细账户的余额转入"利润分配——未分配利润"明细账户。

要求：红星机械有限公司根据以上业务填制记账凭证并登记相关明细账。

【知识准备】

一、利润分配

利润分配是指企业按照国家有关规定和企业章程、投资者协议等，对企业当年可供分配的利润在企业和投资者之间进行分配。企业当年实现的净利润，加上年初未分配利润（或减去年初未弥补亏损）和其他转入后的余额，为可供分配的利润。

可供分配的利润＝当年实现的净利润（或净亏损）＋
年初未分配利润（或减去年初未弥补亏损）＋其他转入

可供分配的利润按下列顺序分配（利润分配的程序）：

（1）提取法定盈余公积。

可供分配的利润，应首先提取法定盈余公积。法定盈余公积按照本年实现净利润的一定比例提取，公司制企业根据有关法律规定按净利润的 10% 提取。企业提取的法定盈余公积累计额达到注册资本 50% 以上的可以不再提取。

（2）提取任意盈余公积。

企业从税后利润中提取法定盈余公积金后，经股东会或股东大会决议后可以从税后利润中提取任意盈余公积金。

（3）向投资者分配利润。

公司弥补亏损、提取盈余公积金后所余税后利润，向股东按持股比例（或出资比例）分派利润。在弥补亏损、提取法定盈余公积之前，不得向所有者分配利润。

企业向所有者分配利润的主要形式有现金股利和股票股利两种形式，使用现金股利形式将税后利润的一部分支付给所有者，不会减少或增加股本；分派股票股利，以公司额外发行股票的形式将税后利润的一部分分派给所有者，不会影响所有者权益总额，但会引起所有者权益内部结构的调整，减少企业的"未分配利润"，增加"股本"。

企业的可供分配利润，经过上述分配后，如果有剩余即为年末未分配利润。

年末未分配利润＝当年实现的净利润±年初未分配利润（或未弥补的亏损）＋
其他转入－当年实际分配的利润

二、留存收益

留存收益是指企业从历年实现的利润中提取或形成的留存于企业的内部积累，来源于企业生产经营活动中实现的净利润，由企业净利润转化形成。它与企业的生产经营活动密切相关，主要包括盈余公积和未分配利润两部分。

（一）盈余公积

1. 盈余公积的组成

盈余公积是指企业按照有关规定从净利润中提取的积累资金，按税后利润的一定比例提取，属于特定用途的留存收益，一般包括法定盈余公积和任意盈余公积。

（1）法定盈余公积。按照《公司法》的规定，公司制企业应当按照净利润（减弥补以前年度亏损）的10%提取法定盈余公积。非公司制企业法定盈余公积的提取比例可超过净利润的10%。法定盈余公积累计额已达到注册资本的50%时可不再提取。需要注意，如果以前年度未分配利润有盈余（年初未分配利润余额为正数），那么在计算提取法定盈余公积的基数时，不应包括年初未分配利润。如果以前年度有亏损（年初未分配利润余额为负数），则应先弥补以前年度亏损再提取盈余公积。

（2）任意盈余公积。公司制企业可根据股东会或股东大会的决议从净利润中提取任意盈余公积，提取比例由企业自定。法定盈余公积和任意盈余公积的区别在于其各自计提的依据不同，前者以国家的法律法规为依据；后者由企业的权力机构自行决定。

2. 盈余公积的用途

（1）盈余公积弥补亏损。企业发生亏损时，应由企业自行弥补。弥补亏损的渠道主要有三条：一是用以后年度税前利润弥补。按照现行制度的规定，企业发生亏损时，可以用发生亏损后五年内实现的税前利润弥补，即税前利润弥补亏损的期间为五年。二是用以后年度税后利润弥补。企业发生的亏损经过五年期间未足额弥补的，为弥补亏损应使用以后年度的税后利润弥补。三是用盈余公积弥补。企业发生的亏损用税后利润仍不足弥补的，企业可以用提取的盈余公积来弥补亏损。企业以提取的盈余公积弥补亏损时，应当由公司董事会提议，并经股东大会批准。

（2）盈余公积转增资本（股本）。企业提取的法定盈余公积累计额已达到注册资本的50%时可不再提取。企业也可将盈余公积转增资本（股本）。企业将盈余公积转增资本时，必须经股东大会或类似机构批准。在实际将盈余公积转增资本时，要按股东原有持股比例结转。盈余公积转增资本（股本）时，转增后留存的盈余公积的数额不得低于注册资本的25%。

企业提取的盈余公积，无论是用于弥补亏损，还是用于转增资本，只不过是在该企业所有者权益内部做结构上的调整，并不引起所有者权益总额的变动。

（3）用盈余公积发放现金股利或利润。特殊情况下，当企业累积的盈余公积比较多，而未分配利润比较少时，公司为了维护企业形象，给投资者合理回报，经股东会特别决议，企业也可用以前年度积累的盈余公积分配股利，但这部分盈余公积必须是补足亏损后的结余部分，并且发放股利后的法定盈余公积不得低于企业注册资本的25%。

（二）未分配利润

未分配利润是指企业实现的净利润经过弥补亏损、提取盈余公积和向投资者分配利润后留存于企业的、历年结存的利润。它在以后年度可继续进行分配，在未进行分配之前，属于所有者权益的组成部分。从数量上来看，未分配利润是期初未分配利润加上本期实现的净利润，减去提取的各种盈余公积和分出利润后的余额。未分配利润有两层含义：一是留待以后年度处理的利润；二是未指明特定用途的利润。相对于所有者权益的其他部分来说，企业对于未分配利润的使用有较大的自主权。

三、账户设置

（1）"利润分配"账户。为反映企业利润的分配或亏损的弥补情况，应设置"利润分配"账户。该账户为所有者权益账户,核算企业利润的分配(或亏损的弥补)和历年分配(或弥补)后的未分配利润(或未弥补亏损)。该账户借方登记已分配的利润及年度亏损的转入数,贷方登记已弥补的亏损数及年终由"本年利润"账户转入的净利润。该账户余额在借方,表示累积的未弥补亏损,其余额在贷方表示历年累积的未分配利润。在"利润分配"账户下,要设置"提取法定盈余公积""提取任意盈余公积""盈余公积补亏""应付现金股利或利润""转作股本的股利""未分配利润"等明细账户,进行明细核算。年末终了,应将"利润分配"所有明细账户的余额全部转入"未分配利润"明细账户,结转后,其他明细账户无余额。

(2)"盈余公积"账户。该账户属于所有者权益类账户,用来核算企业从净利润中提取的盈余公积。该账户的贷方登记企业从净利润中提取的法定盈余公积和任意盈余公积;借方登记以盈余公积弥补亏损或转增资本的盈余公积数。期末余额在贷方,表示盈余公积的结余数。该账户设置"法定盈余公积""任意盈余公积"两个明细账户进行明细核算。

(3)"应付股利"账户。该账户属于负债类账户,用来核算应付给国家、其他单位、个人等投资者的现金股利或利润。该账户的贷方登记按照利润分配方案计算的应付股利,借方登记用货币资金或其他资产支付给投资者的股利。期末余额在贷方,表示应付未付的股利。

四、业务核算

(一)利润分配业务核算

(1)结转本年利润。年度终了,企业应将本年度实现的净利润,自"本年利润"转入"利润分配——未分配利润"账户,借记"本年利润"账户,贷记"利润分配——未分配利润"账户;若本年度发生亏损,则做相反的会计分录,借记"利润分配——未分配利润"账户,贷记"本年利润"账户。结转后,"本年利润"账户应无余额。

(2)提取盈余公积。企业按规定提取的盈余公积,借记"利润分配——提取法定(或任意)盈余公积"账户,贷记"盈余公积——法定(或任意)盈余公积"账户。

(3)分配现金股利或利润。经企业股东大会或类似机构审议批准的利润分配方案、宣告分配的现金股利或利润,在实际支付前,形成企业的负债,应将其计入应付股利的贷方。借记"利润分配——应付现金股利或利润"账户,贷记"应付股利"账户。但是如果属于企业董事会或类似机构通过的利润分配方案中拟分配的现金股利或利润,则不应确认为负债,也不影响所有者权益总额,应在报表附注中进行披露。

(4)分配股票股利。经企业股东大会或类似机构决议,分配给股东的股票股利,应在办妥增资手续后,借记"利润分配——转作股本的股利"账户,贷记"股本"账户。

(5)年末结转"利润分配"各明细账户。年末终了,应将"利润分配"所有明细账户的余额全部转入"未分配利润"明细账户,结转后,除"利润分配——未分配利润"明细账户有余额外,其余明细会计账户均无余额。结转后,如"利润分配——未分配利润"账户为借方余额,则表现为企业累积未弥补的亏损;如"利润分配——未分配利润"账户为贷方余额,则表现为企业累积未分配的利润。

(二)盈余公积业务核算

(1)提取盈余公积。提取盈余公积时,借记"利润分配——提取法定(或任意)盈余公积"账户,贷记"盈余公积——法定(或任意)盈余公积"账户。

(2) 盈余公积弥补亏损。企业用盈余公积弥补亏损,借记"盈余公积"账户,贷记"利润分配——盈余公积补亏"账户。

(3) 盈余公积转增资本。企业将盈余公积转增资本时,必须经股东大会决议批准。用盈余公积转增资本,借记"盈余公积"账户,贷记"实收资本(股本)"等账户。

(4) 盈余公积分配现金股利或利润。企业经股东大会或类似机构决议,用盈余公积分配现金或利润,借记"盈余公积"账户,贷记"应付股利"账户。

(三) 弥补亏损业务核算

(1) 盈余公积补亏的核算。用盈余公积弥补亏损时,借记"盈余公积——法定盈余公积(或任意盈余公积)"账户,贷记"利润分配——盈余公积补亏"账户。

(2) 用利润补亏的核算。企业发生了亏损,如同实现净利润一样,均从"本年利润"账户转入"利润分配——未分配利润"账户。结转后,"利润分配——未分配利润"账户的借方余额,即为未弥补的亏损。若第二年实现了净利润,用同样的方法自"本年利润"账户转入"利润分配——未分配利润"账户,结转后,自然抵减了上年转来的借方余额,即弥补了亏损,无须作专门的会计分录。这里还应注意,无论是税前利润补亏,还是税后利润补亏,会计处理方法都一样,区别在于企业申报应纳所得税时,前者可以作为应纳税所得额的调整数,而后者不能。因此用利润弥补亏损,在会计核算上,无论是以税前利润还是以税后利润弥补亏损,其会计核算方法都相同,都不需要进行专门的账务处理。

【任务实施】

任务 11.3.1 红星有限公司以盈余公积 100 000 元弥补企业以前年度亏损,编制以下会计分录。

借:盈余公积 100 000
  贷:利润分配——盈余公积补亏 100 000

任务 11.3.2 红星机械有限公司应编制以下会计分录。

借:利润分配——提取法定盈余公积 86 000
    ——提取任意盈余公积 100 000
    ——应付现金股利 300 000
  贷:盈余公积——法定盈余公积 86 000
      ——任意盈余公积 100 000
   应付股利 300 000

任务 11.3.3 红星机械有限公司应编制以下会计分录。

借:利润分配——盈余公积补亏 100 000
  贷:利润分配——未分配利润 100 000
借:利润分配——未分配利润 486 000
  贷:利润分配——提取法定盈余公积 86 000
      ——提取任意盈余公积 100 000
      ——应付现金股利 300 000

红星机械有限公司累积未分配利润为 474 000 (860 000 + 100 000 - 486 000) 元。

【典型任务举例】

任务 11.3.4　腾飞股份公司本年度发生亏损 500 000 元，为了维护公司股票信誉，经股东大会决议，经法定盈余公积 500 000 元弥补亏损后，再用任意盈余公积分派现金股利，每 10 股分派 2 元现金股利。腾飞股份公司发行在外的股份总数为 10 000 000 股，共计发放现金股利 2 000 000 元。根据以上资料，应做以下会计分录。

（1）用盈余公积 500 000 元弥补亏损。

  借：盈余公积——法定盈余公积　　　　　　　　　500 000
    贷：利润分配——盈余公积补亏　　　　　　　　　　　　500 000

（2）用盈余公积分派现金股利 2 000 000 元。

  借：盈余公积——任意盈余公积　　　　　　　　2 000 000
    贷：应付股利　　　　　　　　　　　　　　　　　　　　2 000 000

（3）以现金支付股利。

  借：应付股利　　　　　　　　　　　　　　　　2 000 000
    贷：银行存款　　　　　　　　　　　　　　　　　　　　2 000 000

任务 11.3.5　红星公司年初未分配利润为 200 000 元，本年实现净利润 6 000 000 元，本年计提法定盈余公积 600 000 元，分派现金股利 1 600 000 元。根据以上资料，应做以下会计分录。

  借：本年利润　　　　　　　　　　　　　　　　6 000 000
    贷：利润分配——未分配利润　　　　　　　　　　　　6 000 000
  借：利润分配——提取法定盈余公积　　　　　　　600 000
    贷：盈余公积——法定盈余公积　　　　　　　　　　　　600 000
  借：利润分配——应付现金股利　　　　　　　　1 600 000
    贷：应付股利　　　　　　　　　　　　　　　　　　　　1 600 000
  借：利润分配——未分配利润　　　　　　　　　　2 200 000
    贷：利润分配——提取法定盈余公积　　　　　　　　　　600 000
      ——应付现金股利　　　　　　　　　　　　　1 600 000

经过上述会计处理，"本年利润"账户的"利润分配"各有关明细账户（除未分配利润明细账）余额均为零。"利润分配——未分配利润"明细账中有贷方余额为 4 000 000（200 000 + 6 000 000 − 2 200 000）元。

项目 11 训练

财务成果业务核算

学习目标

知识目标

1. 了解收入确认的原则、前提条件和步骤。
2. 掌握在某一时点履行履约义务确认收入的会计处理方法。
3. 掌握在某一时段内履行履约义务确认收入的会计处理方法。
4. 掌握合同成本核算的方法。
5. 掌握费用业务的会计核算方法。
6. 理解企业一定会计期间的经营成果的形成过程；掌握营业外收支业务的账务处理方法；掌握所得税费用业务账务处理方法；掌握本年利润业务账务处理方法。

能力目标：

1. 会计算企业的营业利润、利润总额、净利润。
2. 能根据收入、费用、利润业务准确填制记账凭证。
3. 能根据有关记账凭证登记有关明细账。

任务1 收入业务核算

【任务导入】

任务12.1.1 红星机械有限公司2019年6月3日销售A商品4 000件给红清公司，开出的增值税发票上注明售价为40 000元，增值税税额为5 200元，红星机械有限公司收到了红清公司开出的不带息银行承兑汇票一张，票面金额为45 200元，期限为两个月，红星机械有限公司以银行存款支付代垫运费，增值税专用发票注明运输费为4 000元，增值税税额为360元，所垫运费尚未收到，该批商品的成本为30 000元，红清公司收到商品并验收入库。

任务12.1.2 红星机械有限公司在2019年6月18日向乙公司销售一批商品，开出的增值税专用发票上注明的销售价格为50 000元，增值税税额为6 500元，该批商品成本为

26 000元。该商品已于6月18日发出，乙公司在2019年6月27日支付货款。该项业务属于在某一时点履行的义务并确认销售收入。2019年9月5日，该批商品因质量问题被乙公司退回，红星机械有限公司同意退货，于退货当日支付了退货款，并按规定开具了增值税发票（红字）。

要求：红星机械有限公司根据以上经济业务填制记账凭证，登记有关的明细账。

【知识准备】

一、收入的概念与特点

收入是指企业在日常活动中所形成的、会导致所有者权益增加的、与所有者投入资本无关的经济利益的总流入。收入是企业在日常经济活动中所产生的经济利益的总流入，具有以下特点：

（1）收入是从企业的日常活动中产生的，而不是从偶发的交易或事项中产生的。其中，日常活动是指企业为完成其经营目标所从事的经常性活动以及与之相关的活动。例如，工业企业制造并销售产品、商品流通企业销售商品、咨询公司提供咨询服务、软件公司为客户开发软件，安装公司提供安装服务、建筑企业提供建造服务等，均属于企业为完成其经营目标所从事的经常性活动，由此产生的经济利益的总流入构成收入。

（2）收入会导致所有者权益的增加。收入取得后可能表现为企业资产的增加，如增加银行存款或应收账款等；企业负债的减少，如以商品或劳务抵偿债务；二者兼而有之。因此，根据"资产＝负债＋所有者权益"的等式，企业取得的收入一定能增加所有者权益（这里所说的收入增加所有者权益，仅指收入本身的影响，收入扣除成本与费用后，则可能增加所有者权益也可能减少所有者权益）。

（3）收入与所有者投入资本无关。所有者投入资本主要是为谋求享有企业资产的剩余权益，由此形成的经济利益的流入不构成收入，而应确认为企业所有者权益的组成部分。

二、收入的确认与计量

（一）收入确认的原则

企业确认收入的方式应当反映其向客户转让商品（或提供服务，以下简称转让商品）的模式，收入的金额应当反映企业因转让这些商品（或服务，以下简称商品）而预期有权收取的对价金额。企业应当在履行了合同中的履约义务，即在客户取得相关商品控制权时确认收入。

客户是指与企业订立合同，已向该企业购买其日常活动产出的商品并支付对价的一方。所称的商品包括商品和服务。

取得相关商品控制权，是指能够主导该商品的使用并从中获得几乎全部的经济利益，也包括有能力阻止其他方主导该商品的使用并从中获得经济利益。企业在判断商品的控制权是否发生转移时，应当从客户的角度进行分析，即客户是否取得了相关商品的控制权以及何时取得该控制权。取得商品控制权同时包括下列三项要素：一是客户必须拥有现时权利，能够主导该商品的使用并从中获得几乎全部经济利益时，才能确认收入。如果客户只能在未来的某一期间主导该商品的使用并从中获益，则表明其尚未取得该商品的控制权。二是客户有能力主导该商品的使用，即客户在其活动中有权使用该商品，或者能够允许或阻止其他方使用该商品。三是客户能够获得商品几乎全部的经济利益。客户必须拥有获得商品几乎全部经济利益的能力，才能被视为获得了对该商品的控制。商品的经济利益是指该商品的潜在现金流量，既包括现金流入的增加，也包括现金流出的减少。客户可以通过使用、消耗、出售、处置、交换、抵押或持有等方式直接或间接地获得商品的经济利益。

需要注意的是：企业对外出租资产收取的租金、进行债权投资收取的利息、进行股权投资取得的现金股利等，不适用收入准则。企业以存货换取客户的存货、固定资产、无形资产等，按照收入准则的规定进行会计处理；其他非货币性资产交换，按照《企业会计准则第7号——非货币性资产交换》的规定进行会计处理。企业处置固定资产、无形资产等，在确定处置时点以及计量处置损益时，按照收入准则的有关规定进行处理。

（二）收入确认的一般条件

企业与客户之间的合同同时满足下列五项条件的，企业应当在客户取得相关商品控制权时确认收入：

（1）合同各方已批准该合同并承诺将履行各自义务。

（2）该合同明确了合同各方与所转让的商品相关的权利和义务。

（3）该合同有明确的与所转让的商品相关的支付条款。

（4）该合同具有商业实质，即履行该合同将改变企业未来现金流量的风险、时间分布或金额。

（5）企业因向客户转让商品而有权取得的对价很可能收回。

企业在进行上述判断时，需要注意下列三点：

（1）合同约定的权利和义务是否具有法律约束力，如果合同各方均有权单方面终止完全未执行的合同，且无须对合同其他方做出补偿，则该合同应当被视为不存在。

（2）合同具有商业实质，没有商业实质的非货币性资产交换，无论何时，均不应确认收入。从事相同业务经营的企业之间，为便于向客户或潜在客户销售而进行的非货币性资产交换（如两家石油公司之间相互交换石油，以便及时满足各自不同地点客户的需求），不应当确认收入。

（3）企业在评估其因向客户转让商品而有权取得的对价是否很可能收回时，仅应考虑客户到期时支付对价的能力和意图（即客户的信用风险）。当对价是可变对价时，由于企业可能会向客户提供价格折让，企业有权收取的对价金额可能会低于合同标价，因此企业应当在估计交易价格时进行考虑。

（三）收入的确认和计量的步骤

收入的确认和计量大致分为五步：一是识别与客户订立的合同；二是识别合同中的单项履约义务；三是确定交易价格；四是将交易价格分摊至各单项履约义务；五是履行每一单项履约义务时确认收入。其中，一、二、五属于收入的确认；三、四属于收入的计量。

第一步，识别与客户订立的合同。合同是指双方或多方之间订立有法律约束力的权利义务的协议，包括书面形式、口头形式以及其他可验证的形式（如隐含于商业惯例或企业以往的习惯做法中等）。合同的存在是企业确认客户合同收入的前提，企业与客户之间的合同一经签订，企业既享有从客户取得与转移商品和服务对价的权利，也负有向客户转移商品和服务的履约义务。企业与客户之间的合同同时满足五项条件的，企业应当在履行了合同中的履约义务,即在客户取得相关商品控制权时确认收入。

第二步,识别合同中的单项履约义务。履约义务是指合同中企业向客户转让,可明确区分商品或服务的承诺。企业应当将向客户转让可明确区分商品(或者商品或服务的组合)的承诺以及向客户转让一系列实质相同且转让模式相同、可明确区分商品的承诺作为单项履约义务。例如,企业与客户签订合同,向其销售商品并提供安装服务,该安装服务简单,除该企业外其他供货供应商也可以提供此类安装服务,该合同中销售商品和提供安装服务作为两项单项履约义务。若该安装服务复杂且该商品需要按客户定制要求修改,则合同中销售商品和提供安装服务合并为单项履约义务。

第三步,确定交易价格。企业应当先确定合同的交易价格,再按照分摊至各单项履约义务的交易价格计量收入。交易价格是指企业因向客户转让商品而预期有权收取的对价金额。企业代第三方收取的款项(例如增值税)以及企业预期将退还给客户的款项,应当作为负债进行会计处理,不计入交易价格。条款所承诺的对价,可能是固定金额、可变金额或两者兼有。合同标价并不一定代表交易价格,在确定交易价格时,企业应当考虑可变对价、合同中存在的重大融资成分、非现金对价以及应付客户对价等因素的影响,并应当假定将按照现有合同的约定向客户转移商品,且该合同不会被取消、续约或变更。例如,甲公司与客户签订合同,为客户建造一栋办公楼,约定的价款为 10 000 000 元,10 个月完工,交易价格是固定金额 10 000 000 元,合同中约定若提前一个月完工,客户将额外奖励甲公司 100 000 元,甲公司对合同估计工程提前一个月完工的概率为 95%,甲公司预计有权收取的对价为 10 100 000 元,因此,交易价格包括固定金额 10 000 000 元和可变金额 100 000 元,总计为 10 100 000 元。

第四步,将交易价格分摊至各单项履约义务:会计处理原则。当合同中包含两项或多项履约义务时,为了使企业分摊至每一单项履约义务的交易价格能够反映其因向客户转让已承诺的相关商品(或提供已承诺的相关服务)而预期有权收取的对价金额,企业应当在合同开始日,按照各单项履约义务所承诺商品的单独售价的相对比例,将交易价格分摊至各单项履约义务。单独售价的确认。单独售价是指企业向客户单独销售商品的价格;单独售价无法直接观察的,企业应当综合考虑其能够合理取得的全部相关信息,采用市场调整法、成本加成法、余值法等方法合理估计单独售价。例如,企业与客户签订合同向其销售甲、乙、丙三件产品,不含增值税的合同总价款为 800 000 元,甲、乙、丙三种产品的不含增值税单独售价分别为 200 000 元、500 000 元、300 000 元,合计 1 000 000 元。按照交易价格分摊原则,甲产品分摊的交易价格为 160 000(200 000÷1 000 000×800 000)元,乙产品分摊的交易价格为 400 000(500 000÷1 000 000×800 000)元,丙产品分摊的交易价格为 240 000(300 000÷1 000 000×800 000)元。

第五步,履行每一单项履约义务时确认收入。当企业将商品转移给客户并取得了相关商品的控制权时,就意味着企业履行了合同履约义务,此时企业应确认收入。企业将商品控制权转移给客户,可能是在某一时段内(即履行履约义务的过程中)发生,也可能在某一时点(即履约义务完成时)发生。企业应当根据实际情况,首先判断履约义务是否满足在某一时段内履行的条件,如不满足,则该履约义务属于在某一时点履行的履约义务。

一般而言,确认和计量任何一项合同收入应考虑全部的五个步骤,但履行某些合同义务确认收入不一定都经过五个步骤,如企业按照第二步确定合同仅为单项履约义务时,可以从第三步直接进入第五步确认收入,不需要第四步(分摊交易价格)。

三、收入核算应设置的账户

企业应当正确记录和反映与客户之间的合同产生的收入及相关成本费用。一般要设置"主营业务收入""其他业务收入""主营业务成本""其他业务成本""合同履约成本""合同取得成本""合同资产""合同负债"等账户。

"主营业务收入"账户核算企业确认的销售商品、提供服务等主营业务的收入。该账户贷方登记企业主营业务活动实现的收入,借方登记期末转入"本年利润"账户的主营业务收入,结转后该账户无余额。该账户可按主营业务的种类进行明细核算。

"其他业务收入"账户用以核算企业确认的除主营业务活动以外的其他经营活动实现的收入,包括出租固定资产、出租无形资产、出租包装物和商品、销售材料、用材料进行非货币性交换(非货币性资产交换具有商业实质且公允价值能够可靠计量)或债务重组等实现的收入。该账户贷方登记企业发生的其他业务收入,借方登记月末结转到"本年利润"账户中的其他业务收入,结转后本账户应无余额。该账户按照其他业务收入的项目设置明细账户,进行明细核算。

"主营业务成本"账户核算企业确认销售商品、提供服务等主营业务收入时应结转的成本。该账户借方登记企业应结转的主营业务成本,贷方登记期末转入"本年利润"账户的主营业务成本,结转后该账户无余额。该账户可按主营业务的种类进行明细核算。期末,企业应根据本期销售各种商品、提供各种服务等的实际成本,计算应结转的主营业务成本,借记本账户,贷记"库存商品""合同履约成本"等账户。

"其他业务成本"账户核算企业确认的除主营业务活动以外的其他经营活动所发生的成本,包括销售材料的成本、出租固定资产的折旧额、出租无形资产的摊销额、出租包装物的成本或摊销额等。该账户借方登记企业发生的其他业务成本,贷方登记月末结转到"本年利润"账户中去的其他业务成本,结转后本账户无余额。该会计账户按照其他业务成本的种类设置明细账户,进行明细核算。

"合同履约成本"账户核算企业为履行当前或预期取得的合同所发生的、不属于其他企业会计准则规范范围且按收入准则应当确认为一项资产的成本。该账户借方登记发生的合同履约成本,贷方登记摊销的合同履约成本,期末借方余额反映企业尚未结转的合同履约成本。本账户可按合同,分为"服务成本""工程施工"等进行明细核算。

"合同取得成本"账户核算企业取得合同发生的、预计能够收回的增量成本。该账户借方登记发生的合同取得成本,贷方登记摊销的合同取得成本,期末借方余额反映企业尚未结转的合同取得成本;该账户可按合同进行明细核算。

"合同资产"账户核算企业已向客户转让商品而有权收取对价的权利,且该权利取决于时间流逝之外的其他因素(如履行合同中的其他履约义务)。该账户借方登记因已转让商品而有权收取的对价金额,贷方登记取得无条件收款权的金额。期末借方余额反映企业已向客户转让商品而有权收取的对价金额,该账户可按合同进行明细核算。

合同资产是指企业已向客户转让商品而有权收取对价的权利,且该权利取决于时间流逝之外的其他因素。应收款项是企业无条件收取合同对价的权利。只有在合同对价到期支付之前仅仅随着时间的流逝即可收款的权利,才是无条件的收款权;合同资产和应收款项都是企业拥有的有权收取对价的合同权利。二者的区别在于，应收款项代表的是无条件收取合同对价的权利，即企业仅仅随着时间的流逝即可收款，而合同资产并不是一项无条件收款权，该权利除了时间流逝之外，还取决于其他条件（如履行合同中的其他履约义务）才能收取相应的合同对价。因此，与合同资产和应收款项相关的风险是不同的，应收款项仅承担信用风险，而合同资产除信用风险之外，还可能承担其他风险，如履约风险等。

"合同负债"账户核算企业已收或应收客户对价而应向客户转让商品的义务。该账户贷方登记企业在向客户转让商品之前，已经收到货并已经取得无条件收取合同对价权利的金额；借方登记企业向客户转让商品时冲销的金额。期末贷方余额反映企业在向客户转让商品之前，已经收到的合同对价或经取得的无条件收取合同对价权利的金额，该账户按合同进行明细核算。

四、履行履约义务确认收入的账务处理

（一）在某一时点履行履约义务确认收入

对于在某一时点履行的履约义务，企业应当在客户取得相关商品控制权时确认收入。

在判断客户是否已取得商品控制权时，企业应当考虑下列迹象：

（1）企业就该商品享有现时收款权利，即客户就该商品负有现时付款义务。例如，甲企业与客户签订销售商品合同，约定客户有权定价且在收到商品无误后15日内付款，在客户收到甲企业开具的发票且商品验收入库后，客户能够自主确定商品的销售价格或商品的使用情况，此时甲企业享有收款权利，客户负有现实付款义务。

（2）企业已将该商品的法定所有权转移给客户，即客户已拥有该商品的法定所有权。例如，房地产企业向客户销售商品房，在客户付款后取得房屋产权证时，表明企业已将该商品房的法定所有权转移给客户。

（3）企业已将该商品实物转移给客户，即客户已占有该商品实物。例如，企业与客户签订交款提货合同，企业销售商品并送货到客户指定地点，客户验收合格并付款，表明企业已将给商品实物转移给客户，即客户已占有该商品实物。

（4）企业已将该商品所有权上的主要风险和报酬转移给客户，即客户已取得该商品所有权上的主要风险和报酬。其中，与商品所有权有关的风险，是指商品可能发生减值或毁损等形成的损失；与商品所有权有关的报酬，是指商品价值增值或通过使用商品等形成的经济利益。

判断企业是否已将商品所有权上的主要风险和报酬转移给购货方，应当关注交易的实质，并结合所有权凭证的转移进行判断。如果与商品所有权有关的任何损失均不需要销货方承担，与商品所有权有关的任何经济利益也不归销货方所有，就意味着商品所有权上的主要风险和报酬转移给了购货方。如果商品由于贬值、损坏、报废等造成的损失已不由销售企业承担，则说明商品所有权的主要风险已转移；商品中包含的未来经济利益（如未来由于商品升值带来的利益）已不属于销售企业所有，则说明商品所有权上的报酬已转移。例如，房地产公司向客户销售商品房并办理产权转移手续后，该商品房价格上涨或下跌带来的利益或损失全部属于客户，表明客户已取得该商品房所有权上的主要风险和报酬。

（5）客户已接受该商品。当商品通过了客户的验收时，通常表明客户已接受该商品。企业在判断是否已经将商品的控制权转移给客户时，应当考虑客户是否已接受该商品，特

别是客户的验收是否仅仅是一个形式。例如，企业向客户销售为其定制生产的设备，客户收到设备验收合格后办理入库手续，表明客户已接受该商品。

（6）其他表明客户已取得商品控制权的迹象。

1. 一般销售商品业务收入的账务处理

企业在履行了合同中的单项履约义务时，应按照已收或应收的合同价款，加上应收取的增值税税额，借记"银行存款""应收账款""应收票据""合同资产"等账户，按应确认的收入金额，贷记"主营业务收入"，按应收取的增值税税额，贷记"应交税费——应交增值税（销项税额）""应交税费——待转销项税额"等账户。企业应当根据出库单等原始凭证，借记"主营业务成本"，贷记"库存商品"等账户。

2. 已经发出商品但不能确认收入的账务处理

企业按合同发出商品，合同约定客户只有在商品售出取得价款后才支付货款，若企业向客户转让商品的对价未达到，则很可能收回收入确认条件。此时，在发出商品时，企业不应确认收入，将发出商品的成本计入"发出商品"账户，借记"发出商品"账户，贷记"库存商品"账户。如果已发出的商品被客户退回，则应编制相反的会计分录。"发出商品"账户核算企业商品已发出，但客户没有取得商品的控制权的商品成本。当企业收到货款或取得收取货款权利时，确认收入，借记"银行存款""应收账款"账户，贷记"主营业务收入"账户，贷记"应交税费——应交增值税（销项税额）"账户，同时结转已销商品成本，借记"主营业务成本"账户，贷记"发出商品"账户。

3. 商业折扣、现金折扣、销售退回的账务处理

（1）商业折扣。商业折扣是指企业为促进商品销售而在商品标价上给予的价格扣除。商业折扣在销售前即已发生，并不构成最终成交价格的一部分，企业应当按照扣除商业折扣后的金额，确定商品销售价格和销售商品收入金额。

（2）现金折扣。现金折扣是指在销售商品收入金额确定的情况下，债权人为鼓励债务人在规定的期限内付款而向债务人提供的债务扣除。企业销售商品涉及现金折扣的，应当按照扣除现金折扣前的金额确定销售货物收入金额。现金折扣在实际发生时计入当期损益（财务费用）。

（3）销售退回。销售退回是指企业因售出商品在质量规格等方面不符合销售合同规定条款的要求，客户要求企业给予退货。企业销售商品发生退货，表明企业履约义务的减少和客户商品控制权及其相关利益的丧失。已确认销售商品收入的售出商品发生销售退回的，除属于资产负债表日后事项外的，企业收到退回的商品时，应退回货款或冲减应收账款，并冲减主营业务收入和增值税销项税额，借记"主营业务收入""应交税费——应交增值税（销项税额）"等账户，贷记"银行存款""应收账款"等账户。收到退回商品入库，按照商品的成本，借记"库存商品"账户，贷记"主营业务成本"账户，如该项销售退回已发生现金折扣，则应同时调整相关财务费用的金额。

4. 委托代销安排账务处理

委托代销安排是指委托方和受托方签订代销合同或协议，委托受托方向终端客户销售商品。受托方获得对该商品控制权的，企业应当按销售商品进行会计处理，这种安排不属于委托代销安排；受托方没有获得对该商品控制权的，企业通常应当在受托方售出商品

后，按合同或协议约定的方法来计算、确定手续费并确认收入。

(1) 视同买断方式。视同买断方式，即由委托方和受托方签订合同或协议，委托方按合同或协议价收取所代销的货款，实际售价可由受托方自定，实际售价与合同或协议价之间的差额归受托方所有。

在这种代销方式下，委托方发出商品时，商品所有权上的风险和报酬并没有转移，委托方发出商品时不确认收入。此时，委托方应借记"发出商品"账户，贷记"库存商品"账户。委托方应在受托方将商品销售后，并向委托方开具代销清单时，确认收入。

受托方可通过"受托代销商品""受托代销商品款"或"应付账款"等账户，对受托代销商品进行核算。受托方收到受托代销的商品，按约定的价格，借记"受托代销商品"账户，贷记"受托代销商品款"账户。受托方在商品销售后确认收入，借记"银行存款"等账户，贷记"主营业务收入"账户。

视同买断方式下委托方与受托方账务处理如表 12 – 1 所示。

表 12 – 1　视同买断方式下委托方与受托方账务处理

业务	会计处理	
	委托方	受托方
交付商品	借：发出商品 　贷：库存商品	借：受托代销商品 　贷：受托代销商品款
受托方实际销售商品，委托方收到代销清单	①借：应收账款——受托方 　贷：主营业务收入 　　　应交税费——应交增值税 　　　（销项税额） ②借：主营业务成本 　贷：发出商品	①借：银行存款等 　贷：主营业务收入 　　　应交税费——应交增值税 　　　（销项税额） ②借：主营业务成本 　贷：受托代销商品 ③借：受托代销商品款 　　　应交税费——应交增值税（进项税额） 　贷：应付账款——委托方
结算货款	借：银行存款 　贷：应收账款——受托方	借：应付账款——委托方 　贷：银行存款

(2) 支付手续费方式。支付手续费方式是指委托方和受托方签订合同或协议，委托方根据代销商品额或数量向受托方支付手续费的销售方式。这种代销方式与视同买断方式相比，主要特点是，受托方通常应按照委托方规定的价格销售，不得自行改变售价。

在这种代销方式下，委托方发出商品时，商品所有权上的风险和报酬并没有转移，委托方发出商品时不确认收入。发出商品时，委托方借记"发出商品"账户，贷记"库存商品"账户。委托方应在受托方将商品销售后，并向委托方开具代销清单时，确认收入。

受托方可通过"受托代销商品""受托代销商品款"或"应付账款"等账户，对代销商品进行核算。受托方收到受托代销的商品，按约定的价格，借记"受托代销商品"

账户，贷记"受托代销商品款"账户。受托方在商品销售后，按应收取的手续费确认收入，借记"受托代销商品款"账户，贷记"其他业务收入"账户。

支付手续费方式下委托方与受托方账务处理如表12-2所示。

表12-2 支付手续费方式下委托方与受托方账务处理

业务	会计处理	
	委托方	受托方
交付商品	借：发出商品 　贷：库存商品	借：受托代销商品 　贷：受托代销商品款
受托方实际销售商品，委托方收到代销清单	①借：应收账款——受托方 　贷：主营业务收入 　　应交税费——应交增值税（销项税额） ②借：主营业务成本 　贷：发出商品	①借：银行存款等 　贷：受托代销商 　　应交税费——应交增值税（销项税额） ②借：受托代销商品款 　　应交税费——应交增值税（进项税额） 　贷：应付账款——委托方
结算货款和手续费	①借：销售费用 　贷：应收账款——受托方 ②借：银行存款 　贷：应收账款——受托方	借：应付账款——委托方 　贷：银行存款 　　其他业务收入（或主营业务收入）

5. 销售材料等存货的账务处理

企业在日常活动中还可能发生对外销售不需用的原材料、随同商品对外销售单独计价的包装物等业务。企业销售原材料、包装物等存货取得收入的确认和计量原则比照商品销售。企业销售原材料、包装物等存货实现的收入以及结转的相关成本，通过"其他业务收入""其他业务成本"账户核算。

（二）在某一时段内履行履约义务确认收入

对于在某一时段内履行的履约义务，企业应当在该段时间内按照履约进度确认收入，履约进度不能合理确定的除外。满足下列条件之一的，属于在某一时段内履行的履约义务，相关收入应当在该履约义务履行的期间内确认：客户在企业履约的同时即取得并消耗企业履约所带来的经济利益；客户能够控制企业履约过程中在建的商品；企业履约过程中所产出的商品具有不可替代用途，且该企业在整个合同期间内有权就累计至今已完成的履约部分收取款项。

企业应当采用恰当的方法确定履约进度，以使其如实反映企业向客户转让商品的履约情况。企业按照履约进度确认收入时，通常应当在资产负债表日按照合同的交易价格总额乘以履约进度再扣除以前会计期间累计确认的收入后的金额，确认为当期收入；同时，按照履行合同估计发生的总成本乘以履约进度再扣除以前会计期间累计确认的合同成本后的金额，结转当期成本。其用公式表示如下：

本期确认的收入 = 合同总收入 × 本期末止履约进度 − 以前期间已确认的收入

本期确认的成本 = 合同总成本 × 本期末止履约进度 − 以前期间已确认的成本

企业应当考虑商品的性质，采用产出法或投入法来确定恰当的履约进度，并且在确定履约进度时，应当扣除那些控制权尚未转移给客户的商品和服务。产出法主要是根据已转移给客户的商品对于客户的价值来确定履约进度，主要包括按照实际测量的完工进度、评估已实现的结果、已达到的里程碑、时间进度、已完工或交付的产品等。投入法主要是根据企业履行履约义务的投入来确定履约进度，主要包括已投入的材料数量、花费的人工工时或机器工时、发生的成本和时间进度等投入指标。

当履约进度不能合理确定时，企业已经发生的成本预计能够得到补偿的，应当按照已经发生的成本金额确认收入，直到履约进度能够合理确定为止。

五、合同成本

企业在与客户之间建立合同关系过程中发生的成本主要有合同履约成本和合同取得成本。

（一）合同履约成本

合同履约成本是指企业为履行当前或预期取得的合同所发生的、属于《企业会计准则第14号——收入》（2018）规范范围并且按照该准则应当确认为一项资产的成本。

企业为履行合同可能会发生各种成本，企业在确认收入的同时，应当对这些成本进行分析，属于《企业会计准则第14号——收入》（2018）准则规范范围且同时满足下列条件的，应当作为合同履约成本来确认为一项资产。

（1）该成本与一份当前或预期取得的合同直接相关。具体地：

①与合同直接相关的成本。A. 直接人工（如支付给直接为客户提供所承诺服务的人员的工资、奖金等）；B. 直接材料（如为履行合同而耗用的原材料、辅助材料、构配件、零件、半成品的成本和周转材料的摊销及租赁费用等）；C. 制造费用或类似费用（如与组织和管理生产、施工、服务等活动发生的费用，包括管理人员的职工薪酬、劳动保护费、固定资产折旧费及修理费、物料消耗、取暖费、水电费、办公费、差旅费、财产保险费、工程保修费、排污费、临时设施摊销费等）。

②明确由客户承担的成本以及仅因该合同而发生的其他成本（如支付给分包商的成本、机械使用费、设计和技术援助费、施工现场二次搬运费、生产工具和用具使用费、检验试验费、工程定位复测费、工程点交费用、场地清理费等）。

（2）该成本增加了企业未来用于履行（或持续履行）履约义务的资源。

（3）该成本预期能够收回。

需要注意的是，企业应当在下列支出发生时，将其计入当期损益：一是管理费用，除非这些费用明确由客户承担；二是非正常消耗的直接材料、直接人工和制造费用（或类似费用）；三是与履约义务中已履行（包括已全部履行或部分履行）部分相关的支出，即该支出与企业过去的履约活动相关；四是无法在尚未履行的与已履行（或已部分履行）的履约义务之间区分的相关支出。

企业发生合同履约成本时，借记"合同履约成本"账户，贷记"银行存款""应付职工薪酬""原材料"等账户；对合同履约成本进行摊销时，借记"主营业务成本""其他业务成本"等账户，贷记"合同履约成本"账户。涉及增值税的，还应进行相应的处理。

（二）合同取得成本

企业为取得合同而发生的增量成本预期能够收回的，应当作为合同取得成本确认为一项资产。增量成本是指企业不取得合同就不会发生的成本，也就是企业发生的与合同直接相关但又不是所签订合同的对象或内容（如建造商品或提供服务）本身直接发生的费用，如销售佣金等。如果销售佣金等预期可通过未来的相关服务收入予以补偿，那么该销售佣金（即增量成本）应在发生时确认为一项资产，即合同取得成本。

企业取得合同发生的增量成本已经确认为资产的，应当采用与资产相关的商品收入来确认相同的基础进行摊销，计入当前损益。为简化实务操作，该资产摊销期限不超过一年的，可以在发生时计入当期损益（销售费用）。

企业为取得合同发生的、除预期能够收回的增量成本之外的其他支出（如无论是否取得合同均会发生的差旅费、投标费等），应当在发生时计入当期损益，除非这些支出明确由客户承担。

企业发生合同取得成本时，借记"合同取得成本"账户，贷记"银行存款""其他应付款"等账户；对合同取得成本进行摊销时，按照其相关性借记"销售费用"等账户，贷记"合同取得成本"。涉及增值税的，还应进行相应的处理。

【任务实施】

任务12.1.1 任务分析：红星机械有限公司已经收到红清公司开出的、不带息银行承兑汇票，客户红清公司收到商品并验收入库，因此，销售商品为单项履约义务且属于在某一时点履行的履约义务，红星机械有限公司应编制以下会计分录。

(1) 确认收入。

借：应收票据——红清公司　　　　　　　　　　　　　　　45 200
　　贷：主营业务收入　　　　　　　　　　　　　　　　　　　　40 000
　　　　应交税费——应交增值税（销项税额）　　　　　　　　　5 200
借：主营业务成本　　　　　　　　　　　　　　　　　　　　30 000
　　贷：库存商品　　　　　　　　　　　　　　　　　　　　　　30 000

(2) 代垫运费。

借：应收账款——红清公司　　　　　　　　　　　　　　　　4 360
　　贷：银行存款　　　　　　　　　　　　　　　　　　　　　　4 360

(3) 结转商品销售成本。

借：主营业务成本　　　　　　　　　　　　　　　　　　　　30 000
　　贷：库存商品　　　　　　　　　　　　　　　　　　　　　　30 000

任务12.1.2 红星机械有限公司编制以下会计分录。

(1) 2019年6月18日销售实现时，按销售总价确认收入。

借：应收账款——乙公司　　　　　　　　　　　　　　　　56 500
　　贷：主营业务收入　　　　　　　　　　　　　　　　　　　　50 000
　　　　应交税费——应交增值税（销项税额）　　　　　　　　　6 500

(2) 在2019年6月27日收到货款。

借：银行存款 56 500
　　贷：应收账款 56 500
（3）在2019年6月末结转商品销售成本。
借：主营业务成本 26 000
　　贷：库存商品 26 000

2019年9月5日发生销售退回时，红星机械有限公司开出红字发票，红星机械有限公司根据红字发票和银行转账凭证做以下会计分录。

借：主营业务收入 50 000
　　应交税费——应交增值税（销项税额） 6 500
　　贷：银行存款 56 500

红星机械有限公司根据入库单做以下会计分录。

借：库存商品 26 000
　　贷：主营业务成本 26 000

【典型任务举例】

任务12.1.3 2019年6月1日，甲公司与客户签订合同，向其销售A、B两项商品，A商品的单独售价为6 000元，B商品的单独售价为24 000元，合同价款为25 000元。合同约定，A商品于合同开始日交付，B商品在一个月之后交付，只有当两项商品全部交付之后，甲公司才有权收取25 000元的合同对价。假定A商品和B商品分别构成单项履约义务，其控制权在交付时转移给客户。上述价格均不包含增值税，增值税税率为13%。

任务分析：在本例中，合同中包含两项履约义务，甲公司应当在合同开始日，按照各单项履约义务所承诺商品的单独售价的相对比例，将交易价格分摊至各单项履约义务。

分摊至A商品的合同价款＝25 000×6 000/(6 000＋24 000)＝5 000(元)

分摊至B商品的合同价款＝25 000×24 000/(6 000＋24 000)＝20 000(元)

甲公司的账务处理如下：

（1）交付A商品时，控制权转移给客户，符合收入确认条件。

借：合同资产 5 650
　　贷：主营业务收入 5 000
　　　　应交税费——应交增值税（销项税额） 650

（2）交付B商品。

借：应收账款 28 250
　　贷：合同资产 5 650
　　　　主营业务收入 20 000
　　　　应交税费——应交增值税（销项税额） 2 600

任务12.1.4 A企业委托B企业销售甲商品100件，按协议价200元/件结算。该商品成本120元/件，增值税税率13%。B企业实际售价为240元/件。B企业销售了全部甲商品，并向A企业开具了代销清单。

任务分析：委托方和受托方签订合同或协议，委托方按合同或协议价收取所代销的货款，实际售价可由受托方自定，实际售价与合同或协议价之间的差额归受托方所有。在这种代销方式下，委托方发出商品时，商品所有权上的风险和报酬并没有转移，委托方发出商品时不确认收入。委托方应在受托方将商品销售后,并向委托方开具代销清单时,确认收入。

A 企业做以下会计分录：

(1) 发出商品。

借：发出商品——B 企业　　　　　　　　　　　　　　　12 000
　　贷：库存商品——甲商品　　　　　　　　　　　　　　　12 000

(2) 收到代销清单。

借：应收账款——B 企业　　　　　　　　　　　　　　　22 600
　　贷：主营业务收入　　　　　　　　　　　　　　　　　20 000
　　　　应交税费——应交增值税（销项税额）　　　　　　2 600
借：主营业务成本　　　　　　　　　　　　　　　　　　12 000
　　贷：发出商品——B 企业　　　　　　　　　　　　　　12 000

(3) 收到 B 企业汇来的价款。

借：银行存款　　　　　　　　　　　　　　　　　　　　22 600
　　贷：应收账款——B 企业　　　　　　　　　　　　　　22 600

B 企业做以下会计分录：

(1) 收到 A 企业发来的委托代销商品。

借：受托代销商品——A 企业　　　　　　　　　　　　　20 000
　　贷：受托代销商品款　　　　　　　　　　　　　　　　20 000

(2) 实际销售商品。

借：银行存款　　　　　　　　　　　　　　　　　　　　27 120
　　贷：主营业务收入（或其他业务收入）　　　　　　　　24 000
　　　　应交税费——应交增值税（销项税额）　　　　　　3 120
借：主营业务成本　　　　　　　　　　　　　　　　　　20 000
　　贷：受托代销商品　　　　　　　　　　　　　　　　　20 000
借：受托代销商品款——A 企业　　　　　　　　　　　　20 000
　　应交税费——应交增值税（进项税额）　　　　　　　2 600
　　贷：应付账款——A 企业　　　　　　　　　　　　　　22 600

(3) 按协议将款项付给 A 企业。

借：应付账款——A 企业　　　　　　　　　　　　　　　22 600
　　贷：银行存款　　　　　　　　　　　　　　　　　　　22 600

任务 12.1.5　A 公司委托 B 公司销售甲商品 100 件，协议价 200 元/件，该商品成本为 120 元/件，B 公司按协议价格出售给顾客，A 公司按售价的 10% 支付 B 公司手续费。B 公司销售了全部甲商品，并向 A 公司开具了代销清单，A 公司收到 B 公司开具的代销清单时，向 B 公司开具增值税专用发票，发票注明金额为 20 000 元，增值税税额为 3 200 元，同时收到 B 公司提供代销服务开具的增值税专用发票，注明价款为 2 000 元，增值税税额为 120 元。假定，A 公司发出商品时纳税义务尚未发生。

任务分析：在本例中，A 公司将商品发送至 B 公司后，B 公司虽然已经实物占有该商品，但是仅是接受 A 公司的委托来销售商品，并根据实际销售的数量赚取一定比例的手续费。A 公司有权要求收回商品或将其销售给其他的客户，B 公司并不能主导这些商品的销售，这些商品对外销售与否、是否获利以及获利多少等不由 B 公司控制，B 公司没有取得这些商品的控制权。因此，A 公司将商品发送至 B 公司时，不应确认收入，而应当在 B 公司将甲商品销售给最终客户时（开具代销清单时）确认收入。

A 公司做以下会计分录：

（1）将甲商品交付 B 公司。

借：发出商品　　　　　　　　　　　　　　　　　　　　　12 000
　　贷：库存商品　　　　　　　　　　　　　　　　　　　　12 000

（2）收到代销清单。

借：应收账款——B 公司　　　　　　　　　　　　　　　　22 600
　　贷：主营业务收入　　　　　　　　　　　　　　　　　　20 000
　　　　应交税费——应交增值税（销项税额）　　　　　　　2 600

借：主营业务成本　　　　　　　　　　　　　　　　　　　12 000
　　贷：委托代销商品　　　　　　　　　　　　　　　　　　12 000

（3）收到 B 公司汇来的价款净额。

借：银行存款　　　　　　　　　　　　　　　　　　　　　20 480
　　销售费用　　　　　　　　　　　　　　　　　　　　　　2 000
　　应交税费——应交增值税（销项税额）　　　　　　　　　120
　　贷：应收账款——B 公司　　　　　　　　　　　　　　　22 600

B 公司做以下会计分录：

（1）收到甲商品。

借：受托代销商品　　　　　　　　　　　　　　　　　　　20 000
　　贷：受托代销商品款　　　　　　　　　　　　　　　　　20 000

（2）实际对外销售商品。

借：银行存款　　　　　　　　　　　　　　　　　　　　　22 600
　　贷：受托代销商品　　　　　　　　　　　　　　　　　　20 000
　　　　应交税费——应交增值税（销项税额）　　　　　　　2 600

（3）取得 A 公司开具的专用发票。

借：应交税费——应交增值税（进项税额）　　　　　　　　2 600
　　受托代销商品款　　　　　　　　　　　　　　　　　　20 000
　　贷：应付账款——A 公司　　　　　　　　　　　　　　　22 600

（4）计算代销手续费，结算款项。

借：应付账款——A 公司　　　　　　　　　　　　　　　　22 600
　　贷：银行存款　　　　　　　　　　　　　　　　　　　　20 480
　　　　其他业务收入　　　　　　　　　　　　　　　　　　2 000
　　　　应交税费——应交增值税（销项税额）　　　　　　　120

任务 12.1.6　环亚公司于 2019 年 12 月 1 日接受乙公司一项设备安装任务，安装期为 3 个月，合同约定合同安装总价款为 600 000 元，增值税税额为 54 000 元。合同约定，签订合同当日乙公司预付合同总价款（不含增值税）的 50%，并于月末开票日支付相关增值税，安装完成时支付剩余50%的款项，合同签订当日，收到安装费300 000元。至年底已发生安装费用为280 000元（假定均为安装人员薪酬），估计还会发生安装费用120 000元。假定环亚公司按实际发生的成本占估计总成本的比例来确定劳务的完工进度。该业务属于环亚公司的主营业务，适用的增值税税率为9%。企业按月确认服务收入。

任务分析：合同为设备安装合同，属于在某一时段内履行的履约义务，环亚公司应当在该段时间内按照履约进度确认收入，环亚公司应当在资产负债表日按照合同的交易价格总额乘以履约进度再扣除以前会计期间累计确认的收入后的金额，确认为当期收入。按照合同总成本乘以本期末止履约进度再扣除以前会计期间确认的成本后的金额，确认为当期成本。

环亚公司的会计处理如下：

2019年实际发生的成本占估计总成本的比例 = 280 000 ÷ (280 000 + 120 000) = 70%

2019年12月31日确认的劳务收入 = 600 000 × 70% − 0 = 420 000（元）

2019年12月31日结转的劳务成本 = (280 000 + 120 000) × 70% − 0 = 280 000（元）

(1) 预收合同价款。

借：银行存款　　　　　　　　　　　　　　　　　　　300 000
　　贷：合同负债——乙公司　　　　　　　　　　　　　　300 000

(2) 实际发生安装成本。

借：合同履约成本——服务成本　　　　　　　　　　　280 000
　　贷：应付职工薪酬　　　　　　　　　　　　　　　　280 000

(3) 2019年12月31日开具发票收取增值税，确认收入并结转成本。

借：合同负债——乙公司　　　　　　　　　　　　　　420 000
　　银行存款　　　　　　　　　　　　　　　　　　　 37 800
　　贷：主营业务收入　　　　　　　　　　　　　　　　420 000
　　　　应交税费——应交增值税（销项税额）　　　　　 37 800

借：主营业务成本　　　　　　　　　　　　　　　　　280 000
　　贷：合同履约成本——服务成本　　　　　　　　　　280 000

2020年1月31日，环亚公司已发生安装费用360 000元（假定均为安装人员薪酬），估计还会发生安装费用40 000元。环亚公司的会计处理如下：

2020年1月31日年实际发生的成本占估计总成本的比例 = 360 000 ÷ (360 000 + 40 000) = 90%

2020年1月31日确认的劳务收入 = 600 000 × 90% − 420 000 = 120 000（元）

2020年1月31日结转的劳务成本 = (360 000 + 40 000) × 90% − 280 000 = 80 000（元）

(1) 实际发生安装成本。

借：合同履约成本——服务成本　　　　　　　　　　　 80 000
　　贷：应付职工薪酬　　　　　　　　　　　　　　　　 80 000

(2) 2020年1月31日开具发票收取增值税，确认收入并结转成本。

借：合同负债——乙公司　　　　　　　　　　　　　　120 000
　　银行存款　　　　　　　　　　　　　　　　　　　 10 800
　　贷：主营业务收入　　　　　　　　　　　　　　　　120 000

　　　　应交税费——应交增值税（销项税额）　　　　　　　　　　　10 800
　　借：主营业务成本　　　　　　　　　　　　　　　　　　　　80 000
　　　　贷：合同履约成本——服务成本　　　　　　　　　　　　　　80 000

2020 年 2 月 28 日，安装完工，乙公司验收合格，支付剩余合同价款，并支付相关增值税，2 月为完成合同环亚公司发生成本 40 000 元（假定均为安装人员薪酬）。环亚公司的会计处理如下：

（1）实际发生安装成本。
　　借：合同履约成本——服务成本　　　　　　　　　　　　　　40 000
　　　　贷：应付职工薪酬　　　　　　　　　　　　　　　　　　　40 000

（2）2020 年 1 月 31 日开具发票并收取增值税及剩余合同价款。
　　借：银行存款　　　　　　　　　　　　　　　　　　　　　305 400
　　　　贷：合同负债——乙公司　　　　　　　　　　　　　　　305 400

（3）2020 年 1 月 31 日确认收入并结转成本。
　　借：合同负债——乙公司　　　　　　　　　　　　　　　　 65 400
　　　　贷：主营业务收入　　　　　　　　　　　　　　　　　　 60 000
　　　　　　应交税费——应交增值税（销项税额）　　　　　　　　5 400
　　借：主营业务成本　　　　　　　　　　　　　　　　　　　　40 000
　　　　贷：合同履约成本——服务成本　　　　　　　　　　　　　40 000

任务 12.1.7　甲公司是一家咨询公司，通过竞标赢得一个服务期为 5 年的客户，该客户每年末支付含税咨询费 1 908 000 元。为取得与该客户的合同，甲公司聘请外部律师进行调查并支付相关费用 15 000 元，为投标发生的差旅费 10 000 元，支付销售人员佣金 50 000 元，甲公司预期这些支出未来能够收回。此外，甲公司根据其年度销售目标、整体盈利情况及个人业绩等，向销售部门经理支付年度奖金 10 000 元。

任务分析：在本例中，甲公司因签订该客户合同而向销售人员支付的佣金属于取得合同发生的增量成本，应当将其作为合同取得成本来确认为一项资产；甲公司聘请外部律师进行尽职调查发生的支出、为投标发生的差旅费以及向销售部门经理支付的年度奖金（不能直接归属于可识别的合同）不属于增量成本，应当于发生时直接计入当期损益。甲公司应编制以下会计分录：

（1）支付相关费用。
　　借：合同取得成本　　　　　　　　　　　　　　　　　　　 50 000
　　　　管理费用　　　　　　　　　　　　　　　　　　　　　　25 000
　　　　销售费用　　　　　　　　　　　　　　　　　　　　　　10 000
　　　　贷：银行存款　　　　　　　　　　　　　　　　　　　　85 000

（2）每月确认服务收入，摊销销售佣金。
　　　　服务收入 = 1 908 000/（1 + 6%）/12 = 150 000（元）

销售佣金摊销额 = 50 000/5/12 ≈ 833.33（元）

借：应收账款　　　　　　　　　　　　　　　　　　　　 159 000
　　销售费用　　　　　　　　　　　　　　　　　　　　　　 833.33
　贷：合同取得成本　　　　　　　　　　　　　　　　　　　　833.33
　　　主营业务收入　　　　　　　　　　　　　　　　　　 150 000
　　　应交税费——应交增值税（销项税额）　　　　　　　　9 000

任务2　费用业务核算

【任务导入】

任务12.2.1　红星机械有限公司2019年7月为宣传新产品而发生广告费40 000元，取得的增值税专用发票上注明的税款为2 400元，用银行存款支付。

任务12.2.2　红星机械有限公司销售部6月份共发生费用120 000元。其中，销售人员薪酬50 000元，销售部专用办公设备折旧费40 000元，业务费30 000元（均用银行存款支付）。

任务12.2.3　红星机械有限公司8月份销售一批产品，销售过程中发生运输费4 000元，取得的增值税专用发票上注明的税款为360元，取得的增值税普通发票注明的装卸费为1 000元，均用银行存款支付。

任务12.2.4　红星机械有限公司9月份行政管理部门发生业务招待费用20 000元，取得的增值税专用发票上注明的税款为1 200元，已用银行存款支付。

任务12.2.5　红星机械有限公司行政部9月份共发生费用120 000元。其中，行政人员薪酬为50 000元，行政部专用办公设备折旧费为41 000元，行政人员差旅费为21 000元（假定报销人均未预借差旅费），其他办公费、水电费为8 000元（均用银行存款支付）。假设不考虑增值税等因素。

要求：红星机械有限公司根据以上经济业务进行账务处理。

【知识准备】

一、费用的概念和特点

费用是指企业在日常活动中发生的、会导致所有者权益减少的、与向所有者分配利润无关的经济利益的总流出。费用包括企业日常活动所产生的经济利益的总流出，主要指企业为取得营业收入而进行产品销售等营业活动所发生的企业货币资金的流出，具体包括营业成本、税金及附加和期间费用。该费用具有以下特点：

1. 费用是日常活动中发生的经济利益的总流出

日常活动是指企业为完成其经营目标而从事的经常性活动以及与之相关的其他活动。工业企业制造并销售产品、商业企业购买并销售商品、咨询公司提供咨询服务、软件开发企业为客户开发软件、安装公司提供安装服务、租赁公司出租资产等活动发生的经济利益的总流出构成费用。工业企业对外出售不需用的原材料结转的材料成本，也构成费用。

费用形成于企业日常活动的特征使其与产生于非日常活动的损失相区分。企业从事或发生的某些活动或事项也能导致经济利益流出企业，但不属于企业的日常活动。例如，企业处置固定资产、无形资产等非流动资产，因违约支付罚款，对外捐赠，因自然灾害等非常原因造成财产毁损等，这些活动或事项形成的经济利益的总流出属于企业的损失而不是费用。

2. 费用会导致企业所有者权益减少

费用既可能表现为资产的减少，如减少银行存款、库存商品等，也可能表现为负债的增加，如增加应付职工薪酬、应交税费等。

根据"资产－负债＝所有者权益"的会计等式，费用也定会导致企业所有者权益的减少。

企业经营管理中的某些支出并不减少企业的所有者权益，也就不构成费用。例如，企业以银行存款偿还一项负债，只是一项资产和一项负债的等额减少，对所有者权益没有影响，因此，不构成企业的费用。

3. 费用与向所有者分配利润无关

费用的发生会导致经济利益流出，从而导致资产的减少或负债的增加（最终也会导致资产的减少）。其表现形式包括现金或者现金等价物的流出，存货、固定资产和无形资产等的流出或消耗等。企业向所有者分配利润也会导致经济利益的流出，而该经济利益流出属于投资者投资的回报分配，是所有者权益的直接抵减项目，不应该确认为费用，属于企业利润分配的内容，不构成企业的费用。

二、费用的主要内容

费用具体包括营业成本、税金及附加和期间费用。

（一）营业成本

营业成本是指企业为生产产品、提供劳务等发生的可归属于产品成本、劳务成本的费用，应当在确认销售商品收入，提供劳务收入等时，将以销售商品、提供劳务的成本等计入当期损益。营业成本包括主营业务成本、其他业务成本。

1. 主营业务成本

主营业务成本是指企业销售商品、提供劳务等经常性活动所发生的成本。企业一般在确认销售商品、提供劳务等主营业务收入时，或在月末，将已销售商品、已提供劳务的成本结转入主营业务成本。

2. 其他业务成本

其他业务成本是指企业除主营业务活动以外的其他经济活动所发生的成本。其他业务成本包括销售材料的成本、出租固定资产的折旧额、出租无形资产的摊销额，出租包装物的成本或摊销额等。采用成本模式计量投资性房地产的，其投资性房地产计提的折旧或摊销额，也构成其他业务成本。

（二）税金及附加

税金及附加是指企业经营活动应负担的相关税费，包括消费税、城市维护建设税、教育费附加、资源税、房产税、城镇土地使用税、车船税、印花税等。

(三) 期间费用

期间费用是指企业日常活动发生的不能计入特定核算对象的成本，而应计入发生当期损益的费用。期间费用发生时直接计入当期损益。期间费用包括销售费用、管理费用和财务费用。

期间费用是企业日常活动中发生的经济利益的流出。之所以不计入特定的成本核算对象，主要是因为期间费用是企业为组织和管理整个经营活动而发生的费用，与可以确定特定成本核算对象的材料采购、产成品生产等没有直接关系，因而期间费用不计入有关核算对象的成本，而是直接计入当期损益。

期间费用包含以下两种情况：一是企业发生的支出不产生经济利益，或者即使产生经济利益但不符合或者不再符合资产确认条件的，应当在发生时确认为费用，计入当期损益；二是企业发生的交易或者事项导致其承担了一项负债，而又不确认为一项资产的，应当在发生时确认为费用，计入当期损益。

1. 销售费用

销售费用是指企业销售商品和材料、提供劳务的过程中发生的各种费用，包括企业在销售商品过程中发生的保险费、包装费、展览费和广告费、商品维修费、预计产品质量保证损失、运输费、装卸费等以及为销售本企业商品而专设的销售机构（含销售网点、售后服务网点等）的职工薪酬、业务费、折旧费等经营费用。企业发生的与专设销售机构相关的固定资产日常修理费用等后续支出属于销售费用。销售费用是与企业销售商品活动有关的费用，但不包括销售商品本身的成本和劳务成本，这两类成本属于主营业务成本。

2. 管理费用

管理费用是指企业为组织和管理生产经营活动而发生的各种费用，包括企业在筹建期间内发生的开办费、董事会和行政管理部门在企业的经营管理中发生的以及应由企业统一负担的公司经费（包括行政管理部门职工薪酬、物料消耗、低值易耗品摊销、办公费和差旅费等）、行政管理部门负担的工会经费、董事会经费（包括董事会成员津贴、会议费和差旅费等）、聘请中介机构费、咨询费（含顾问费）、诉讼费、业务招待费、技术转让费、研究费用、排污费以及企业生产车间（部门）和行政管理部门发生的固定资产修理费等。

3. 财务费用

财务费用是指企业为筹集生产经营所需资金等而发生的筹资费用，包括利息支出（减去利息收入）、汇兑损益以及相关的手续费、企业发生的现金折扣或收到的现金折扣等。

三、费用业务核算

(一) 主营业务成本的核算

企业应当设置"主营业务成本"账户，按照主营业务的种类进行明细核算。该账户用于核算企业因销售商品、提供劳务或让渡资产使用权等日常活动而发生的实际成本，借记该账户，贷记"库存商品""劳务成本"等账户。期末，将主营业务成本的余额转入"本年利润"账户，借记"本年利润"，贷记该账户，结转后该账户无余额。

(二) 其他业务成本的核算

企业应当设置"其他业务成本"账户，核算企业确认的除主营业务活动以外的其他经济活动所发生的成本,包括销售材料的成本、出租固定资产的折旧额、出租无形资产的摊销额;出租包装物的成本或摊销额等。企业发生的其他业务成本,借记该账户,贷记"原材料""周转材料""累计折旧""累计摊销""应付职工薪酬""银行存款"等账户。本账户按照其他业务成本的种类进行明细核算。期末,将其他业务成本的余额转入"本年利润"账户,借记"本年利润",贷记该账户,结转后该账户无余额。

(三) 税金及附加的核算

企业应当设置"税金及附加"账户,核算企业经营活动发生的消费税、城市维护建设税、教育费附加、资源税、房产税、城镇土地使用税、车船税、印花税等相关税费。其中,按规定计算确定的与经营活动相关的消费税、城市维护建设税、资源税、教育费附加、房产税、城镇土地使用税、车船税等税费,企业应借记"税金及附加"账户,贷记"应交税费"账户。期末,应将"税金及附加"账户余额转入"本年利润"账户,结转后,"税金及附加"账户无余额。企业交纳的印花税,不会发生应付未付税款的情况,不需要预计应纳税金额,同时也不存在与税务机关结算或者清算的问题。因此,企业交的印花税不通过"应交税费"账户核算,而是于购买印花税票时,直接借记"税金及附加"账户,贷记"银行存款"账户。

(四) 销售费用的核算

企业应设置"销售费用"账户,核算销售费用的发生和结转情况。该账户借方登记企业所发生的各项销售费用,贷方登记期末结转入"本年利润"账户的销售费用,结转后该账户应无余额。该账户应按销售费用的费用项目进行明细核算。

(五) 管理费用的核算

企业应设置"管理费用"账户,核算管理费用的发生和结转情况。该账户借方登记企业发生的各项管理费用,贷方登记期末转入"本年利润"账户的管理费用,结转后该账户应无余额。该账户应按管理费用的费用项目进行明细核算。商品流通企业管理费用不多的,可不设本账户,相关核算内容,可并入"销售费用"账户核算。

(六) 财务费用的核算

企业应设置"财务费用"账户来核算财务费用的发生和结转情况。该账户借方登记企业发生的各项财务费用,贷方登记期末结转入"本年利润"账户的财务费用,结转后该账户应无余额。该账户应按财务费用的费用项目进行明细核算。

【任务实施】

任务12.2.1 任务分析:广告费用计入销售费用。

借:销售费用	40 000
应交税费——应交增值税(进项税额)	2 400
贷:银行存款	42 400

任务12.2.2 任务分析:专设的销售机构的职工薪酬、业务费、折旧费等经营费用计入销售费用。

借:销售费用	120 000
贷:应付职工薪酬	50 000
累计折旧	40 000

银行存款　　　　　　　　　　　　　　　　　　　　　　　　　　　30 000

　　任务 12.2.3　任务分析：企业在销售商品过程中发生的运输费、装卸费计入销售费用。

　　借：销售费用　　　　　　　　　　　　　　　　　　　　　　　　　5 000
　　　　应交税费——应交增值税（进项税额）　　　　　　　　　　　　　360
　　　　贷：银行存款　　　　　　　　　　　　　　　　　　　　　　　5 360

　　任务 12.2.4　任务分析：行政管理部门负担的业务招待费计入管理费用。

　　借：管理费用　　　　　　　　　　　　　　　　　　　　　　　　　20 000
　　　　应交税费——应交增值税（进项税额）　　　　　　　　　　　　1 200
　　　　贷：银行存款　　　　　　　　　　　　　　　　　　　　　　　21 200

　　任务 12.2.5　任务分析：行政管理部门职工薪酬、办公费和差旅费等计入管理费用。

　　借：管理费用　　　　　　　　　　　　　　　　　　　　　　　　　120 000
　　　　贷：应付职工薪酬　　　　　　　　　　　　　　　　　　　　　50 000
　　　　　　累计折旧　　　　　　　　　　　　　　　　　　　　　　　41 000
　　　　　　库存现金　　　　　　　　　　　　　　　　　　　　　　　21 000
　　　　　　银行存款　　　　　　　　　　　　　　　　　　　　　　　8 000

任务3　利润形成业务核算

【任务导入】

红星公司 2019 年年末有关损益类账户余额如表 12 – 3 所示。

表 12 – 3　损益类账户余额　　　　　　　　　　　　　单位：元

账户名称	借方余额	账户名称	贷方余额
主营业务成本	400 000	主营业务收入	800 000
其他业务成本	10 000	其他业务收入	50 000
税金及附加	60 000	营业外收入	6 000
管理费用	14 000	投资收益	9 000
销售费用	18 000		
财务费用	2 000		
营业外支出	7 000		

要求：请根据红星公司 2019 年年末有关损益类账户余额结转当期损益。

【知识准备】

　　企业一定时期的财务成果即企业的利润，在很大程度上集中反映了企业生产经营的经济利益，反映了企业向整个社会所做的贡献，也是衡量企业生产经营管理水平的综合性指标。从利润的构成看，有生产经营获得的利润，也有投资、筹资活动形成的利润，还有与生产经营活动无直接关系的事项所引起的盈亏。企业一个会计期间内所获得的收入与其发生的费用配比后，如果收入大于费用，企业就获得了盈利；如果收入小于费用，企业就发生了亏损。

一、利润的构成

利润是指企业在一定会计期间的经营成果。利润包括收入减去费用的净额、直接计入当期利润的利得和损失等。未计入当期利润的利得和损失扣除所得税影响后的净额计入其他综合收益项目。净利润与其他综合收益的合计金额为综合收益总额。利得是指企业非日常活动形成的、会导致所有者权益发生增加的、与所有者投入资本无关的经济利益的流入。损失是指企业非日常活动形成的、会导致所有者权益发生减少的、与向所有者分配利润无关的经济利益的流出。根据我国企业会计准则的规定，企业的利润一般包括营业利润、利润总额和净利润。

（一）营业利润

营业利润是指企业日常生产经营活动及相关活动所形成的经营成果，是企业生产经营活动的主要成果，是企业利润的主要来源。营业利润主要由主营业务利润和其他业务利润构成。其计算公式为：

营业利润 = 营业收入 – 营业成本 – 税金及附加 – 销售费用 – 管理费用 – 财务费用 +
其他收益 + 投资收益（–投资损失）+ 净敞口套期收益
（–净敞口套期损失）+ 公允价值变动收益（–公允价值变动损失）–
信用减值损失 – 资产减值损失 + 资产处置收益（–资产处置损失）

其中，营业收入是指企业经营业务所确认的收入总额，由主营业务收入和其他业务收入构成；营业成本是指企业经营业务所发生的成本，包括主营业务成本和其他业务成本；其他收益主要是指与企业日常活动相关，除冲减成本费用以外的政府补助；投资净收益（或损失）是企业以各种方式对外投资所取得的收益（或损失）；公允价值变动收益（或损失）是指企业交易性金融资产等公允价值变动形成的应计入当期损益的利得（或损失）；资产减值损失是指企业计提各项资产减值准备时所形成的损失，如计提的坏账准备，存货跌价准备和固定资产减值准备等形成的损失；资产处置收益（–资产处置损失）反映企业出售划分为持有待售的非流动资产（金融工具、长期股权投资和投资性房地产除外）或处置组（子公司和业务除外）时确认的处置利得或损失，以及处置未划分为持有代售的固定资产、在建工程、生产性生物资产及无形资产而产生的处置利得或损失，还包括债务重组中因处置非流动资产而产生的利得或损失和非货币性资产交换中换出非流动资产而产生的利得或损失。

（二）利润总额

利润总额是指税前利润，也就是企业在交纳所得税前一定时期内全部经营活动的总成果。其计算公式为：

利润总额 = 营业利润 + 营业外收入 – 营业外支出

其中，营业外收入是指企业发生的与其日常活动无直接关系的各项利得；营业外支出是指企业发生的与其日常活动无直接关系的各项损失。

（三）净利润

企业的净利润为利润总额减去所得税费用后的余额，在实际工作中也称税后利润。其

计算公式为:

$$净利润 = 利润总额 - 所得税费用$$

二、直接计入当期损益的利得和损失的核算（营业外收支的核算）

1. 营业外收入的核算

营业外收入是指企业发生的与其日常活动无直接关系的各项利得。它是企业利润总额的一项重要补充内容。在会计核算上，应当严格区分营业外收入与营业收入的界限。营业外收入并不是企业经营资金耗费产生的，实际是企业经济利益的净流入，不需要与有关的费用进行配比。营业外收入主要包括非流动资产毁损报废收益、盘盈利得、捐赠利得、非货币性资产交换利得、债务重组利得、转销应付账款等。

其中，非流动资产毁损报废收益指因自然灾害等发生毁损、已丧失使用功能而报废非流动资产所产生的清理收益；盘盈利得指企业对现金等资产清查盘点时发生盘盈，报经批准后计入营业外收入的金额；捐赠利得指企业接受捐赠产生的利得。

企业应设置"营业外收入"账户来核算企业发生的各项营业外收入，本账户可按营业外收入项目进行明细核算。企业发生营业外收入时，计入"营业外收入"账户的贷方，期末将"营业外收入"账户的贷方余额转入"本年利润"账户，结转后应无余额。

（1）企业确认处置非流动资产毁损报废收益时，借记"固定资产清理""银行存款""待处理财产损溢""无形资产"等账户，贷记"营业外收入"账户。

（2）企业确认盘盈利得、捐赠利得计入营业外收入时，借记"库存现金""待处理财产损溢"等账户，贷记"营业外收入"账户。

（3）期末，将"营业外收入"账户余额转入"本年利润"账户，借记"营业外收入"账户，贷记"本年利润"账户，结转后"营业外收入"账户应无余额。

2. 营业外支出的核算

营业外支出是指企业发生的与其日常活动无直接关系的各项损失。它是企业利润总额的减项。营业外支出主要包括非流动资产毁损报废损失、公益性捐赠支出、罚款支出、非常损失、非货币性资产交换损失、债务重组损失等。

其中，非流动资产毁损报废损失指因自然灾害等发生毁损、已丧失使用功能而报废非流动资产所产生的清理损失；公益性捐赠支出指企业对外进行公益性捐赠发生的支出；盘亏损失主要指财产清查盘点中盘亏的资产，在查明原因并报经批准计入营业外支出的损失；罚款支出指企业支付的行政罚款、税务罚款以及其他违反法律法规、合同协议等支付的罚款、违约金、赔偿金等支出；非常损失指企业因客观因素（如自然灾害等）造成的损失，在扣除保险公司赔款后计入营业外支出的净损失。

企业应设置"营业外支出"账户来核算企业发生的各项营业外支出，本账户可按支出项目进行明细核算。企业发生营业外支出时，应计入"营业外支出"账户的借方，期末应将"营业外支出"账户的借方余额转入"本年利润"账户，结转后应无余额。

（1）企业确认处置非流动资产毁损报废损失时，借记"营业外支出"账户，贷记"固定资产清理""无形资产"等账户。

（2）企业确认盘亏损失、捐赠、罚款支出计入营业外支出时，借记"营业外支出"

账户,贷记"银行存款""库存现金""待处理财产损溢"等账户。

(3)期末,将"营业外支出"账户余额转入"本年利润"账户,借记"本年利润"账户,贷记"营业外支出"账户,结转后"营业外支出"账户应无余额。

三、所得税费用的核算

《企业会计准则》和《中华人民共和国企业所得税法》(以下简称《企业所得税法》)是基于不同目的、遵循不同原则分别制定的,二者在资产与负债的计量标准、收入与费用的确认原则等方面存在一定的差异,导致企业在一定时期内按会计准则的要求确认的会计利润与按税法规定计算的应纳税所得额之间存在差异。所得税会计是研究如何处理依据会计准则计算的税前利润与按照税法计算的应纳税所得额之间的差异的会计理论和方法。所得税准则规定企业应采用资产负债表债务法核算所得税。

文本:资产负债表债务法

(一)会计利润与应纳税所得额之间的差异

会计利润是按会计准则的要求,采用一定的会计程序与方法确定的所得税前利润总额。应纳税所得额是按照所得税法的要求,以一定期间应税收入减除税法准予扣除的项目后计算的应税所得。由于二者的确定依据和目的不同,因此它们之间存在一定的差异。这种差异按其性质可分为永久性差异和暂时性差异。

1. 永久性差异

永久性差异是指某一会计期间,由于《企业会计准则》和《企业所得税法》在计算收益、费用或损失时的口径不同所产生的税前会计利润与应纳税所得额之间的差异。例如,企业购买国债取得的利息收入,在会计核算上作为投资收益,计入当期税前利润,但根据税法规定不属于应税收入,不计入应纳税所得额。再例如,对于企业支付的违法经营罚款、税收滞纳金等,在会计上作为营业外支出,计入利润表,但税法规定计算应纳税所得额时不允许税前扣除。永久性差异的特点是在本期发生,不会在以后期间转回。

2. 暂时性差异

暂时性差异是指资产、负债的账面价值与其计税基础不同产生的差异,该差异的存在将影响未来期间的应纳税所得额。例如,按照《企业会计准则》的规定,交易性金融资产期末应以公允价值计量,公允价值的变动损益计入当期损益;但按照《企业所得税法》的规定,交易性金融资产在持有期间其公允价值变动不计入应纳税所得额,待处置交易性金融资产时,按实际取得成本从处置收入中扣除,即交易金融资产的计税基础是初始投资成本,由此产生了交易性金融资产的账面价值与其计税基础之间的差异。暂时性差异的特点是发生于某一会计期间,但在以后期间内能够转回。

(二)所得税的会计处理方法

1. 应付税款法

应付税款法是指企业不确认暂时性差异对所得税的影响金额,按照当期计算的应交所得税来确认当期所得税费用的方法。在这种方法下,当期确认的所得税费用等于当期应交的所得税。应付税款法的会计处理比较简便,但不符合权责发生制原则。因此,《企业会计准则》不允许采用这种方法。

2. 纳税影响会计法

纳税影响会计法是指企业确认暂时性差异对所得税的影响金额，按照当期应交所得税和暂时性差异对所得税影响金额的合计数来确认所得税费用的方法。

纳税影响会计法又有递延法和债务法之分，而债务法又分为利润表债务法和资产负债表债务法。我国现行《企业会计准则》只允许采用资产负债表债务法进行所得税的会计处理。

3. 资产负债表债务法

资产负债表债务法是从资产负债表出发，通过比较资产负债表上列示的资产、负债，按照《企业会计准则》规定确定的账面价值与按照《企业所得税法》规定确定的计税基础，对于二者之间的差额分为应纳税暂时性差异与可抵扣暂时性差异，确认相关的递延所得税负债与递延所得税资产，并在此基础上确定每一会计期间利润表中的所得税费用。

（三）所得税费用

企业的所得税费用包括当期所得税和递延所得税两个部分。其中，当期所得税是指当期应交所得税；递延所得税包括递延所得税资产和递延所得税负债。递延所得税资产是指以未来期间很可能取得用来抵扣可抵扣暂时性差异的应纳税所得额为限确认的一项资产。递延所得税负债是根据应纳税暂时性差异计算的未来期间应付所得税的金额。

$$所得税费用 = 当期所得税 + 递延所得税$$

1. 应交所得税的计算

应交所得税是指企业按照企业所得税法规定计算确定的针对当期发生的交易和事项，应交纳给税务部门的所得税金额，即当期应交所得税。应纳税所得额是在企业税前利润（即利润总额）的基础上调整确定的，计算公式为：

$$应纳税所得额 = 税前会计利润 + 纳税调整增加额 - 纳税调整减少额$$

$$应交所得税额 = 应纳税所得额 \times 所得税税率$$

纳税调整增加额主要包括《企业所得税法》规定允许扣除项目中，企业已计入当期费用但超过税法规定扣除标准的金额（如超过税法规定标准的职工福利费、工会经费、职工教育经费、业务招待费、公益性捐赠支出、广告费和业务宣传费等），以及企业已计入当期损失但《企业所得税法》规定不允许扣除项目的金额（如税收滞纳金、罚金、罚款）。

纳税调整减少额主要包括按税法规定允许弥补的亏损和准予免税的项目，如前五年内未弥补亏损和国债利息收入等。

2. 所得税费用的账务处理

企业所得税核算应采用资产负债表债务法。企业根据《企业所得税法》的规定，计算确定的当期所得税和递延所得税之和即为应从当期利润总额中扣除的所得税费用。

$$所得税费用 = 当期所得税 + 递延所得税$$

其中

$$递延所得税 = （递延所得税负债的期末余额 - 递延所得税负债的期初余额） - （递延所得税资产的期末余额 - 递延所得税资产的期初余额）$$

需要设置的会计账户：

（1）"所得税费用"账户，核算企业所得税费用确认及结转情况。本账户可按"当期所得税费用""递延所得税费用"进行明细核算。期末，应将本账户的余额转入"本年利润"账户，结转后本账户无余额。

（2）"递延所得税资产"账户，核算企业根据《企业所得税法》确认的可抵扣暂时性差异产生的所得税资产。本账户应当按照可抵扣暂时性差异等项目进行明细核算。

（3）"递延所得税负债"账户，核算企业根据《企业所得税法》确认的应纳税暂时性差异产生的所得税负债。本账户应当按照应纳税暂时性差异项目进行明细核算。

（4）"应交税费——应交所得税"账户，核算企业按照税法计算确定的当期应交所得税金额。

四、本年利润的结转

（一）结转本年利润的方法

会计期末，结转本年利润的方法有表结法和账结法两种。

1. 表结法

表结法下，各损益类账户每月月末只需结计出本月发生额和月末累计余额，不结转到"本年利润"账户，只有在年末时才将全年累计余额结转入"本年利润"账户。但每月月末要将损益类账户的本月发生额合计数填入利润表的本月数栏，同时将本月末累计余额填入利润表的本年累计数栏，通过利润表计算反映各期的利润（或亏损）。表结法下，年中损益类账户无须结转入"本年利润"账户，从而减少了转账环节和工作量，同时这并不影响利润表的编制及有关损益指标的利用。

2. 账结法

账结法下，每月月末均需编制转账凭证，将在账上结计出的各损益类账户的余额结转入"本年利润"账户。结转后，"本年利润"账户的本月余额反映当月实现的利润或发生的亏损。"本年利润"账户的本年余额反映本年累计实现的利润或发生的亏损。账结法在各月均可通过"本年利润"账户提供当月及本年累计的利润（或亏损）额，但增加了转账环节和工作量。

（二）结转本年利润的账务处理

企业应设置"本年利润"账户，核算企业本年度实现的净利润（或发生的净亏损）。会计期末，企业应将"主营业务收入""其他业务收入""其他收益""营业外收入"等账户的余额分别转入"本年利润"账户的贷方，将"主营业务成本""其他业务成本""税金及附加""销售费用""管理费用""财务费用""资产减值损失""营业外支出""所得税费用"等账户的余额分别转入"本年利润"账户的借方。企业还应将"公允价值变动损益""资产处置损益""投资收益"账户的净收益转入"本年利润"账户的贷方，将"公允价值变动损益""资产处置损益""投资收益"账户的净损失转入"本年利润"账户的借方。结转后，"本年利润"账户如为贷方余额，则表示当年实现的净利润；如为借方余额，则表示当年发生的净亏损。

年度终了，企业还应将"本年利润"账户的本年累计余额转入"利润分配——未分配利润"账户。如"本年利润"为贷方余额,则借记"本年利润"账户,贷记"利润分配——未分配利润"账户;如为借方余额,则做相反的会计分录,借记"利润分配——未分配利润"账户,贷记"本年利润"账户。结转后,"本年利润"账户应无余额。

【任务实施】

任务 12.3.1 结转当期损益,做以下会计分录。

(1) 结转各项费用、损失。

借:本年利润	511 000
贷:主营业务成本	400 000
税金及附加	60 000
其他业务成本	10 000
销售费用	18 000
管理费用	14 000
财务费用	2 000
营业外支出	7 000

(2) 结转各项收入、利得。

借:主营业务收入	800 000
其他业务收入	50 000
投资收益	9 000
营业外收入	6 000
贷:本年利润	865 000

【典型任务举例】

任务 12.3.2 腾飞公司应付甲公司的货款及增值税款共计 3 390 元,因该公司变更登记而无法偿还。故做以下会计分录。

借:应付账款——甲公司	3 390
贷:营业外收入——无法偿还账款	3 390

任务 12.3.3 腾飞公司收到 A 单位因违反双方签订的购销合同而支付的违约金 1 000 元,已存入银行。此时,做以下会计分录。

借:银行存款	1 000
贷:营业外收入——罚款收入	1 000

任务 12.3.4 腾飞公司因违反税收法规而以银行存款支付滞纳金、罚金共计 2 500 元。此时,应做以下会计分录。

借:营业外支出——罚款支出	2 500
贷:银行存款	2 500

任务 12.3.5 腾飞公司以银行存款,向希望工程捐赠 50 000 元。此时,应做以下会计分录。

借:营业外支出——公益救济性捐赠	50 000
贷:银行存款	50 000

任务 12.3.6 甲公司 2019 年度按《企业会计准则》计算的税前会计利润为 19 800 000 元,所得税税率为 25%。甲公司全年实发工资、薪金为 2 000 000 元,职工福利费为

300 000 元, 工会经费为 50 000 元, 职工教育经费为 100 000 元; 经查, 甲公司当年营业外支出中有 120 000 元为税收滞纳罚金。假定甲公司全年无其他纳税调整因素。甲公司递延所得税负债年初数为 400 000 元, 年末数为 500 000 元, 递延所得税资产年初数为 250 000 元, 年末数为 200 000 元。

要求: 计算所得税费用并进行账务处理。

分析:《企业所得税法》规定, 企业发生的合理的工资、薪金支出准予据实扣除; 企业发生的职工福利费支出, 不超过工资、薪金总额 14% 的部分准予扣除; 企业拨缴的工会经费, 不超过工资、薪金总额 2% 的部分准予扣除; 除国务院、税务主管部门等另有规定外, 企业发生的职工教育经费支出, 不超过工资、薪金总额 2.5% 的部分准予扣除, 超过部分准予结转以后纳税年度扣除。

在本例中, 按《企业所得税法》规定, 企业在计算当期应纳税所得额时, 可以扣除工资、薪金支出 2 000 000 元, 扣除职工福利费支出 280 000 (2 000 000×14%) 元、工会经费支出 40 000 (2 000 000×2%) 元、职工教育经费支出 50 000 (2 000 000×2.5%) 元。甲公司有两种纳税调整因素: 一是已计入当期费用但超过《企业所得税法》规定标准的费用支出; 二是已计入当期营业外支出但按税法规定不允许扣除的税收滞纳金。这两种因素均应调整增加应纳税所得额。

(1) 甲公司当期所得税的计算如下:

当期所得税 = [19 800 000 + (300 000 − 280 000) + (50 000 − 40 000) + (100 000 − 50 000) + 120 000] ×25% = 5 000 000

(2) 甲公司所得税费用的计算如下:

递延所得税费用 = (500 000 − 400 000) + (250 000 − 200 000) = 150 000 (元)

所得税费用 = 当期所得税 + 递延所得税费用 = 5 000 000 + 150 000 = 5 150 000 (元)

(3) 甲公司应做以下会计分录。

借: 所得税费用　　　　　　　　　　　　　　　　　5 150 000
　　贷: 应交税费——应交所得税　　　　　　　　　　5 000 000
　　　　递延所得税负债　　　　　　　　　　　　　　　100 000
　　　　递延所得税资产　　　　　　　　　　　　　　　 50 00

(4) 将"所得税费用"账户借方余额转入"本年利润"账户。

借: 本年利润　　　　　　　　　　　　　　　　　　5 150 000
　　贷: 所得税费用　　　　　　　　　　　　　　　　5 150 000

项目 12 训练

项目十三

财务报表编制

学习目标

知识目标

1. 掌握财务报表的定义、种类及编制要求。
2. 掌握资产负债表的格式及编制方法。
3. 掌握利润表的格式及编制方法。
4. 掌握现金流量的分类、现金流量表的格式及编制方法。

技能目标

1. 能编制资产负债表。
2. 能编制利润表、现金流量表。

任务1 资产负债表编制

【任务导入】

任务 13.1.1 红星机械有限公司 2019 年 1 月 1 日有关账户余额如表 13-1 所示,2019 年 12 月 31 日有关账户余额如表 13-2 所示,适用的企业所得税税率为 25%。其中,红星机械有限公司只针对应收账款计提坏账准备,2019 年红星机械有限公司提取盈余公积 14 469 元,向投资者分派现金股利 87 821.96 元。

文本:财务会计报告的意义和编制要求

表 13-1 红星机械有限公司 2019 年 1 月 1 日有关账户余额　　　单位:元

账户名称	借方余额	账户名称	贷方余额
库存现金	7 200	短期借款	1 200 000
银行存款	9 480 800	应付票据	800 000
交易性金融资产	340 000	应付账款	1 800 000

续表

账户名称	借方余额	账户名称	贷方余额
应收票据	1 200 000	其他应付款	240 000
应收账款	1 200 000	应付职工薪酬	91 200
其他应收款	20 000	应交税费	10 2000
坏账准备	-36 800	应付利息	30 000
应收股利	24 000	应付股利	0
原材料	1 080 000	长期借款	880 000
周转材料	848 000	实收资本	20 000 000
库存商品	1 600 000	盈余公积	5 020 000
存货跌价准备	0	利润分配（未分配利润）	560 000
长期股权投资	800 000		
固定资产	13 100 000		
累计折旧	-10 360 000		
工程物资	380 000		
在建工程	10 120 000		
无形资产	920 000		
合计	30 723 200	合计	30 723 200

表13-2 红星机械有限公司2019年12月31日有关账户余额　　　　单位：元

账户名称	借方余额	账户名称	贷方余额
库存现金	38 400	短期借款	600 000
银行存款	5 344 000	应付票据	1 385 000
其他货币资金	276 000	应付账款	1 800 000
交易性金融资产	80 000	其他应付款	240 000
应收票据	0	应付职工薪酬	410 400
应收账款	3 300 000	应交税费	-426 870
其他应收款	20 000	应付利息	24 000
坏账准备	-46 800	应付股利	87 821.96
应收股利	0	长期借款	3 280 000
原材料	1 200 000	实收资本	20 000 000
周转材料	648 000	盈余公积	5 034 469
库存商品	2 397 520	利润分配（未分配利润）	602 399.04
存货跌价准备	-40 000		

续表

账户名称	借方余额	账户名称	贷方余额
长期股权投资	1 600 000		
固定资产	18 412 400		
累计折旧	-11 120 000		
工程物资	876 000		
在建工程	9 199 200		
无形资产	920 000		
累计摊销	-80 000		
递延所得税资产	12 500		
合计	33 037 220	合计	33 037 220

要求：红星机械有限公司根据上述资料编制2019年12月31日的资产负债表。

【知识准备】

一、资产负债表的概念和作用

（一）资产负债表的概念及编制原理

资产负债表是反映企业在某一特定日期（月末、季末、半年末和年末）财务状况的会计报表，是企业经营活动的静态体现。

财务状况是指企业的资产、负债、所有者权益及其相互关系。因此，资产负债表是根据"资产＝负债＋所有者权益"这一会计等式，按照一定的分类标准和一定的次序，将企业在某一特定日期的全部资产、负债和所有者权益项目进行适当排列编制而成的，能够提供企业在某一特定日期，资产、负债和所有者权益的全貌。资产负债表是以企业资产、负债和所有权益的静态状况来说明企业某一特定日期财务状况的，因而又称为财务状况表，它是企业的主要财务报表之一。

（二）资产负债表的作用

（1）通过编制资产负债表，可以反映企业资产的构成及其状况，分析企业在某一日期拥有或控制的经济资源及其分布情况，为分析企业生产经营能力提供重要资料。

（2）通过编制资产负债表，可以反映企业某一日期的负债总额及其结构，分析企业目前与未来需要支付的债务数额，为分析企业的财务风险提供重要资料。

（3）通过编制资产负债表，可以反映企业所有者权益情况，了解企业现有的投资者在企业资产中所占的份额，为分析了解企业的财务实力提供依据。

（4）通过资产负债表，可以帮助报表使用者全面了解企业的财务状况，分析企业的债务偿还能力，从而为未来的经济决策提供重要的信息。

二、资产负债表的结构

根据对信息的不同需求，资产负债表中各项目的具体排列格式一般分为账户式和报告式两种。根据国家统一会计制度的规定，我国企业的资产负债表采用账户式。

账户式资产负债表分为左右两方，左方列示资产项目，右方列示负债和所有者权益项目。左方资产项目是按其流动性大小排列的，首先是流动资产的各个项目，然后是非流动资产的各个项目；右方负债和所有者权益项目，一般是按求偿时间的先后顺序排列的，首先是流动负债的各个项目，然后是非流动负债的各个项目，所有者权益在企业正常生产经营的情况下，或者在企业解散清算之前无须偿还。因此，最后列示其各个项目。通过账户式资产负债表，反映企业资产、负债和所有者权益之间的内在关系，并达到资产负债表左方和右方的平衡，其资产各项目的合计等于负债和所有者权益各项目的合计。

账户式资产负债表通常包括表头和表体两部分。表头部分应列明报表名称、编制单位名称、资产负债表日、报表编号和计量单位；表体部分是资产负债表的主体，列示了用以说明企业财务状况的各个项目，包括资产项目、负债项目和所有者权益项目的期末余额和上年年末余额。

三、资产负债表的编制

（一）资产负债表"上年年末余额"栏各项目的列报依据和方法

"上年年末余额"栏各项目的数字，应根据上年年末资产负债表"期末余额"栏内相应的数字填列。如果本年度资产负债表规定的各个项目的名称和内容与上年度不相一致，则应当对上年年末资产负债表各个项目的名称和数字按照本年度的规定进行调整，按照调整后的数字填入本表"上年年末余额"栏。

（二）资产负债表"期末余额"栏各项目的列报依据和方法

资产负债表是反映企业某一特定日期资产和权益的分布状况及其数额的会计报表，企业某一特定日期资产和权益的分布状况及其数额则表现为资产类账户和权益类账户的期末余额。所以，资产负债表上各项目的"期末金额"，主要是依据总账户和有关明细账户的期末余额列报的。其中，大部分项目的"期末余额"可以依据有关账户的期末余额直接填列，一部分项目的"期末余额"需根据有关账户的期末余额分析、合并、计算填列。资产负债表的"期末余额"栏主要有以下几种填列方法。

1. 根据总账户余额填列

有的项目根据总账户的期末余额直接填列，如"递延所得税资产""短期借款""持有待售负债""预计负债""递延收益""递延所得税负债""实收资本""资本公职""盈余公积"等项目；有的项目根据几个总账户的期末余额计算填列，如"货币资金"项目，应根据"库存现金""银行存款"和"其他货币资金"账户的期末余额合计填列；"其他应付款"项目，根据"应付利息""应付股利""其他应付款"账户的期末余额计算填列；"未分配利润"项目，根据"本年利润""利润分配"账户计算填列。

2. 根据明细账户余额计算填列

例如，"应收账款"项目需要根据"应收账款"和"预收账款"两个账户所属明细账的期末借方余额，减去"坏账准备"账户中相关坏账准备期末余额后的余额填列；"预付款项"项目需要根据"预付账款"和"应付账款"账户两个账户所属明细账借方余额减去与"预付账款"有关的坏账准备贷方余额计算填列；"应付账款"项目需要根据"应付账款"和"预付账款"两个账户所属明细账户的期末贷方余额计算填列;"预收款项"项目需要根据"预收账款"和"应收账款"两个账户所属明细账户期末贷方余额计算填列;"开发支出"项目,需要根据"研发支出"账户中所属的"资本化支出"明细账户期末余额计算填列;"应付职工薪酬"项目,需要根据"应付职工薪酬"账户的明细账户期末余额计算填列;"一年内到期的非流动资产""一年内到期的非流动负债"项目,需要根据有关非流动资产和非流动负债项目的明细账户余额计算填列;"未分配利润"项目需要根据"利润分配"账户中所属的"未分配利润"明细账户期末余额填列。

3. 根据总账户和明细账户余额分析计算填列

例如,"长期借款"项目需要根据"长期借款"总账户余额扣除"长期借款"账户所属的明细账户中将在一年内到期且企业不能自主地将清偿义务展期的长期借款后的金额计算填列;"其他非流动资产"项目,应根据有关账户的期末余额减去将于一年内(含一年)收回数后的金额计算填列;"其他非流动负债"项目,应根据有关账户的期末余额减去将于一年内(含一年)到期偿还数后的金额计算填列。

4. 根据有关账户余额减去其备抵账户余额后的净额填列

例如,资产负债表中"应收票据""应收账款""长期股权投资""在建工程"等项目应当根据"应收票据""应收账款""长期股权投资""在建工程"等账户的期末余额减去"坏账准备""长期股权投资减值准备""在建工程减值准备"等备抵账户余额后的净额填列;"投资性房地产"(采用成本模式计量)、"固定资产"项目应根据"投资性房地产""固定资产"账户的期末余额减去"投资性房地产累计折旧""投资性房地产减值准备""累计折旧""固定资产减值准备"等备抵账户的期末余额,以及"固定资产清理"账户期末余额后的净额填列;"无形资产"项目,应当根据"无形资产"账户的期末余额,减去"累计摊销""无形资产减值准备"等备抵账户余额后的净额填列。

5. 综合运用上述填列方法分析填列

例如,"货存"项目,应根据"材料采购""在途物资""原材料""周转材料""发出商品""库存商品""委托加工物资""生产成本"等总账户的期末余额的分析汇总数,加或减"材料成本差异"等差异账户的期末余额,减去"存货跌价准备"账户期末余额后的金额填列。

(三) 资产负债表"期末余额"栏各项目的填列说明

1. 资产项目填列说明

(1) "货币资金"项目,反映企业库存现金、银行结算户存款、外埠存款、银行汇票存款、银行本票存款、信用卡存款、信用保证金存款等的合计数。本项目应根据"库存现金""银行存款""其他货币资金"总账户的期末余额合计数填列。

(2) "交易性金融资产"项目,反映企业资产负债表日分类为以公允价值计量且变动计入当期损益的金融资产,以及企业持有的直接指定为以公允价值计量且其变动计入当期损益的金融资产的期末账面价值。该项目应根据"交易性金融资产"账户的相关明细账户期末余额分析填列。自资产负债表日起,超过一年到期且预期持有超过一年的以公允价值计量且变动计入当期损益的非流动金融资产的期末价值,在"其他非流动资产"项目反映。

(3) "应收票据"项目，反映资产负债表日以摊余成本计量的、企业因销售商品、提供劳务等经营活动而收到的商业汇票，包括商业承兑汇票和银行承兑汇票。本项目应根据"应收票据"账户的期末余额减去"坏账准备"中有关应收票据计提的坏账准备余额后的净额填列。

(4) "应收账款"项目，反映资产负债表日以摊余成本计量的、企业因销售商品、提供劳务等经营活动而应收取的款项。本项目应根据"应收账款"所属明细账户借方余额加"预收账款"所属明细账户借方余额，减去相应"坏账准备"期末余额后的金额填列。如"应收账款"账户所属明细账户期末有贷方余额，则应在资产负债表"预收款项"项目填列。

(5) "应收账款融资"项目，反映资产负债表日以公允价值计量且其变动计入其他综合收益的应收票据和应收账款等。

(6) "预付款项"项目，反映企业按照购货合同规定预付给购买单位的款项。本项目根据"预付账款"和"应付账款"账户所属各明细账户的期末借方余额合计，减去"坏账准备"账户中有关预付账款计提的坏账准备期末余额后的净额填列。如"预付账款"账户所属明细账户期末有贷方余额，则应在资产负债表"应付账款"项目内填列。

(7) "其他应收款"项目，反映企业除应收票据及应收账款、预付款项等经营活动以外的其他应收、暂付的款项。本项目应根据"应收利息""应收股利""其他应收款"总账户的期末余额合计数，减去"坏账准备"账户中相关坏账准备期末余额后的金额填列。其中，"应收利息"仅反映相关金融工具已到期可收取但于资产负债表日尚未收到的利息。基于实际利率法计提的金融工具的利息应包含在相应金融工具的账面余额中。

(8) "存货"项目，反映企业期末在库、在途和在加工中的各项存货的可变现净值或成本（成本与可变现净值孰低）。存货包括各种原材料、商品、在产品、半成品、发出商品、包装物、低值易耗品等。本项目应根据"在途物资（材料采购）""原材料""库存商品""周转材料""委托加工物资""生产成本""受托代销商品"等总账户的期末余额合计，减去"受托代销商品款""存货跌价准备"账户期末余额后的净额填列。材料采用计划成本核算以及库存商品采用计划成本或售价核算的企业，应按加或减材料成本差异、商品进销差价后的金额填列。

(9) "合同资产"项目，反映企业按照《企业会计准则第14号——收入》（2017）的相关规定，根据本企业履行履约义务与客户付款之间的关系在资产负债表中列示合同资产。"合同资产"项目，应根据"合同资产"账户的相关明细账户期末余额分析填列。同一合同下的合同资产和合同负债应当以净额列示，其中金额为借方余额的，应当根据其流动性在"合同资产"或"其他非流动资产"项目中填列；已计提减值准备的，还应以减去"合同资产减值准备"账户中相关的期末余额后的金额填列，其中金额为贷方余额的，应当根据其流动性在"合同负债"或"其他非流动负债"项目中填列。

(10) "持有待售资产"项目，反映资产负债表日，划分为持有待售类别的非流动资产及划分为持有待售类别的处置组中的流动资产和非流动资产的期末账面价值。该项目应根据"持有待售资产"账户的期末余额，减去"持有待售资产减值准备"账户的期末余额后的金额填列。

（11）"一年内到期的非流动资产"项目，反映企业将于一年内到期的非流动资产项目金额，应根据有关账户的期末余额分析计算后填列。

（12）"债权投资"项目，反映资产负债表日企业以摊余成本计量的长期债权投资的期末账面价值。该项目应根据"债权投资"账户的相关明细账户期末余额，减去"债权投资减值准备"账户中相关减值准备的期末余额后的金额分析填列。自资产负债表日起一年内到期的长期债权投资的期末账面价值，在"一年内到期的非流动资产"项目反映。企业购入的以摊余成本计量的一年内到期的债权投资的期末账面价值，在"其他流动资产"项目反映。

（13）"其他债权投资"项目，反映资产负债表日企业分类为以公允价值计量且其变动计入其他综合收益的长期债权投资的期末账面价值。该项目应根据"其他债权投资"账户的相关明细账户期末余额分析填列。自资产负债表日起一年内到期的长期债权投资的期末账面价值，在"一年内到期的非流动资产"项目反映。企业购入的以公允价值计量且其变动计入其他综合收益的长期债权投资的期末账面价值，在"其他流动资产"项目反映。

（14）"长期应收款"项目，反映企业融资租赁产生的应收款项和采用递延方式分期收款、实质上具有融资性质的、销售商品和提供劳务等经营活动产生的应收款项。本项目应根据"长期应收款"账户的期末余额，减去相应的"未实现融资收益"账户和"坏账准备"账户所属明细账户期末余额后的金额填列。

（15）"长期股权投资"项目，反映企业对被投资单位实施控制、重大影响的权益性投资，以及对其合营企业的权益性投资。本项目应根据"长期股权投资"总账户的期末余额减去"长期股权投资减值准备"账户期末余额后的净额填列。

（16）"其他权益工具投资"项目，反映资产负债表日企业指定为以公允价值计量且其变动计入其他综合收益的非交易性权益工具投资的期末账面价值。该项目应根据"其他权益工具投资"账户的期末余额填列。

（17）"投资性房地产"项目，反映企业为赚取租金或资本增值，或者二者兼有而持有的房地产。投资性房地产主要包括已出租的土地使用权、持有并准备增值后转让的土地使用权、已出租的建筑物。本项目的金额应根据"投资性房地产"的期末余额减去"投资性房地产累计折旧（摊销）""投资性房地产减值准备"账户期末余额后的净额填列。

（18）"固定资产"项目，反映资产负债表日企业固定资产期末账面价值和尚未清理完毕的固定资产清理净损益。本项目根据"固定资产"总账户期末余额，减去"累计折旧"和"固定资产减值准备"账户期末余额后的金额，以及"固定资产清理"账户的期末余额填列。

（19）"在建工程"项目，反映资产负债表日企业尚未达到预定可使用状态的在建工程的期末账面价值和企业为在建工程准备的各种物资的期末账面价值。本项目根据"在建工程"账户期末余额，减去"在建工程减值准备"账户期末余额后的金额，以及"工程物资"账户的期末余额，减去"工程物资减值准备"账户的期末余额后的金额填列。

（20）"使用权资产"项目，反映资产负债表日承租人企业持有的使用权资产的期末账面价值。该项目应根据"使用权资产"账户的期末余额，减去"使用权资产累计折旧"和"使用权资产减值准备"账户的期末余额后的金额填列。

（21）"无形资产"项目，反映企业持有的专利权、非专利技术、商标权、著作权、土地使用权等无形资产的成本减去累计摊销和无形资产减值准备后的净值。本项目应根据"无形资产"账户期末余额，减去"累计摊销"和"无形资产减值准备"账户的期末余额填列。

（22）"开发支出"项目，反映企业开发无形资产过程中发生的能够资本化形成无形资产成本的支出部分。本项目根据"研发支出"账户中所属的资本化支出明细账户的期末余额填列。

（23）"商誉"项目，反映企业商誉的价值。本项目根据"商誉"账户期末余额填列。

（24）"长期待摊费用"项目，反映企业已经发生但应由本期和以后各期负担的分摊期限在一年以上（不含一年）的各项费用。长期待摊费用中在一年内（含一年）摊销的部分在资产负债表"一年内到期的非流动资产"项目填列。本项目应根据"长期待摊费用"账户的期末余额减去将于一年内（含一年）摊销的数额后的金额填列。

（25）"递延所得税资产"项目，反映企业根据所得税准则确认的可抵扣暂时性差异形成的递延所得税资产。本项目根据"递延所得税资产"账户期末余额填列。

（26）"其他非流动资产"项目，反映企业除上述非流动资产以外的其他非流动资产。本项目应根据有关账户的期末余额填列。

2. 负债项目填列说明

（1）"短期借款"项目，反映企业向银行或其他金融机构借入的尚未归还的一年期以下（含一年）的借款。本项目应根据"短期借款"账户的期末余额填列。

（2）"交易性金融负债"项目，反映企业资产负债表日承担的交易性金融负债，以及企业持有的直接指定为以公允价值计量且其变动计入当期损益的金融负债的期末账面价值。本项目应根据"交易性金融负债"账户的相关明细账期末余额填列。

（3）"应付票据"项目，反映资产负债表日以摊余成本计量的，企业因购买材料、商品和接受服务等经营活动而开出承兑的商业汇票，包括银行承兑汇票和商业承兑汇票。该项目根据"应付票据"账户的期末余额填列。

（4）"应付账款"项目，反映资产负债表日以摊余成本计量的，企业因购买材料、商品和接受服务等经营活动应支付的款项。该项目根据"应付账款"和"预付账款"账户所属的相关明细账户的期末贷方余额合计数填列。如"应付账款"账户所属明细账户出现借方余额，则应在资产负债表"预付款项"项目内填列。

（5）"预收款项"项目，反映企业按合同规定预收供应单位的款项。本项目根据"预收账款"和"应收账款"账户所属各明细账户的期末贷方余额合计填列。如"预收账款"账户所属明细账户出现借方余额，则应在资产负债表"应收账款"项目内填列。

（6）"合同负债"项目，反映企业按照《企业会计准则第 14 号——收入》（2017）的相关规定，根据本企业履行履约义务与客户付款之间的关系在资产负债表中列示合同负债。"合同负债"项目，应根据"合同负债"账户的相关明细账户期末余额分析填列。

（7）"应付职工薪酬"项目，反映企业为获得职工提供的服务或解除劳动关系而给予的各种形式的报酬或补偿。本项目应根据"应付职工薪酬"账户所属的各明细账的期末贷方余额分析填列，如"应付职工薪酬"账户期末为借方余额，以"-"号填列。外商投资企业按规定从净利润中提取的职工奖励及福利基金，也在本项目列示。

(8) "应交税费"项目，反映企业按照税法规定应交纳的各种税费，包括增值税、消费税、企业所得税、资源税、土地增值税、城市维护建设税、房产税、教育费附加、矿产资源补偿费等。企业代扣代缴的个人所得税也通过本项目列示。企业交纳的税金不需要预计应交数的，如印花税、耕地占用税等不在本项目列示。本项目应根据"应交税费"账户的期末贷方余额填列；如"应交税费"账户期末为借方余额，以"－"号填列。需要说明的是，"应交税费"账户下的"应交增值税""未交增值税""待抵扣进项税额""待认证进项税额""增值税留抵税额"等明细账户期末借方余额应根据情况，在"其他流动资产"或"其他非流动资产"项目列示；"应交税费——待转销项税额"等账户期末贷方余额应根据情况，在"其他流动负债"或"其他非流动负债"项目列示；"应交税费"账户下的"未交增值税""简易计税""转让金融商品应交增值税""代扣代缴增值税"等账户期末贷方余额应在"应交税费"项目列示。

(9) "其他应付款"项目，反映企业除应付票据、应付账款、预收款项、应付职工薪酬、应交税费等经营活动以外的其他应付、暂收的款项。本项目应根据"应付利息""应付股利""其他应付款"账户的期末余额合计数填列，其中的"应付利息"仅反映相关金融工具已到期应支付但于资产负债表日尚未支付的利息。基于实际利率法计提的金融工具的利息应包含在相应金融工具的账面余额中。

(10) "持有待售负债"项目，反映资产负债表日处置组中划分为持有待售类别的资产直接相关的负债的账面价值。该项目应根据"持有待售负债"账户的期末余额填列。

(11) "一年内到期的非流动负债"项目，反映企业非流动负债中将于资产负债表日后一年内到期部分的金额，如将于一年内偿还的长期借款。本项目应根据有关账户的期末余额分析填列。

(12) "长期借款"项目，反映企业向银行或其他金融机构借入的期限在一年期以上（不含一年）的各期借款。本项目应根据"长期借款"账户的期末余额，扣除"长期借款"账户所属的明细账中将在资产负债表日起一年内到期且企业不能自主地将清偿义务展期的长期借款后的金额计算填列。

(13) "应付债券"项目，反映企业为筹集长期资金而发行的债券本金和利息。本项目根据"应付债券"账户期末余额减去一年内到期部分的金额填列。对于资产负债表日企业发行的金融工具，分类为金融负债的，应在本项目填列；对于优先股和永续债偿，还应在本项目下的"优先股"项目和"永续债"项目分别填列。

(14) "租赁负债"项目，反映资产负债表日承租人企业尚未支付的租赁付款额的期末账面价值。该项目应根据"租赁负债"账户的期末余额填列。自资产负债表日起一年内到期应予以清偿的租赁负债的期末账面价值，在"一年内到期的非流动负债"项目反映。

(15) "长期应付款"项目，反映企业除长期借款、应付债券以外的各种长期应付款，主要有应付补偿贸易引进设备款、采用分期付款方式购入固定资产和无形资产发生的应付账款、应付融资租入固定资产租赁费等。本项目应根据"长期应付款"账户的期末余额，减去相关的"未确认融资费用"账户的期末余额后的金额，以及"专项应付款"账户的期末余额，再减去所属相关明细账中将于一年内到期的部分后的金额填列。

(16) "预计负债"项目，反映企业根据或有事项等相关准则确认的各项预计负债，包括对外提供担保、未决诉讼、产品质量保证、重组义务以及固定资产和矿区权益弃置义务等产生的预计负债。本项目应根据预计负债账户的期末余额填列。企业按照《企业会计准则第22号——金融工具确认和计量》（2018）的相关规定，对贷款承诺等项目计提的损失准备，应当在本项目中填列。

（17）"递延收益"项目，反映尚待确认的收入或收益，本项目核算包括企业根据政府补助准则确认的应在以后期间计入当期损益的政府补助金额、售后租回形成融资租赁的售价与资产账面价值差额等其他递延性收入。本项目应根据"递延收益"账户的期末余额填列。本项目中摊销期限只剩一年或不足一年的，或预计在一年内（含一年）进行摊销的部分，不得归类为流动负债，仍在本项目中填列，不转入"一年内到期的非流动负债"项目。

（18）"递延所得税负债"项目，反映企业根据所得税准则确认的应纳税暂时性差异产生的所得税负债。本项目应根据"递延所得税负债"账户的期末余额填列。

（19）"其他非流动负债"项目，反映企业除上述非流动负债以外的其他非流动负债。本项目应根据有关账户期末余额减去将于一年内（含一年）到期偿还数后的余额分析填列。非流动负债各项目中将于一年内（含一年）到期的非流动负债，应在"一年内到期的非流动负债"项目内反映。

3. 所有者权益项目的填列说明

（1）"实收资本（或股本）"项目，反映企业各投资者实际投入的资本（或股本）总额。本项目应根据"实收资本（股本）"账户的期末余额填列。

（2）"其他权益工具"项目，反映企业发行的除普通股以外分类为权益工具的金融工具的期末账面价值，并下设"优先股"和"永续债"两个项目，分别反映企业发行的分类为权益工具的优先股和永续债的账面价值。

（3）"资本公积"项目，反映企业收到投资者出资额超出其在注册资本或股本中所占的份额以及直接计入所有者权益的利得和损失等。本项目应根据"资本公积"账户的期末余额填列。

（4）"其他综合收益"项目，反映企业其他综合收益的期末余额。本项目应根据"其他综合收益"账户的期末余额填列。

（5）"专项储备"项目，反映高危行业企业按国家规定提取的安全生产费用的期末账面价值。本项目应根据"专项储备"账户的期末余额填列。

（6）"盈余公积"项目，反映企业盈余公积的期末余额。本项目应根据"盈余公积"账户的期末余额填列。

（7）"未分配利润"项目，反映企业尚未分配的利润。未分配利润是指企业实现的净利润经过弥补亏损、提取盈余公积和向投资者分配利润后留存在企业的、历年结存的利润。本项目应根据"本年利润"账户和"利润分配"账户的期末余额计算填列，如为未弥补的亏损，则在本项目内以"-"号填列。

【任务实施】

任务13.1.1 红星机械有限公司根据资料编制资产负债表如表13-3所示。

表13-3 资产负债表　　　　　　　　　　　　会企01表

编制单位：红星机械有限公司　　2019年12月31日　　　　　　　　单位：元

资产	期末余额	上年年末余额	负债和所有者权益（或股东权益）	期末余额	上年年末余额
流动资产：			流动负债：		
货币资金	5 658 400	9 488 000	短期借款	600 000	1 200 000
交易性金融资产	80 000	340 000	交易性金融负债	0	0
衍生金融资产	0	0	衍生金融负债	0	0
应收票据	0	1 200 000	应付票据	1 385 000	800 000
应收账款	3 253 200	1 163 200	应付账款	1 800 000	1 800 000
应收款项融资	0	0	预收款项	0	0
预付款项	0	0	合同负债	0	0
其他应收款	20 000	44 000	应付职工薪酬	410 400	91 200
存货	4 205 520	3 528 000	应交税费	-426 870	102 000
合同资产	0	0	其他应付款	351 821.96	270 000
持有待售资产	0	0	持有待售负债	0	0
一年内到期的非流动资产	0	0	一年内到期的非流动负债	0	0
其他流动资产	0	0	其他流动负债	0	0
流动资产合计	13 217 120	15 763 200	流动负债合计	4 120 351.96	4 263 200
非流动资产：			非流动负债：		
债权投资	0	0	长期借款	3 280 000	880 000
其他债权投资	0	0	应付债券	0	0
长期应收款	0	0	其中：优先股	0	0
长期股权投资	1 600 000	800 000	永续债	0	0
其他权益工具投资	0	0	租赁负债	0	0
其他非流动金融资产	0	0	长期应付款	0	0
投资性房地产	0	0	预计负债	0	0
固定资产	7 292 400	2 740 000	递延收益	0	0
在建工程	10 075 200	10 500 000	递延所得税负债	0	0
生产性生物资产	0	0	其他非流动负债	0	0
油气资产	0	0	非流动负债合计	3 280 000	880 000

续表

资产	期末余额	上年年末余额	负债和所有者权益（或股东权益）	期末余额	上年年末余额
使用权资产	0	0	负债合计	7 400 351.96	5 143 200
无形资产	840 000	920 000	所有者权益（或股东权益）：		
开发支出	0	0	实收资本（或股本）	20 000 000	20 000 000
商誉	0	0	其他权益工具	0	0
长期待摊费用	0	0	其中：优先股	0	0
递延所得税资产	12 500	0	永续债	0	0
其他非流动资产	0	0	资本公积	0	0
非流动资产合计	19 820 100	14 960 000	减：库存股	0	0
			其他综合收益	0	0
			专项储备	0	0
			盈余公积	5 034 469	5 020 000
			未分配利润	602 399.04	560 000
			所有者权益（或股东权益）合计	25 636 868.04	25 580 000
资产总计	33 037 220	30 723 200	负债和所有者权益（或股东权益）总计	33 037 220	30 723 200

任务2　利润表编制

【任务导入】

任务 13.2.1　红星机械有限公司损益类账户 2019 年度累计发生净额如表 13－4 所示。其中：财务费用 24 000 元全部为利息费用；投资收益 16 000 元为出售交易性金融资产收益，资产处置损益为处置固定资产净损失。

表 13－4　红星机械有限公司损益类账户 2019 年度累计发生净额　　　单位：元

账户名称	借方发生额	贷方发生额
主营业务收入		2 000 000
主营业务成本	1 080 000	
税金及附加	15 400	
销售费用	200 000	
管理费用	433 680	

续表

账户名称	借方发生额	贷方发生额
财务费用	24 000	
资产减值损失	40 000	
信用减值损失	10 000	
投资收益		16 000
营业外收入	0	
资产处置损益	20 000	
所得税费用	48 230	

要求：根据上述资料，编制红星机械有限公司2019年度利润表。

【知识准备】

一、利润表概述

（一）利润表的概念和作用

1. 利润表的概念及编制原理

利润表又称损益表，是指反映企业在一定会计期间的经营成果的会计报表。

利润包括收入减去费用后的净额、直接计入当期利润的利得和损失等。因此，利润表主要是根据"收入－费用＝利润"这一等式，依照一定的分类标准和顺序，将企业一定会计期间的各种收入、费用支出和直接计入当期利润的利得和损失进行适当分类、排列而成的，它也是企业的主要财务报表之一。

2. 利润表的作用

（1）通过利润表，可以从总体上了解企业一定会计期间收入、费用、利润（或亏损）的金额及构成情况，可据以分析影响利润形成和变动的重要因素，分析、评价企业的盈利状况和工作业绩，以及时改进经营管理、不断提高经济效益。

（2）通过利润表提供的不同时期的比较数字（本期金额、上期金额），可以分析企业的获利能力和利润的未来发展趋势，了解投资者投入资本的保值增值情况，进而为投资者进行投资决策提供资料。

（二）利润表的结构

利润表的结构分为单步式和多步式两种。《企业会计准则》规定，企业的利润表采用多步式。

多步式利润表是将不同性质的收入和费用类别进行对比，从而得出一些中间性利润指标，便于使用者理解企业经营成果的不同来源。多步式利润表的编制步骤如下：

第一步，以营业收入（主营业务收入和其他业务收入）为基础，减去营业成本（主营业务成本和其他业务成本）、税金及附加、销售费用、管理费用、研发费用、财务费用，加上其他收益、投资收益（减去投资损失）、净敞口套期收益（减去净敞口套期损失）、公允价值变动收益（减去公允价值变动损失），减去信用减值损失、资产减值损失，加上资产处置收益（减去资产处置损失），计算营业利润。

营业利润＝营业收入－营业成本－税金及附加－销售费用－管理费用－财务费用＋其他收益＋投资收益（－投资损失）＋净敞口套期收益（－净敞口套期损失）＋公允价值变动收益（－公允价值变动损失）－信用减值损失－资产减值损失＋资产处置收益（－资产处置损失）

第二步，以营业利润为基础，加上营业外收入，减去营业外支出，计算出利润总额。

利润总额＝营业利润＋营业外收入－营业外支出

第三步，以利润总额为基础，减去所得税费用，计算出净利润（或净亏损）。

净利润＝利润总额－所得税费用

第四步，计算其他综合收益的税后净额。其他综合收益的税后净额反映企业根据《企业会计准则》规定未在当期损益中确认的各项利得和损失扣除所得税影响后的净额，包括不能重分类进损益的其他综合收益和将重分类进损益的其他综合收益。

第五步，以净利润（或净亏损）和其他综合收益为基础，计算出综合收益总额。

综合收益总额＝净利润＋其他综合收益（税后净额）

第六步，以净利润（或净亏损）为基础，计算出每股收益。每股收益包括基本每股收益和稀释每股收益两项指标。

利润表通常包括表头、表体两部分。表头应列明报表的名称、编制单位名称、编制日期、报表编号和计量单位；表体部分是利润表的主体，列示了形成经营成果的各个项目和计算过程。

为了使财务报表使用者通过比较不同期间利润的实现情况，判断企业经营成果的未来发展趋势，企业需要提供比较利润表。因此，利润表还需就各个项目再分为"本期金额"和"上期金额"两栏分布填列。

二、利润表的编制方法

利润表各个项目需填列的数字分为"本期金额"和"上期金额"两栏。

1. 利润表的总体编制方法

由于利润表反映企业一定时期内收入、利得实现、费用、损失发生和利润形成的情况，而这一情况反映在账户中是损益类账户的本期发生额，因此利润表的总体编制方法是根据损益类账户的本期发生额分析填列"本期金额"。

2. 利润表中"本期金额"栏各项目的填列方法

利润表"本期金额"栏反映各项目的本期实际发生数，"本期金额"栏内各期数字，除"基本每股收益"和"稀释每股收益"项目外，主要应依据损益类各账户的本期实际发生额分析填列。

（1）"营业收入"项目，反映企业经营主要业务和其他业务所确认的收入总额。本项目应根据"主营业务收入"和"其他业务收入"总账户的本期发生额合计数分析填列。

（2）"营业成本"项目，反映企业经营主要业务和其他业务所发生的成本总额。本项目应根据"主营业务成本"和"其他业务成本"总账户的本期发生额合计数分析填列。

(3)"税金及附加"项目,反映企业经营业务应负担的消费税、城市维护建设税、教育费附加、资源税、土地增值税、房产税、车船税、城镇土地使用税、印花税等相关税费。本项目应根据"税金及附加"总账户的发生额分析填列。

(4)"销售费用"项目,反映企业在销售商品过程中发生的包装费、广告费等费用和销售本企业商品而专设的销售机构的职工薪酬、业务费等经营费用。本项目应根据"销售费用"总账户的发生额分析填列。

(5)"管理费用"项目,反映企业为组织和管理生产经营发生的管理费用。本项目应根据"管理费用"账户的发生额分析填列。

(6)"研发费用"项目,反映企业进行研究与开发过程中发生的费用化支出。该项目应根据"管理费用"账户下的"研发费用"明细账户的发生额分析填列。

(7)"财务费用"项目,反映企业为筹集生产经营所需资金等而发生的筹资费用。本项目应根据"财务费用"账户的发生额分析填列。其中,"利息费用"项目,反映企业为筹集生产经营所需资金而发生的应予费用化的利息支出,该项目应根据"财务费用"账户的相关明细账户的发生额分析填列。"利息收入"项目,反映企业确认的利息收入,该项目应根据"财务费用"账户的相关明细账户的发生额分析填列。

(8)"其他收益"项目,反映企业计入其他收益的政府补助等。本项目应根据"其他收益"账户的发生额分析填列。

(9)"投资收益"项目,反映企业以各种方式对外投资所取得的收益。本项目应根据"投资收益"账户本期发生额分析填列,如为投资损失,则应以"-"号填列。

(10)"净敞口套期收益"项目,反映净敞口套期下被套期项目累计公允价值变动转入当期损益的金额或现金流量套期储备转入当期损益的金额。本项目应根据"净敞口套期损益"账户的发生额分析填列;如为套期损失,则本项目以"-"号填列。

(11)"公允价值变动收益"项目,反映企业应当计入当期损益的资产或负债公允价值变动收益。本项目应根据"公允价值变动损益"账户本期发生额分析填列。如为净损失,则应以"-"号填列。

(12)"信用减值损失"项目,反映企业计提的各项金融工具减值准备所形成的预期信用损失。本项目应根据"信用减值损失"账户的发生额分析填列。

(13)"资产减值损失"项目,反映企业各项资产发生的减值损失。本项目应根据"资产减值损失"账户的发生额分析填列。

(14)"资产处置收益"项目,反映企业出售划分为持有待售的非流动资产(金融工具、长期股权投资和投资性房地产除外)或处置组时确认的处置利得或损失,以及处置未划分为持有待售的固定资产、在建工程、生产性生物资产及无形资产而产生的处置利得或损失。债务重组中因处置非流动资产(金融工具、长期股权投资和投资性房地产除外)产生的利得或损失和非货币性资产交换中换出非流动资产(金融工具、长期股权投资和投资性房地产除外)产生的利得或损失也包括在本项目内。本项目应根据"资产处置损益"账户的发生额分析填列,如为处置损失,则应以"-"号填列。

(15)"营业利润"项目,反映企业实现的营业利润。如为亏损,则应以"-"号填列。

(16)"营业外收入"项目,反映企业发生的除营业利润以外的收益,主要包括债务重组利得,与企业日常活动无关的政府补助、盘盈利得、捐赠利得(企业接受股东或股东的子公司直接或间接的捐赠,经济实质属于股东对企业的资本性投入的除外)等。本项目应根据"营业外收入"账户本期发生额分析填列。

(17)"营业外支出"项目,反映企业发生的与经营业务无直接关系的各项支出,主要包括债务重组损失、公益性捐赠支出、非常损失、盘亏损失、非流动资产毁损报废损失等。本项目应根据"营业外支出"账户本期发生额分析填列。

(18)"利润总额"项目,反映企业实现的利润。如为亏损,则应以"-"号填列。

(19)"所得税费用"项目,反映企业应从当期利润总额中扣除的所得税费用。本项目应根据"所得税费用"账户本期发生额分析填列。

(20)"净利润"项目,反映企业实现的净利润。如为亏损,则应以"-"号填列。

(21)"其他综合收益的税后净额"项目,反映企业根据《企业会计准则》规定未在损益中确认的各项利得和损失扣除所得税影响后的净额。

(22)"综合收益总额"项目,反映企业净利润与其他综合收益(税后净额)的合计金额。

(23)"每股收益"项目,包括基本每股收益和稀释每股收益两项指标,反映普通股或潜在普通股已公开交易的企业,以及正处在公开发行普通股或潜在普通股过程中的企业每股收益信息。

3. 利润表中"上期金额"栏各个项目的列报方法

利润表中"上期金额"栏各个项目,应根据上年该期利润表"本期金额"栏内所列数字填列。如果利润表项目的列报发生变更,则应当对上期比较数据按照当期的列报要求进行调整,并在附注中披露调整的原因和性质,以及调整的各个项目金额。

【任务实施】

任务 13.2.1 根据上述表 13-4 资料,红星机械有限公司编制 2019 年度利润表,如表 13-5 所示。

表 13-5 利 润 表

会企02表

编制单位:红星机械有限公司　　　　2019 年　　　　单位:元

项　　目	本期金额	上期金额
一、营业收入	200 000	
减:营业成本	1 080 000	
税金及附加	15 400	
销售费用	200 000	
管理费用	433 680	
研发费用	0	
财务费用	24 000	
其中:利息费用	24 000	
利息收入	0	

续表

项 目	本期金额	上期金额
加：其他收益	0	
投资收益（损失以"-"号填列）	16 000	
其中：对联营企业和合营企业的投资收益	0	
以摊余成本计量的金融资产终止确认收益（损失以"-"号填列）	0	
净敞口套期收益（损失以"-"号填列）	0	
公允价值变动收益（损失以"-"号填列）	0	
信用减值损失（损失以"-"号填列）	10 000	
资产减值损失（损失以"-"号填列）	40 000	
资产处置收益（损失以"-"号填列）	-20 000	
二、营业利润（亏损以"-"号填列）	192 920	
加：营业外收入	0	
减：营业外支出	0	
三、利润总额（亏损总额以"-"号填列）	192 920	
减：所得税费用	48 230	
四、净利润（净亏损以"-"号填列）	144 690	
（一）持续经营净利润（净亏损以"-"号填列）	144 690	
（二）终止经营净利润（净亏损以"-"号填列）	0	
五、其他综合收益的税后净额	0	
（一）不能重分类进损益的其他综合收益	0	
1. 重新计量设定受益计划变动额	0	
2. 权益法下不能转损益的其他综合收益	0	
3. 其他权益工具投资公允价值变动	0	
4. 企业自身信用风险公允价值变动	0	
…	0	
（二）将重分类进损益的其他综合收益	0	
1. 权益法下可转损益的其他综合收益	0	
2. 其他债权投资公允价值变动	0	
3. 金融资产重分类计入其他综合收益的金额	0	
4. 其他债权投资信用减值准备	0	
5. 现金流量套期	0	

续表

项　　目	本期金额	上期金额
6. 外币财务报表折算差额	0	
…	0	
六、综合收益总额	144 690	
七、每股收益		
（一）基本每股收益		
（二）稀释每股收益		

任务3　现金流量表编制

【任务导入】

任务 13.3.1　沿用红星机械有限公司资产负债表、利润表业务资料，其他相关资料如下。

1. 2019年度利润表有关项目的明细资料如下：

（1）管理费用的组成：职工薪酬 13 680 元；无形资产摊销 80 000 元；固定资产折旧费 160 000 元；固定资产修理费 180 000 元。

（2）财务费用的组成：借款利息 24 000。

（3）信用减值损失的组成：计提坏账准备 10 000 元。

（4）资产减值损失的组成：计提存货跌价准备 40 000 元。

（5）投资收益的组成：出售交易性金融资产收益 16 000 元。

（6）资产处置损益的组成：出售固定资产净损失 20 000 元。

（7）所得税费用的组成：当期所得税费用 48 230 元。

除上述项目外，利润表中的销售费用 200 000 元至期末已经支付。

2. 资产负债表有关项目的明细资料如下：

（1）本期收回交易性股票投资本金 260 000 元，同时实现投资收益 16 000 元。

（2）当期列入生产成本、制造费用的组成：职工薪酬 77 520 元；折旧费 720 000 元。

（3）应付职工薪酬的期初数无在建工程人员的部分，本期支付职工薪酬 91 200 元（包括生产人员、车间管理人员、行政管理人员），应付职工薪酬的期末数中应付在建工程人员的部分为 319 200 元。

（4）本期收到现金股利 24 000 元。

（5）本期购买原材料支付货款 585 000 元。

（6）本期用银行存款进行长期股权投资 800 000 元。

（7）本期购买固定资产支付款项 4 552 000 元。

（8）本期购买工程物资支付款项 936 000 元。

（9）本期支付耕地占用税 40 000 元，印花税 12 000 元。

（10）本期出售库房收到款项 160 000 元。

（11）本期偿还短期借款本金 600 000 元，利息 30 000 元。

（12）本期取得长期借款 2 400 000 元。

（13）应交税费的组成：本期增值税进项税额为 170 000 元，销项税额为 340 000 元，增值税税额为 100 000 元；城市维护建设税为 2 400 元、教育费附加为 1 000 元；应交所得税期初余额为 0，应交所得税期末余额为 60 730 元。

要求：根据以上资料，采用分析填列的方法，编制红星机械有限公司 2019 年度的现金流量表。

【知识准备】

一、现金流量表的概念

现金流量表是指反映企业一定会计期间现金和现金等价物流入和流出的会计报表。现金流量表反映了企业当期现金流入和流出以及净流量，可据以分析当期净利润与现金流量的差异，有助于正确评价企业的经营成果；可据以分析企业的偿还能力、支出股利的能力，为投资者、债权人和潜在的投资者、债权人做出正确的决策提供资料；可据以分析企业现金流入、流出的原因，预测企业未来生成现金流量的能力，促使企业不断提高经营成果。

（一）现金的概念

现金流量表是以现金为基础编制的，这里所指的现金是指广义的现金，具体包括两部分：一是现金；二是现金等价物。

1. 现金

现金是指企业的库存现金以及可以随时用于支付的存款，由库存现金、银行存款和其他货币资金几个部分组成。

（1）库存现金，是指企业持有可随时用于支付的现金数额，即与会计核算中"库存现金"账户所包括的内容一致。

（2）银行存款，是指企业存放在银行或其他金融机构可以随时用于支付的存款，即与会计核算中"银行存款"账户所包括的内容基本一致。区别在于：如果是存在银行或其他金融机构的款项中不能随时用于支付的存款（如不能随时支取的定期存款），则不作为现金流量表中的现金；但提前通知银行或其他金融机构便可支取的定期存款，则包括在现金流量表中的现金概念中。

（3）其他货币资金，是指企业存放在银行有特定用途的资金，如外埠存款、银行汇票存款、银行本票存款、信用证保证资金、信用卡存款等。

2. 现金等价物

现金等价物是指企业持有的期限短、流动性强、易于转换为已知金额现金、价值变动风险很小的投资。期限短，一般是指从购买日起 3 个月内到期。现金等价物通常包括 3 个月内到期的债券投资等。权益性投资变现的金额通常不确定，因而不属于现金等价物。企业应当根据具体情况，确定现金等价物的范围，一经确定不得随意变更。

（二）现金流量的概念及分类

现金流量是指企业一定会计期间内现金流入和流出的数量。现金流量是衡量企业经营状况是否良好、是否有足够的现金偿还债务、资产的变现能力等非常重要的指标。按照企业经济业务发生的性质，将企业一定期间内产生的现金流量划分为以下三类。

1. 经营活动产生的现金流量

经营活动是指企业投资活动和筹资活动以外的所有交易和事项，包括销售商品或提供劳务、购买商品或接受劳务、收到的税费返还、支付职工薪酬、支付各项税费等。通过经营活动产生的现金流量，可以说明企业的经营活动对现金流入和流出的影响程度，判断企业在不动用对外筹得资金的情况下，是否足以维持生产经营、偿还债务、支付股利、对外投资等。

2. 投资活动产生的现金流量

投资活动是指企业长期资产购建和不包括在现金等价物范围内的投资及其处置活动。现金流量表所指的"投资"既包括对外投资，又包括长期资产的购建和处置，即取得和收回权益性投资、购买和收回债权性投资，购建和处置固定资产、无形资产和其他长期资产等。投资活动产生的现金流量中不包括作为现金等价物的投资，作为现金等价物的投资属于现金自身的增减变动，如购买还有一个月到期的债券等，都属于现金内部各项转换，不会影响现金流量净额的变动。通过投资活动产生的现金流量，可以分析企业通过投资获取现金流量的能力，以及投资活动对企业现金流量净额的影响程度。

3. 筹资活动产生的现金流量

筹资活动是指导致企业资本及债务规模和构成发生变化的活动，包括吸收权益性资本、发行债券、借入资金、支付股利、偿还债务等。通过筹资活动产生的现金流量，可以分析企业筹资的能力，判断筹资活动对企业现金流量净额的影响程度。

企业编制现金流量表进行现金流量分类时，对于未特别指明的现金流量，应当按照现金流量的分类方法和重要性原则，判断某项交易或事项所产生的现金流量应当归属的类别和项目。对于重要的现金流入或流出项目则应当单独反映。

（三）影响现金流量的因素

企业日常经营业务是影响现金流量的重要因素，但并不是所有的经营业务都影响现金流量。影响现金流量的因素主要包括：

（1）现金各项目之间的增减变动，不会影响现金流量净额的变动，如从行提取现金，将现金存入银行、用现金购买2个月到期的债券等，均属于现金各项目之间内部资金转换，不会使现金流量增加或减少。

（2）非现金各项目之间的增减变动，也不会影响现金流量净额的变动，如用固定资产清偿债务、用原材料对外投资、用存货清偿债务、用固定资产对外资等，均属于非现金各项目之间的增减变动，不涉及现金的收支，不会使现金流量增加或减少。

（3）现金各项目与非现金各项目之间的增减变动，会影响现金流量净额变动，如用现金购买材料、用现金对外投资、收回长期债券等，均涉及现金各项目与非现金各项目之间的增减变动，这些变动会引起现金流入或现金流出，现金流量表主要反映现金各项目与非现金各项目之间的增减变动情况对现金流量净额的影响。非现金各项目之间的增减变动虽然不影响现金流量净额，但属于重要的投资和筹资活动，在现金流量表的附注中反映。

二、现金流量表的作用

（一）现金流量表能说明企业一定期间内现金流入和流出的原因

现金流量表将经营活动、投资活动和筹集活动产生的现金流量，按类别分流入和流出项目进行反映，能够清晰地说明现金从哪里来，又流到哪里去，即反映现金流入、流出的原因，这些信息是资产负债表和利润表所不能提供的。

（二）现金流量表能够说明企业的偿债能力和支付股利的能力

资产负债表和利润表虽然在一定程度上能说明企业的偿债能力和支付股利的能力。但是在某些情况下，企业一定时期内获得的利润并不代表企业真正的偿债或支付能力；有的企业利润表上反映的经营业绩并不可观，却有足够的偿付能力。产生以上情况的原因之一就是会计核算中所含的估计因素。而现金流量表完全以现金的收支为基础，消除了估计因素所产生的影响，因此能够使投资者和债权人了解企业真实的获取现金的能力和现金的偿付能力，从而增强投资者的投资信心和债权人收回债权的信心。

（三）现金流量表有助于分析企业未来获取现金的能力

现金流量表中经营活动现金净流量本质上代表了企业自我创造现金的能力。因此，经营活动现金净流入占总来源的比率越高，企业的财务基础越稳固，在未来企业内外部环境比较稳定或趋好情况下，未来的现金净流入也就越有保证。投资、筹资活动现金净流量代表企业运用资金、筹集资金、获得现金的能力，但筹资现金流入意味着未来偿还时的现金流出。此外，通过对现金流量表经营活动现金流量与本期净利润差异及其原因的分析，可以更合理地预测未来的现金流量，这是因为按权责发生制或配比原则计入当期收入或费用的业务，有些虽不反映为当期现金流量，却意味着未来会产生现金流入或流出。

（四）现金流量表是连接资产债表和利润表的桥梁与纽带

资产负债表能够提供企业某一特定日期静态的财务状况，如货币资金年初、年末余额，通过比较可得出增减数，但资产负债表并不能反映财务状况变动的原因；利润表能够提供企业一定期间净利润的构成情况，但不能反映净利润与现金流入、流出的关系。而现金流量表能够提供一定时期现金流入和流出的动态信息，表明企业在报告期内由经营活动、投资活动和筹资活动获得多少现金，获得的现金是如何运用的，从而能够说明资产、负债、净资产的变动原因，对资产负债表和利润表起到连接和补充说明的作用。

（五）现金流量表能够提供不涉及现金的投资和等资活动的信息

现金流量表除了反映与现金有关的投资和筹资活动外，还通过补充资料的方式提供不涉及现金的投资和筹资活动方面的信息，以便于财务报表使用者全面了解和分析企业的投资和筹资活动。

三、现金流量表的基本结构和格式

（一）现金流量表的基本结构

现金流量表由表首、正表和补充资料三部分组成。
(1) 表首部分列示报表的名称、编制单位名称、会计期间、货币计量单位等。

（2）正表部分是现金流量表的主体，共有五项：经营活动产生的现金流量；投资活动产生的现金流量；筹资活动产生的现金流量；汇率变动对现金的影响；现金及现金等价物净增加额。经营活动、投资活动和筹资活动产生的现金流量要按照现金流入和流出的性质分项列示。

（3）补充资料是对正表的补充说明，全面揭示企业的理财活动并发挥与主表相核对的作用。补充资料共有三项：将净利润调节为经营活动产生的现金流量；不涉及现金收支的重大投资和筹资活动；现金及现金等价物净增加情况。

正表第一项经营活动产生的现金流量净额与补充资料第一项经营活动产生的现金流量净额应当相符；正表第五项与补充资料中的第三项存在勾稽关系，金额应当一致。

（二）现金流量表的格式

现金流量表的基本格式如表13-6所示。

四、现金流量表主要项目的说明

现金流量表的项目主要有：经营活动产生的现金流量；投资活动产生的现金流量；筹资活动产生的现金流量；汇率变动对现金及现金等价物的影响；现金及现金等价物净增加额；期末现金及现金等价物余额；等等。

（一）经营活动产生的现金流量

1. 销售商品、提供劳务收到的现金

本项目反映企业销售商品、提供劳务实际收到的现金（包括销售收入和应向购买者收取的增值税销项税额），具体包括本期销售商品、提供劳务收到的现金，以及前期销售商品、提供劳务本期收到的现金和本期预收的款项，减去本期销售本期退回的商品和前期销售本期退回的商品支付的现金。企业销售材料和代购代销业务收到的现金，也在本项目反映。本项目可以根据"库存现金""银行存款""应收票据""应收账款""预收账款""主营业务收入""其他业务收入"等账户的记录分析填列。

2. 收到的税费返还

本项目反映企业收到返还的各种税费，如收到的增值税、所得税、消费税、关税和教育费附加返还款等。本项目可以根据"库存现金""银行存款""营业外收入""其他应收款"等账户的记录分析填列。

3. 收到的其他与经营活动有关的现金

本项目反映企业除上述各项目外，收到的其他与经营活动有关的现金，如罚款收入、经营租赁收到的现金、投资性房地产收到的租金收入、流动资产损失中由个人赔偿的现金收入等，金额较大的应单独列示。本项目可根据"库存现金""银行存款""营业外收入"等账户的记录分析填列。

4. 购买商品、接受劳务支付的现金

本项目反映企业购买商品、接受劳务实际支付的现金（包括支付的增值税进项税额），具体包括本期购买商品、接受劳务支付的现金，以及本期支付前期购买商品、接受劳务的未付款项和本期预付款项，减去本期发生的购货退回收到的现金。企业购买材料和代购代销业务支付的现金，也在本项目反映。为购置存货而发生的借款利息资本化部分，应在"分配股利、利润或偿付利息支付的现金"项目中反映。本项目可以根据"库存现金""银行存款""应付票据""应付账款""预付账款""主营业务成本""其他业务成本"等账户的记录分析填列。

5. 支付给职工以及为职工支付的现金

本项目反映企业实际支付给职工的现金以及为职工支付的现金，包括企业为获得职工提供的服务，本期实际给予各种形式的报酬以及其他相关支出，如支付给职工的工资、奖金、各种津贴和补贴等，以及为职工支付的其他费用，代扣代缴的个人所得税也在本项目反映。本项目不包括支付给在建工程人员的工资。支付的在建工程人员的工资，在"购建固定资产、无形资产和其他长期资产所支付的现金"项目中反映。

企业为职工支付的社会保险基金、补充养老保险、住房公积金，企业为职工交纳的商业保险金，因解除与职工劳动关系给予的补偿，现金结算的股份支付，以及企业支付给职工或为职工支付的其他福利费用等，应根据职工的工作性质和服务对象，分别在"购建固定资产、无形资产和其他长期资产所支付的现金和"和"支付给职工以及为职工支付的现金"项目中反映。本项目可以根据"库存现金""银行存款""应付职工薪酬"等账户的记录分析填列。

6. 支付的各项税费

本项目反映企业按规定支付的各项税费，包括本期发生并支付的税费、本期支付以前各期发生的税费和预交的税金，如支付的增值税、消费税、所得税、教育费附加、印花税、房产税、土地增值税、车船使用税等。但不包括计入固定资产价值、实际支付的耕地占用税，以及本期退回的增值税、所得税等。本期退回的增值税、所得税等在"收到的税费返还"项目中反映。本项目可以根据"应交税费""库存现金""银行存款"等账户的记录分析填列。

7. 支付的其他与经营活动有关的现金

本项目反映企业除上述各项外，支付的其他与经营活动有关的现金，如罚款支出、支付的差旅费、业务招待费、保险费、经营租赁支付的现金等。其他与经营活动有关的现金，如果金额较大，则应单列项目反映。

本项目可以根据"库存现金""银行存款""管理费用""营业外支出"等账户的记录分析填列。

（二）投资活动产生的现金流量

1. 收回投资收到的现金

本项目反映企业出售、转让或到期收回除现金等价物以外的对其他企业的权益工具、债务工具和合营中的权益投资等而收到的现金。但收回债务工具实现的投资收益、处置子公司及其他营业单位收到的现金净额除外。

本项目可以根据"债权投资""其他债权投资""其他权益工具投资""长期股权投资""库存现金""银行存款"等账户的记录分析填列。

2. 取得投资收益收到的现金

本项目反映企业除现金等价物以外的对其他企业的权益工具、债务工具和合营中的权益投资因股权性投资而分得的现金股利和利息，股票股利由于不产生现金流量，故不在本项目中反映。本项目可以根据"库存现金""银行存款""投资收益"等账户的记录分析填列。

3. 处置固定资产、无形资产和其他长期资产收回的现金净额

本项目反映企业出售、报废固定资产、无形资产和其他长期资产所取得的现金（包括因资产毁损而收到的保险赔偿收入），减去为处置这些资产而支付的有关税费后的净额。如果处置固定资产、无形资产和其他长期资产所收回的现金净额为负数，则应在"支付的其他与投资活动有关的现金"项目中反映。本项目可以根据"固定资产清理""库存现金""银行存款"等账户的记录分析填列。

4. 处置子公司及其他营业单位收到的现金净额

本项目反映企业处置子公司及其他营业单位所取得的现金，减去子公司或其他营业单位持有的现金和现金等价物以及相关处置费用后的净额。处置子公司及其他营业单位收到的现金净额如为负数，则应将该金额填列至"支付其他与投资活动有关的现金"项目中。

本项目可以根据"长期股权投资""银行存款""库存现金"等有关账户的记录分析填列。

5. 收到的其他与投资活动有关的现金

本项目反映企业除上述各项目外，收到的其他与投资活动有关的现金。其他与投资活动有关的现金，如果价值较大，则应单列项目反映。本项目可以根据"应收股利""应收利息""银行存款""库存现金"等有关账户的记录分析填列。

6. 购建固定资产、无形资产和其他长期资产支付的现金

本项目反映企业购买、建造固定资产，取得无形资产和其他长期资产（如投资性房地产）支付的现金（包括增值税等），以及用现金支付的应由在建工程和无形资产负担的职工薪酬。不包括为购建固定资产、无形资产和其他长期资产而发生的借款利息资本化部分（在筹资活动中"分配股利、利润或偿付利息支付的现金"项目中反映），以及融资租入固定资产所支付的租赁费（在筹资活动中"支付的其他与筹资活动有关的现金"项目中反映）。本项目可以根据"固定资产""在建工程""工程物资""无形资产""库存现金""银行存款"等账户的记录分析填列。

7. 投资支付的现金

本项目反映企业除现金等价物以外的对其他企业的权益工具、债务工具和合营中的权益投资所支付的现金，以及支付的佣金、手续费等交易费用。但是，取得子公司及其他营业单位支付的现金净额除外。本项目可以根据"债权投资""其他债权投资""其他权益工具投资""长期股权投资""库存现金""银行存款"等账户的记录分析填列。

8. 取得子公司及其他营业单位支付的现金净额

本项目反映企业取得子公司及其他营业单位购买出价中以现金支付的部分，减去子公司或其他营业单位持有的现金和现金等价物后的净额。如为负数，则应在"收到其他与投资活动有关的现金"项目中反映。本项目可以根据"长期股权投资""库存现金""银行存款"等有关账户的记录分析填列。

9. 支付的其他与投资活动有关的现金

本项目反映企业除上述各项目外，支付的其他与投资活动有关的现金。如企业购买股票时，实际支付的价款中包含的已宣告而尚未领取的现金股利、购买债券时支付的价款中包含的已到期尚未领取的债券利息等。若某项与投资活动有关的现金流出金额较大，则应单列项目反映。本项目可以根据"应收股利""应收利息""银行存款""库存现金"等有关账户的记录分析填列。

（三）筹资活动产生的现金流量

1. 吸收投资收到的现金

本项目反映企业以发行股票、债券等方式筹集资金实际收到的款项净额（发行收入减去支付的佣金等发行费用后的净额）。以发行股票等方式筹集资金而由企业直接支付的审计、咨询等费用，在"支付的其他与筹资活动有关的现金"项目中反映；项目可以根据"实收资本（或股本）""资本公积""库存现金""银行存款"等账户的记录分析填列。

2. 取得借款收到的现金

本项目反映企业举借各种短期、长期借款而收到的现金。本项目可以根据"短期借款""长期借款""库存现金""银行存款"等账户的记录分析填列。

3. 收到的其他与筹资活动有关的现金

本项目反映企业除上述各项目外，收到的其他与筹资活动有关的现金，如接受现金捐赠等。其他与筹资活动有关的现金，如果价值较大，则应单列项目反映。本项目可根据"银行存款""库存现金""营业外收入"等账户的记录分析填列。

4. 偿还债务所支付的现金

本项目反映企业以现金偿还债务的现金，包括归还金融企业的借款本金、偿还债券本金等。企业偿还的借款利息、债券利息，在"分配股利、利润或偿付利息所支付的现金"项目中反映。本项目可以根据"短期借款""长期借款""应付债券""库存现金""银行存款"等账户的记录分析填列。

5. 分配股利、利润或偿付利息支付的现金

本项目反映企业实际支付的现金股利、支付给其他投资单位的利润以及支付的借款利息、债券利息。不同用途的借款，其利息的开支渠道不一样，如在建工程、财务费用等，均在本项目中反映。本项目可以根据"应付股利""应付利息""利润分配""财务费用""长期借款""库存现金""银行存款"等账户的记录分析填列。

6. 支付的其他与筹资活动有关的现金

本项目反映企业除上述各项目外支付的其他与筹资活动有关的现金，如以发行股票、债券等方式筹集资金而由企业直接支付的审计、咨询等费用，融资租赁各期支付的现金、捐赠现金支出等。其他与筹资活动有关的现金，如果价值较大，则应单列项目反映。本项目可以根据"营业外支出""长期应付款""库存现金""银行存款"等账户的记录分析填列。

（四）汇率变动对现金及现金等价物的影响

该项目反映企业外币现金流量以及境外子公司的现金流量折算为人民币时，所采用的

现金流量发生日的即期汇率或按照系统合理的方法确定的、与现金流量发生日即期汇率近似汇率折算的人民币金额与"现金及现金等价物净增加额"中的外币现金净增加额按期末汇率折算的人民币金额之间的差额。

在编制现金流量表时,可逐笔计算外币业务发生的汇率变动对现金的影响,也可不必逐笔计算而采用简化的计算方法,即通过现金流量表补充资料中"现金及现金等价物净增加额"数额与现金流量表中"经营活动产生的现金流量净额""投资活动产生的现金流量净额""筹资活动产生的现金流量净额"三项之和比较,其差额即为"汇率变动对现金及现金等价物的影响"项目的金额。

(五) 现金流量表补充资料

1. 将净利润调节为经营活动的现金流量

(1) 资产减值准备。该项目反映企业本期实际计提的各项资产减值准备。本项目可以根据"信用减值准备""资产减值损失"账户的记录分析填列。

(2) 固定资产折旧、油气资产折耗、生产性生物资产折旧。该项目反映企业本期累计计提的固定资产折旧、油气资产折耗、生产性生物资产折旧。本项目可以根据"累计折旧""累计折耗"等账户的贷方发生额分析填列。

(3) 无形资产摊销。该项目反映企业本期累计摊入成本费用的无形资产价值。本项目可以根据"累计摊销"账户的贷方发生额分析填列。

(4) 长期待摊费用摊销。该项目反映企业本期累计摊入成本费用的长期待摊费用。本项目可以根据"长期待摊费用"账户的贷方发生额分析填列。

(5) 处置固定资产、无形资产和其他长期资产的损失情况。该项目反映企业本期处置固定资产、无形资产和其他长期资产发生的净损失(或净收益)。如为净收益,则以"-"号填列。本项目可以根据"营业外收入""营业外支出"等账户所属有关明细账户的记录分析填列。

(6) 固定资产报废损失。该项目反映企业本期固定资产报废净损失。本项目可以根据"营业外支出""营业外收入"账户所属有关明细账户的记录分析填列。

(7) 公允价值变动损失。该项目反映企业持有的交易性金融资产、交易性金融负债、采用公允价值模式计量的投资性房地产等公允价值变动形成的净损失。如为净收益,则以"-"号填列。本项目可以根据"公允价值变动损益"账户所属明细账户的记录分析填列。

(8) 财务费用。该项目反映企业本期发生的属于投资活动或筹资活动的财务费用。本项目可以根据"财务费用"账户的本期发生额分析填列。如为收益,则以"-"号填列。

(9) 投资损失。该项目反映企业对外投资实际发生的投资损失减去收益后的净损失。本项目可以根据利润表"投资收益"项目的数字填列。如为投资收益,以"-"号填列。

(10) 递延所得税资产减少。该项目反映企业资产负债表"递延所得税资产"项目的期初余额与期末余额的差额。本项目可以根据"递延所得税资产"账户发生额分析填列。

(11) 递延所得税负债增加。该项目反映企业资产负债表"递延所得税负债"项目的期初余额与期末余额的差额。本项目可以根据"递延所得税负债"账户发生额分析填列。

（12）存货的减少。该项目反映企业资产负债表"存货"项目的期初与期末余额的差额。期末数大于期初数的差额，以"－"号填列。

（13）经营性应收项目的减少。该项目反映企业本期经营性应收项目（包括应收账款、应收票据、预付账款、长期应收款和其他应收款等经营性应收项目中与经营活动有关的部分及应收的增值税销项税额等）的期初与期末余额的差额。期末数大于期初数的差额，以"－"号填列。

（14）经营性应付项目的增加。该项目反映企业本期经营性应付项目（包括应付账款、应付票据、预收账款、应付职工薪酬、应交税费、其他应付款等经营性应付项目中与经营活动有关的部分以及应付的增值税进项税额等）的期初与期末余额的差额。期末数小于期初数的差额，以"－"号填列。

2. 不涉及现金收支的重大投资和筹资活动

该项目反映企业一定期间内影响资产或负债但不形成该期现金收支的所有重大投资和筹资活动的信息。不涉及现金收支的重大投资和筹资活动主要有以下几项：

（1）"债务转为资本"项目，反映企业本期转为资本的债务金额。

（2）"一年内到期的可转换公司债券"项目，反映企业一年内到期的可转换公司债券的本息。

（3）"融资租入固定资产"项目，反映企业本期融资租入固定资产的最低租赁付款额扣除应分期计入利息费用的未确认融资费用后的净额。

3. 现金和现金等价物净变动情况

该项目反映企业一定会计期间现金及现金等价物的期末余额减去期初余额后的净增加额（或净减少额），是对现金流量表中"现金及现金等价物净增加额"项目的补充说明。该项目的金额应与现金流量表"现金及现金等价物净增加额"项目的金额核对相符。

五、现金流量表的列报方法

现金流量表的列报方法有直接法和间接法两种。它们通常也被称为现金流量表报告方法。

（一）直接法

直接法是指按现金收入和现金支出的主要类别直接反映企业经营活动产生的现金流量，如销售商品、提供劳务收到的现金，购买商品、接受劳务支付的现金等就是按现金收入和支出来直接反映的。在采用直接法的情况下，一般是以利润表中的营业收入为计算起点，调节与经营活动有关的项目的增减变动，然后计算出经营活动产生的现金流量。现金流量表的正表要求采用直接法编制。采用直接法确定现金流量编制的现金流量表，便于分析企业经营活动产生的现金流量的来源和用途，预测企业现金流量的未来前景。

（二）间接法

间接法是指以净利润为计算起点，调整不涉及现金的收入、费用、营业外收支等有关项目，据以计算出经营活动产生的现金流量。现金流量表的补充资料部分要求采用间接法编制。采用间接法编制的现金流量表，便于将净利润与经营活动产生的现金流量净额进行比较，了解净利润与经营活动产生的现金流量差异的原因，从现金流量的角度分析净利润的质量。

六、现金流量表的编制方法

在具体编制现金流量表时，可以采用工作底稿法或T形账户法，也可以根据有关账户记录分析填列。

（一）工作底稿法

采用工作底稿法编制现金流量表，是以工作底稿为手段，以资产负债表和利润表数据为基础，对每一项目进行分析并编制调整分录，从而编制现金流量表。工作底稿法的编制程序为：

第一步，将资产负债表的期初数和期末数过入工作底稿的期初数栏和期末数栏。

第二步，对当期业务进行分析并编制调整分录。调整分录一般有以下几类：第一类涉及利润表中的收入、成本和费用项目以及资产负债表中的资产、负债及所有者权益项目，通过调整，将权责发生制下的收入费用转换为现金基础；第二类涉及资产负债表和现金流量表中的投资、筹资项目，反映投资和筹资活动的现金流量；第三类涉及利润表和现金流量表中的投资和筹资项目，目的是将利润表中有关投资和筹资方面的收入和费用列入现金流量表投资、筹资现金流量中。还有一些调整分录并不涉及现金收支，只是为了核对资产负债表项目的期末、期初变动数。

在调整分录中，有关现金和现金等价物的事项，并不直接借记或贷记现金，而是分别计入"经营活动产生的现金流量""投资活动产生的现金流量""筹资活动产生的现金流量"等有关项目。借记表示现金流入；贷记表示现金流出。

第三步，将调整分录过入工作底稿中的相应部分。

第四步，核对调整分录，借方、贷方合计数应当相等，资产负债表项目期初数加减调整分录中的借贷金额以后，应当等于期末数。

第五步，根据工作底稿中的现金流量表项目部分编制正式的现金流量表。

（二）T形账户法

采用T形账户法编制现金流量表，是以T形账户为手段，以资产负债表和利润表数据为基础，结合有关账户记录，对现金流量表的每一项目进行分析并编制调整分录，从而编制现金流量表。T形账户法的程序是：

第一步，为所有的非现金项目（包括资产负债表项目和利润表项目）分别开设T形账户，并将各自的期末、期初变动数过入各该账户。

第二步，开设一个大的"现金及现金等价物"T形账户，每边分为经营活动、投资活动和筹资活动三个部分，左边记现金流入，右边记现金流出。与其他账户一样，过入期末、期初变动数。

第三步，以利润表项目为基础，结合资产负债表分析每一个非现金项目的增减变动，并据此编制调整分录。

第四步，将调整分录过入各T形账户，并进行核对，该账户借贷相抵后的余额与原先过入的期末、期初变动数应当一致。

第五步，根据大的"现金及现金等价物"T形账户编制正式的现金流量表。

(三) 分析填列法

分析填列法是直接根据资产负债表、利润表和有关会计账户明细账的记录，分析计算出现金流量表各项目的金额，并据以编制现金流量表的一种方法。

【任务实施】

任务13.3.1 根据以上资料，采用分析填列的方法，编制红星机械有限公司2019年度的现金流量表。

1. 红星机械有限公司2019年度现金流量表各项目金额，分析确定如下：

(1) 销售商品、提供劳务收到的现金 = 主营业务收入 + 应交税费(应交增值税——销项税额) + (应收账款年初余额 – 应收账款期末余额) + (应收票据年初余额 – 应收票据期末余额) – 当期计提的坏账准备 = 2 000 000 + 340 000 + (1 200 000 – 3 300 000) + (1 200 000 – 0) – 10 000 = 1 440 000（元）。

(2) 购买商品、接受劳务支付的现金 = 主营业务成本 + 应交税费(应交增值税——进项税额) – (存货年初余额 – 存货期末余额) + (应付账款年初余额 – 应付账款期末余额) + (应付票据年初余额 – 应付票据期末余额) – 当期列入生产成本、制造费用的职工薪酬 – 当期列入生产成本、制造费用的折旧费 + 当期计提的存货跌价准备 = 1 080 000 + 170 000 – (3 528 000 – 4 205 520) + (1 800 000 – 1 800 000) + (800 000 – 1 385 000) – 77 520 – 720 000 + 40 000 = 585 000（元）。

(3) 支付给职工以及为职工支付的现金 = 生产成本、制造费用、管理费用中职工薪酬 + (应付职工薪酬年初余额 – 应付职工薪酬期末余额) – (应付职工薪酬(在建工程)年初余额 – 应付职工薪酬(在建工程)期末余额) = 91 200 + (91 200 – 410 400) – (0 – 319 200) = 91 200（元）。

(4) 支付的各项税费 = 当期所得税费用 + 税金及附加 + 应交税费(应交增值税——已交税金) – (应交所得税期末余额 – 应交所得税期初余额) + 递延所得税资产年末余额 – 递延所得税资产年初余额) = 48 230 + 15 400 + 100 000 – (60 730 – 0) + (125 00 – 0) = 115 400（元）。

(5) 支付其他与经营活动有关的现金 = 其他管理费用 + 销售费用 = 180 000 + 200 000 = 380 000（元）。

(6) 收回投资收到的现金 = 交易性金融资产贷方发生额 + 与交易性金融资产一起收回的投资收益 = 260 000 + 16 000 = 276 000（元）。

(7) 取得投资收益所收到的现金 = 收到的股息收入 = 24 000（元）。

(8) 处置固定资产、无形资产和其他长期资产收回的现金净额 = 160 000（元）。

(9) 购建固定资产、无形资产和其他长期资产支付的现金 = 用现金购买的固定资产、工程物资 + 支付给在建工程人员的薪酬 + 支付的耕地占用税 = (4 552 000 + 936 000) + 0 + 40 000 = 5 528 000（元）。

(10) 投资支付的现金 = 800 000（元）。

(11) 取得借款收到的现金 = 2 400 000（元）。

(12) 偿还债务支付的现金 = 600 000（元）。

(13) 偿还利息支付的现金 = 30 000（元）。

2. 根据上述数据，编制现金流量表及其补充资料（见表 13-6、表 13-7）。

表 13-6　现金流量表　　　　　　　　　　　　　会企 03 表

编制单位：红星机械有限公司　　　　2019 年　　　　　　　　　　　　单位：元

项　目	本期金额	上期金额
一、经营活动产生的现金流量		略
销售商品、提供劳务收到的现金	1 440 000	
收到的税费返还	0	
收到其他与经营活动有关的现金	0	
经营活动现金流入小计	1 440 000	
购买商品、接受劳务支付的现金	585 000	
支付给职工以及为职工支付的现金	91 200	
支付的各项税费	115 400	
支付其他与经营活动有关的现金	380 000	
经营活动现金流出小计	1 171 600	
经营活动产生的现金流量净额	268 400	
二、投资活动产生的现金流量		
收回投资收到的现金	276 000	
取得投资收益收到的现金	24 000	
处置固定资产、无形资产和其他长期资产收回的现金净额	160 000	
处置子公司及其他营业单位收到的现金净额	0	
收到其他与投资活动有关的现金	0	
投资活动现金流入小计	460 000	
购建固定资产、无形资产和其他长期资产支付的现金	5 528 000	
投资支付的现金	800 000	
取得子公司及其他营业单位支付的现金净额	0	
支付其他与投资活动有关的现金	0	
投资活动现金流出小计	6 328 000	
投资活动产生的现金流量净额	-5 868 000	
三、筹资活动产生的现金流量		
吸收投资收到的现金	0	
取得借款收到的现金	2 400 000	
收到的其他与筹资活动有关的现金	0	
筹资活动现金流入小计	2 400 000	
偿还债务支付的现金	600 000	

续表

项　　目	本期金额	上期金额
分配股利、利润或偿付利息支付的现金	30 000	
支付其他与筹资活动有关的现金	0	
筹资活动现金流出小计	630 000	
筹资活动产生的现金流量净额	1 770 000	
四、汇率变动对现金及现金等价物的影响		
五、现金及现金等价物净增加额	-3 829 600	
加：期初现金及现金等价物余额	9 488 000	
六、期末现金及现金等价物余额	5 658 400	

表13-7　现金流量表补充资料　　　　　　　　单位：元

补充资料	本期金额	上期金额
1. 将净利润调节为经营活动现金流量：		略
净利润	144 690	
加：资产减值准备	50 000	
固定资产折旧、油气资产折耗、生产性生物资产折旧	880 000	
无形资产摊销	80 000	
长期待摊费用摊销	0	
处置固定资产、无形资产和其他长期资产的损失（收益以"-"号填列）	20 000	
固定资产报废损失（收益以"-"号填列）	0	
公允价值变动损失（收益以"-"号填列）	0	
财务费用（收益以"-"号填列）	24 000	
投资损失（收益以"-"号填列）	-16 000	
递延所得税资产减少（增加以"-"号填列）	-12 500	
递延所得税负债增加（减少以"-"号填列）	0	
存货的减少（增加以"-"号填列）	-717 520	
经营性应收项目的减少（增加以"-"号填列）	-900 000	
经营性应付项目的增加（减少以"-"号填列）	715 730	
其他	0	
经营活动产生的现金流量净额	268 400	
2. 不涉及现金收支的重大投资和筹资活动：		
债务转为资本	0	

续表

补充资料	本期金额	上期金额
一年内到期的可转换公司债券	0	
融资租入固定资产	0	
3. 现金及现金等价物净变动情况：		
现金的期末余额	5 658 400	
减：现金的期初余额	9 488 000	
加：现金等价物的期末余额	0	
减：现金等价物的期初余额	0	
现金及现金等价物净增加额	-3 829 600	

任务4　所有者权益变动表编制及财务报表附注

【任务导入】

任务13.4.1　根据红星公司任务13.1.1和任务13.2.1有关资料编制2019年度所有者权益变动表。

【知识准备】

一、所有者权益变动表的编制

（一）所有者权益变动表概念及作用

所有者权益变动表是指反映构成所有者权益各组成部分当期增减变动情况的报表。

通过所有者权益变动表，既能为财务报表使用者提供所有者权益总量增减变动的信息，也能为其提供所有者权益增减变动的结构性信息，特别是能够让财务报表使用者理解所有者权益增减变动的根源。所有者权益变动表全面反映了企业的股东权益在年度内的变化情况，便于会计信息使用者深入分析企业股东权益的增减变化情况，进而对企业的资本保值、增值情况做出正确判断，从而提供对决策有用的信息。

（二）所有者权益变动表的结构

在所有者权益变动表上，企业至少应当单独列示反映下列信息的项目：综合收益总额；会计政策变更和差错更正的累积影响金额；所有者投入资本和向所有者分配利润等；提取的盈余公积；实收资本或资本公积、盈余公积、未分配利润的期初和期末余额及其调节情况。

所有者权益变动表以矩阵的形式列示：一方面，列示导致所有者权益变动的交易或事项，即所有者权益变动的来源，对一定时期所有者权益的变动情况进行全面反映；另一方面，按照所有者权益各组成部分（即实收资本、资本公积、其他综合收益、盈余公积、未分配利润和库存股）列示交易或事项对所有者权益各部分的影响。

我国企业所有者权益变动表的格式如表13-8所示。

表13-8 所有者权益变动表

2019 年度

会企04表
单位：元

项目	本年金额							上年金额						
	实收资本（或股本）	资本公积	减：库存股	其他综合收益	盈余公积	未分配利润	所有者权益合计	实收资本（或股本）	资本公积	减：库存股	其他综合收益	盈余公积	未分配利润	所有者权益合计
一、上年年末余额	20 000 000				502 000	560 000	25 580 000							
加：会计政策变更														
前期差错更正														
二、本年年初余额	20 000 000				502 000	560 000	25 580 000							
三、本年年增减变动金额（减少以"-"号填列）						144 690	144 690							
（一）综合收益总额														
（二）所有者投入资本和减少资本														
1. 所有者投入资本														
2. 股份支付计入所有者权益的金额														
3. 其他														

编制单位：

续表

项目	本年金额							上年金额						
	实收资本（或股本）	资本公积	减:库存股	其他综合收益	盈余公积	未分配利润	所有者权益合计	实收资本（或股本）	资本公积	减:库存股	其他综合收益	盈余公积	未分配利润	所有者权益合计
（三）利润分配														
1. 提取盈余公积					14 469	-14 469	0							
2. 对所有者（或）股东的分配						-87 821.96	-87 821.96							
3. 其他														
（四）所有者权益内部结转														
1. 资本公积转增资本（或股本）														
2. 盈余公积转增资本（或股本）														
3. 盈余公积弥补亏损														
4. 其他														
四、本年年末余额	20 000 000				5 034 469	602 399.04	25 636 868.04							

(三) 所有者权益变动表的编制

1. 所有者权益变动表项目的填列方法

所有者权益变动表各项目均需填列"本年金额"和"上年金额"两栏。

所有者权益变动表"上年金额"栏内各项数字，应根据上年度所有者权益变动表"本年金额"栏内所列数字填列。上年度所有者权益变动表规定的各个项目的名称和内容同本年度不一致的，应对上年度所有者权益变动表各项目的名称和数字按照本年度的规定进行调整，填入所有者权益变动表的"上年金额"栏内。

所有者权益变动表"本年金额"栏内各项数字一般应根据"实收资本（或股本）""资本公积""库存股""其他综合收益""盈余公积""利润分配""以前年度损益调整"账户的发生额分析填列。企业的净利润及其分配情况作为所有者权益变动的组成部分，不需要单独编制利润分配表列示。

2. 所有者权益变动表主要项目说明

（1）"上年年末余额"项目，反映企业上年资产负债表中实收资本（或股本）、资本公积、库存股、其他综合收益、盈余公积、未分配利润的年末余额。

（2）"会计政策变更""前期差错更正"项目，分别反映企业采用追溯调整法处理的会计政策变更的累积影响金额和采用追溯重述法处理的会计差错更正的累积影响金额。

（3）在"本年增减变动金额"项目中，①"综合收益总额"项目，反映净利润和其他综合收益扣除所得税影响后的净额相加后的合计金额；②"所有者投入和减少资本"项目，反映企业当年所有者投入的资本和减少资本。其中，"所有者投入普通股"项目，反映企业接受投资者投入形成的实收资本（或股本）和资本溢价或股本溢价。"其他权益工具持有者投入资本"项目反映企业发行的除普通股以外分类为权益工具的金融工具的持有者投入资本的金额。"股份支付计入所有者权益的金额"项目，反映企业处于等待期中的权益结算的股份支付当年计入资本公积的金额。③"利润分配"项目，反映企业当年的利润分配金额。④"所有者权益内部结转"项目，反映企业构成所有者权益的组成部分之间当年的增减变动情况。其中，"资本公积转增资本（或股本）"项目，反映企业当年以资本公积转增资本或股本的金额。"盈余公积转增资本（或股本）"项目，反映企业当年以盈余公积转增资本或股本的金额。"盈余公积弥补亏损"项目，反映企业当年以盈余公积弥补亏损的金额。"设定收益计划变动额结转留存收益"项目，反映企业因重新计量设定收益计划净负债或净资产所产生的变动计入其他综合收益，结转至留存收益的金额。"其他综合收益结转留存收益"项目，主要反映：第一，企业指定为以公允价值计量及其变动计入其他综合收益的非交易性权益工具投资终止确认时，之前计入其他综合收益的累计利得或损失从其他综合收益中转入留存收益的金额；第二，企业指定为以公允价值计量且其变动计入当期损益的金融负债终止确认时，之前由企业自身信用风险变动引起而进入其他综合收益的累计利得或损失从其他综合收益中转入留存收益的金额等。

二、财务报表附注

（一）附注的概念及作用

附注是对资产负债表、利润表、现金流量表和所有者权益变动表等报表中列示项目的文字描述或明细资料，以及对未能在这些报表中列示项目的说明等。

附注主要起到两方面的作用：第一，附注的披露，是对资产负债表、利润表、现金流量表和所有者权益变动表列示项目含义的补充说明，以帮助财务报表使用者更准确地把握其含义。例如，通过阅读附注中披露的固定资产折旧政策的说明，使用者可以掌握报告企业与其他企业在固定资产折旧政策上的异同，以便进行更准确的比较。第二，附注提供了对资产负债表、利润表、现金流量表和所有者权益变动表中未列示项目的详细或明细说明。例如，通过阅读附注中披露的存货增减变动情况，财务报表使用者可以了解资产负债表中未单列的存货分类信息。

通过附注与资产负债表、利润表、现金流量表和所有者权益变动表列示项目的相互参照关系，以及对未能在财务报表中列示项目的说明，可以使财务报表使用者全面了解企业的财务状况、经营成果和现金流量以及所有者权益的情况。

（二）附注的主要内容

附注是财务报表的重要组成部分。根据《企业会计准则》的规定，企业应当按照如下顺序披露附注的内容。

1. 企业的基本情况

（1）企业注册地、组织形式和总部地址。

（2）企业的业务性质和主要经营活动。

（3）母公司以及集团最终母公司的名称。

（4）财务报告的批准报出者和财务报告批准报出日。

（5）营业期限有限的企业，还应当披露有关营业期限的信息。

2. 财务报表的编制基础

财务报表的编制基础是指财务报表是在持续经营基础上还是非持续经营基础上编制的。企业一般是在持续经营基础上编制财务报表，清算、破产属于非持续经营基础。

3. 遵循企业会计准则的声明

企业应当声明编制的财务报表符合《企业会计准则》的要求，真实、完整地反映了企业的财务状况、经营成果和现金流量等有关信息，以此明确企业编制财务报表所依据的制度基础。

4. 重要会计政策和会计估计

企业应当披露采用的重要会计政策和会计估计，不重要的会计政策和会计估计可以不披露。在披露重要会计政策和会计估计时，企业应当披露重要会计政策的确定依据和财务报表项目的计量基础，以及会计估计中所采用的关键假设和不确定因素。

会计政策的确定依据，主要是指企业在运用会计政策过程中所做的对报表中确认的项目金额最具影响的判断，有助于财务报表使用者理解企业选择和运用会计政策的背景，增加财务报表的可理解性。财务报表项目的计量基础，是指企业计量该项目采用的是历史成本、重置成本、可变现净值、现值还是公允价值，这直接影响财务报表使用者对财务报表的理解和分析。

在确定财务报表中确认的资产和负债的账面价值过程中，企业有时需要对不确定的未来事项在资产负债表日对这些资产和负债的影响加以估计，如企业预计固定资产未来现金流量采用的折现率和假设。这类假设的变动对这些资产和负债项目金额的确定影响很大，有可能会在下一个会计年度内做出重大调整。因此，强调这一披露要求，有助于提高财务报表的可理解性。

5. 会计政策和会计估计变更以及差错更正的说明

企业应当按照会计政策、会计估计变更和差错更正会计准则的规定，披露会计政策和会计估计变更以及差错更正的有关情况。

6. 报表重要项目的说明

企业对报表重要项目的说明，应当按照资产负债表、利润表、现金流量表、所有者权益变动表及其项目列示的顺序，采用文字和数字描述相结合的方式进行披露。报表重要项目的明细金额合计应当与报表项目金额相衔接，主要包括以下重要项目：应收款项、存货、长期股权投资、投资性房地产、固定资产、无形资产、职工薪酬、应交税费、短期借款、长期借款、应付债券、长期应付款、营业收入、公允价值变动收益、投资收益、资产减值损失、营业外收入、营业外支出、所得税费用、其他综合收益、政府补助、借款费用。

7. 或有和承诺事项，资产负债表日后非调整事项、关联方关系及其交易等需要说明的事项

8. 有助于财务报表使用者评价企业管理资本的目标、政策及程序的信息

项目 13 训练